中古河东柳氏家族研究

李文涛 著

中原出版传媒集团
中原传媒股份有限公司

大象出版社
·郑州·

图书在版编目(CIP)数据

中古河东柳氏家族研究/李文涛著.— 郑州：大象出版社，2018.5
ISBN 978-7-5347-8909-0

Ⅰ.①中… Ⅱ.①李… Ⅲ.①家族—研究—中国 Ⅳ.①K820.9

中国版本图书馆 CIP 数据核字(2018)第 064097 号

中古河东柳氏家族研究
ZHONGGU HEDONG LIUSHI JIAZU YANJIU

李文涛　著

出 版 人　王刘纯
责任编辑　董翌华
责任校对　牛志远　张迎娟
封面设计　张　帆

出版发行	大象出版社(郑州市开元路 16 号　邮政编码 450044)	
	发行科　0371-63863551　总编室　0371-65597936	
网　　址	www.daxiang.cn	
印　　刷	新乡市豫北印务有限公司	
经　　销	各地新华书店经销	
开　　本	787mm×1092mm　1/16	
印　　张	17.25	
字　　数	172 千字	
版　　次	2018 年 7 月第 1 版　2018 年 7 月第 1 次印刷	
定　　价	49.00 元	

若发现印、装质量问题，影响阅读，请与承印厂联系调换。
印厂地址　新乡县翟坡镇兴宁村
邮政编码　453000　　　　电话　0373-5635065

——本成果为2017年度海南热带海洋学院科研启动资金项目

——运城学院河东文化出版基金资助

——运城学院博士科研启动项目(YQ—2015001)资助

——运城学院河东文化项目(HY—2015001)资助

目录

导论 ·· 1

上篇

第一章　北朝时期的河东柳氏 ·· 9
一、北朝时期河东地区的权力结构 ································ 9
二、东魏西魏之际河东柳氏的政治选择与空间移动
　　·· 31
三、西魏北周时期的河东柳氏 ····································· 40

第二章　隋朝时期的河东柳氏 ······································ 61
一、隋文帝统治下的河东柳氏 ····································· 61
二、隋炀帝统治下的河东柳氏 ····································· 68

第三章　隋末唐初的河东柳氏 ······································ 76
一、唐初时期的河东柳氏 ·· 76
二、高宗武后时期的河东柳氏 ····································· 87

第四章　中晚唐时期的河东柳氏 ································· 103
一、中宗至代宗时期的河东柳氏 ································ 103
二、德宗至懿宗时期的河东柳氏 ································ 110
三、僖宗至昭宗时期的河东柳氏 ································ 138

下篇

第五章 河东柳氏的婚姻圈 ·················· 149
    一、隋以前河东柳氏婚姻圈 ··············· 150
    二、唐高祖至唐太宗时期河东柳氏婚姻圈 ········ 154
    三、唐高宗至武后时期河东柳氏婚姻圈 ········· 157
    四、唐中宗至唐玄宗时期河东柳氏婚姻圈 ········ 162
    五、唐肃宗至唐敬宗时期河东柳氏婚姻圈 ········ 167
    六、唐文宗至唐昭宗时期河东柳氏婚姻圈 ········ 173

第六章 柳氏的迁徙 ······················ 180
    一、关中地区 ······················ 181
    二、河南地区 ······················ 190
    三、山西地区 ······················ 199
    四、重庆铜梁 ······················ 200
    五、浙江兰溪 ······················ 200

第七章 柳氏家族的文化 ··················· 212
    一、宗教信仰 ······················ 212
    二、中古河东柳氏家族女性素质研究 ··········· 223

第八章 柳氏家族延续的经济基础 ·············· 235
    一、唐代河东柳氏财利总述 ··············· 235
    二、河东柳氏财富之源:盐利 ·············· 241
    三、河东柳氏财富之源:酒利 ·············· 245

参考资料 ··························· 250
后记 ····························· 267

导论

家族史是研究中国社会演变的一个重要视角,对政治史乃至区域史的研究都有着重要的补充作用。故陈寅恪先生在《唐代政治史述论稿》中提出"地域—家族"研究之后,家族史研究取得了重大进展,但也出现了模式化趋势。[①]

河东柳氏是中古重要的家族,虽然比五姓七房的社会地位要略低些,但在历史舞台上活跃时间较长,在河东乃至河西于魏、隋、唐时期均发挥了重要的作用。对河东柳氏的研究也比较早,河东地区是南北朝时期重要的军事争夺区域[②],地方士族的选择往往左右局势的发展。毛汉光较早注意了河东地区与河东家族,对柳氏家族及其与裴氏家族、薛氏家族的比较做了较深入的研究[③]。

十六国后期,柳氏迁徙到襄阳(所谓的侨雍州),是为东

---

① 范兆飞:《权力之源:中古士族研究的理论分野》,《学术月刊》2014年第3期。

② 宋杰:《两魏周齐战争中的河东》,中国社会科学出版社,2006年版。

③ 毛汉光:《北魏东魏北齐之核心集团与核心区》《北朝东西政权之河东争夺战》《晋隋之际河东地区与河东大族》;收录于其著作《中国中古政治史论》,上海书店出版社,2002年版。

眷柳氏,东眷柳氏在南朝发展迅速,也成为研究重点。对南朝柳氏的研究,陈琳国等指出了南迁至襄阳柳氏等家族的特点及发展脉络①。张灿辉等认为,河东柳氏流落南方后,构成了新生地域势力的中上层,因为寄寓他乡,为了防身保家,纷纷弃文从武,其子弟已失去原来儒雅、玄静风貌,而变得勇武粗犷。在同土著势力的对流中,他们凭借自身的力量,逐步操纵本地事务。柳元景因为军功而崛起,为家族的发展奠定基础。萧齐时期,以柳世隆为代表的柳氏家族势力膨胀,柳氏子弟不以军功起家,而是重视文教,力图使本家族逐渐进入门阀势力的文化圈内,提高声望,并逐渐为高门士族所接纳,不过其尚武传统尚存。到了萧梁初期,柳氏子弟深受新兴皇权的接纳,纷纷担任高官显职,但天监之后,柳氏家族开始走下坡路。与此同时,柳氏自求富贵的分裂倾向加强,这些都导致柳氏在南朝后期逐渐衰落②。韩树

---

① 陈琳国:《论南朝襄阳的晚渡士族》,《北京师范大学学报》1991年第4期;张灿辉:《雍州势力的崛起与刘宋政治》,《湖南师范大学社会科学学报》1995年第4期;张灿辉:《雍州势力的发展与齐代政治》,《益阳师专学报》1997年第2期;张琳:《东晋南朝时期襄宛地方社会的变迁与雍州侨置始末》,《魏晋南北朝隋唐资料》1997年;张琳:《南朝时期的雍州中下层豪族》,《武汉大学学报》(哲学社会科学版)1997年第6期;王永平、徐成:《南朝雍州豪族的门第及其仕途轨迹述论》,《南京理工大学学报》(社会科学版)2010年第1期;徐成:《东晋南朝雍州尚武豪族研究》,扬州大学,2010年硕士论文。

② 张灿辉:《南朝河东柳氏家族研究》,《晋阳学刊》1995年第6期;张琳:《南朝时期侨居雍州的河东柳氏与京兆韦氏发展比较》,《武汉大学学报》(人文科学版)2000年第2期;王永平:《南朝时期河东柳氏"东眷"之家族文化风尚述论》,《江苏大学学报》(社会科学版)2008年第5期;李文才:《襄阳柳氏与南朝政治——南渡士族个案研究之一》,《大同职业技术学院学报》2000年第4期。

峰认为河东柳氏是南朝渡江较晚,但却最终跻身一流士族的地方豪族。柳元景凭借显赫战功进入刘宋中央政权是这一家族发迹的基础,柳世隆在南齐实现由武入文的转化是其进入高级士族行列的必备条件;河东柳氏在完成这一转化后,依然保持了勇武善战的特征,并将这种特征与南朝高门士族独有的高贵文化素质融为一体。这一典型特征使河东柳氏成为南朝历史上较为独特的一种士族类型。这可能是其在南朝灭亡后,依然能够发展成为关中首望的重要原因[1]。韩树峰还考证了十六国时期诸多河东柳氏的活动,对河东柳氏的研究有重要的参考意义。此外,梁静研究了南朝河东柳氏家族文学[2]。也有部分硕士研究论文对南朝河东柳氏有比较详细的研究[3],但这些研究总体比较粗疏,缺乏考证。

隋唐后,柳氏逐渐在中央政治舞台上活跃,对河东柳氏研究主要集中在以下几个方面:一是家族文化研究[4];二是

---

[1] 韩树峰:《河东柳氏在南朝的独特发展历程》,《中国史研究》2000年第1期。

[2] 梁静:《南朝河东柳氏东眷文学概述》,《郑州航空工业管理学院学报》(社会科学版)2008年第4期。

[3] 张玲:《河东柳氏东眷及柳恽研究》,福建师范大学,2001年硕士论文;姜晶:《南朝时期河东柳氏发展轨迹研究》,山西师范大学,2014年硕士论文。

[4] 李红:《唐代河东柳氏家族文化述略》,《晋阳学刊》2006年第2期;梁静:《中古河东柳氏家族文化述略》,《山西师大学报》(社会科学版)2008年第3期;邓军:《唐代柳氏家族文化与文学研究》,西北大学,2010年硕士论文;卢春苗:《家族文化对柳宗元的影响研究》,南京大学,2013年硕士论文。

文学领域研究颇多,以李浩先生的研究为代表①;三是个案研究,对柳氏个人的研究,其中对柳宗元的研究是重点②,对柳芳的研究比较多③。随着出土墓志的增多,利用墓志研究河东柳氏也是一个重点方向,不过,目前成果并不多见④。此外,李红从世系、迁徙、婚宦、家族文化等方面对河东柳氏做了较全面的研究⑤。

虽然河东柳氏研究成果诸多,但以文学为视野的研究颇多,以史学为视角的比较少。另外缺乏整体的研究,也是柳氏研究一个重大的不足。近年,随着洛阳、长安出土了大

---

① 李浩:《唐代关中士族与文学》,中国社会科学出版社,2003年版;《唐代三大地域文学士族研究》,中华书局,2008年版;李建华:《唐代河东柳氏与古文运动》,《北方论丛》2012年第2期;梁静:《中古河东柳氏与文学概述》,《晋阳学刊》2013年第1期;梁静:《中古"河东三姓"文学研究》,陕西师范大学,2006年博士论文;张丽:《北齐隋唐河东家族文化与文学研究》,中国社会科学出版社,2016年版。

② 赵继红:《20世纪柳宗元研究综述》,《山西大学学报》(社会科学版)2005年第6期;吕国康:《新世纪柳宗元研究的动态与进展》,《运城学院学报》2014年第1期。

③ 牛致功:《柳芳及其史学》,史念海主编:《唐史论丛》(第二辑),陕西人民出版社,1987年版;郝润华:《关于柳芳的〈唐历〉》,《史学史研究》2001年第2期;李红:《论柳芳》,山西师范大学,2003年硕士论文;姚晶晶:《中日书籍交流中的柳芳〈唐历〉研究》,浙江工商大学,2013年硕士论文。

④ 李红:《河东柳氏的归葬与籍贯迁徙——基于墓志资料的考察》,《史志月刊》2016年第5期;王其祎、周晓薇:《新见隋仁寿元年〈柳机墓志〉考释——兼为梳理西眷柳氏主支世系及其初入关中跻身"郡姓"之情形》,《唐史论丛》(第十九辑)。

⑤ 李红:《隋唐河东柳氏家族研究——以世系、迁徙、婚宦、家族文化为中心》,北京师范大学,2006年博士论文。以该文为基础的著作《隋唐河东柳氏家族研究——以世系、迁徙、婚宦、家族文化为中心》也已出版,文物出版社,2016年版。

量的有关河东柳氏的墓志,结合墓志研究的成果,对河东柳氏的研究主要集中在婚姻与迁徙之上,对政治史的研究颇少。模式化研究是柳氏研究乃至中古士族研究的一个重大弊端。就柳氏研究而言,虽然毛汉光先生提出中古士族出现"两京化"的趋势,但河东士族"两京化"动因为何?是不是和其他士族一样?与河东裴氏、薛氏相比,柳氏主要支系都迁徙到长安与洛阳,其原因与动力何在?以毛汉光的"两京化"理论套用在河东士族显然有缺陷,因为河东地区的位置,从某种意义上来说河东士族就处于两京地区的交通要道上,张说、卢纶等人的祖先迁徙到河东地区,而不是直接迁徙到两京。士族史的研究有一个很大的通病,即企图通过精神、权力乃至科举因素来讨论家族乃至士族的兴衰荣辱,对士族存在的经济分析是比较欠缺的。王伊同的研究虽然提及了士族存在的经济基础,但没有进行深入分析[①]。实际上,陈寅恪先生研究中古士族时,业已提到其经济条件,不过比较分散,研究者未能重视。中古时期,经济结构发生了巨大变化,历代的经济政策不同,士族类型不同,对经济结构的变化与经济政策的变化适应也不同。若不从经济结构与经济政策变迁来分析对不同士族的影响、对士族兴衰的影响,很难有说服力。柳芳将士族分成了若干类型,在现有的研究中,个案研究虽然颇多,但如何整合类型研究,是将来士族研究的一个方向。故而本研究主要以上问题为思考对象来研究柳氏家族,一方面初步了解柳氏家

---

① 王伊同:《五朝门第》,中华书局,2006年版。

族发展的历程,另一方面为河东型士族的研究做初步的准备。

由于南朝时期柳氏东眷研究比较多,也比较透彻,本研究对南朝柳氏东眷并未涉及。柳宗元的研究,成果颇多,本研究也未涉及。此外,柳玭的《柳氏叙训》是柳氏家族重要的文化遗产,由于涉及诸多方面,拟打算以专题形式进行深入的研究。

上篇

第一章　北朝时期的河东柳氏

一、北朝时期河东地区的权力结构

　　作为河东地区家族势力的主要代表,柳氏家族在西魏以后,基本上脱离了河东地区。而裴氏、薛氏等家族,一直到隋唐时期,在河东地区都有其活动的身影。柳氏家族逐渐放弃盐利丰厚的河东地区,转向关中发展,最有可能的因素,就是柳氏在河东地区发展受到局限,只有跳出河东地区,才能更好地发展。故而,有必要对北朝时期河东地区的权力结构进行分析。

　　北朝时期河东地区是各方势力争夺的中心,由于与各个政权的关系不同,这一地区各个家族势力发展有很大变化。故而研究北朝河东大族的权力结构体系,可以了解三大家族的关系,以及当地权力的结构,并在此基础上解释各个家族的发展方向。

　　对该地区权力分布的研究,日本学者矢野主税在《裴氏研究》一文中,论述了裴氏各眷的迁徙与发展过程①。此后毛汉光的研究也涉及到河东地区的权力分布,他认为裴氏大本营在安邑、闻喜至绛县一带,前秦时期有一支洗马裴在解县洗马川一带;柳氏的主要根据地在今解县和永济;薛氏大本营在汾河以南、黄河以东之地的一部分,并发展到涑水下游或中条山以西的地方②。此外,许蓉生、南少华、林宗阅等人也从不同角度研究了河东大族薛氏、柳氏及裴氏在河东地区的发展概况③。这些研究注意到了河东地区的大族裴氏、柳氏及薛氏的发展,但对河东地区其他势力关注不足,对势力之间的关系的研究也略显不足。近年来,由于出土文献较多,能弥补前人研究的不足。

(一)柳氏发展概况

永嘉之乱发生后,河东人大规模迁往江南地区。《晋书·地理志》记载:"又以河东人南寓者,于汉武陵郡孱陵县

---

① 矢野主税:《裴氏研究》,《长崎大学社会科学论丛》1965年第14卷,第17—48页。

② 毛汉光:《晋隋之际河东地区与河东大族》,《中国中古政治史论》,上海书店出版社,2002年版,第35—137页。

③ 许蓉生:《从河东薛氏看魏晋南北朝时期地方豪强的发展道路》,《文史哲》1993年第3期;许蓉生、林成西:《河东薛氏研究——两晋南北朝时期地方豪强的发展道路》,《西南民族大学学报》(人文社会科学版)2004年第11期;南少华:《魏晋北朝河东区域地理研究》,复旦大学,2005年硕士论文;陈迪宇:《北魏时期北归士族研究》,华东师范大学,2005年硕士论文;林宗阅:《魏晋南北朝的河东裴氏——政治活动及其跨区域发展》,台湾大学,2007年硕士论文;刘淑芬:《北魏时期的河东蜀薛》,《台湾学者中国史研究论丛》(家族与社会卷),中国大百科全书出版社,2005年版。

界上明地侨立河东郡,统安邑、闻喜、永安、临汾、弘农、谯、松滋、大戚八县。并寄居焉。"《晋书·王弥传》记载:"河东、平阳、弘农、上党诸流人之在颍川、襄城、汝南、南阳、河南者数万家,为旧居人所不礼,皆焚烧城邑,杀二千石长吏以应弥。"

不过,河东柳氏却没有随这股移民潮流迁徙到南方。柳氏家族的代表人物柳耆及其弟柳纯在北方少数民族政权效力。《晋书·石勒载记》记载:"刘聪以平幽州之勋,乃遣其使人柳纯持节署勒大都督陕东诸军事,骠骑大将军、东单于,侍中、使持节、开府、校尉、二州牧、公如故,加金钲黄钺,前后鼓吹二部,增封十二郡。"此外,《晋书·石季龙载记下》也记载:"废(石)宣母杜氏为庶人。贵嫔柳氏,尚书耆之女也,以才色特幸,坐其二兄有宠于宣,亦杀之。季龙追其姿色,复纳耆少女于华林园。"柳氏家族先后效力于前赵政权与后赵政权,其中柳耆还在后赵政权中担任尚书,受到重用。其女儿才貌双全,为皇太子石宣的贵嫔,深受宠幸,以至于柳耆的两个儿子都深受石宣信任。石宣与石虎在争权中失败,柳贵嫔被杀。以石虎好杀的性格,柳耆两个儿子的结局想必也很悲惨。但由于柳耆小女儿继续受到石虎宠幸,柳耆另一子柳恭躲过大劫。柳氏在永嘉之乱后没有离开河东地区,但效力于不同政权,政治目标不明确,以巩固并维护、扩大家族利益为出发点,属于地方势力中的典型①。

---

① 韩树峰:《河东柳氏在南朝的独特发展历程》,《中国史研究》2000年第1期。

躲过石虎屠杀之后，柳氏家族中，柳恭一支开始迁徙到南方。《周书·柳庆传》记载："柳庆字更兴，解人也。五世祖恭，仕后赵，为河东郡守。后以秦、赵丧乱，乃率民南徙，居于汝、颍之间，故世仕江表。"①此外，柳纯之子柳卓，也迁徙到襄阳。《宋书·柳元景传》记载："柳元景，字孝仁，河东解人也。曾祖卓，自本郡迁于襄阳，官至汝南太守。"②

由于在河东地区存在大量利益，同时也为了分散风险，柳氏家族既有南迁，也有不少留在当地。《周书·柳敏传》记载："柳敏字白泽，河东解县人，晋太常纯之七世孙也。父懿，魏车骑大将军、仪同三司、汾州刺史。"此外，柳崇家族也是留在河东地区的重要一支，《魏书·柳崇传》记载："柳崇，字僧生，河东解人也。七世祖轨，晋廷尉卿。"而《新唐书·宰相世系表》记载："六世孙轨，晋吏部尚书。生景猷，晋侍中。二子：耆、纯。耆，太守，号西眷。"《魏书·柳崇传》未记载其六世祖为谁，可能是这支后世不显，史书记载阙如。

柳氏南迁后，其控制区域萎缩不少。在其传统控制区

---

① 《晋书·姚兴载记上》记载："慕容永既为慕容垂所灭，河东太守柳恭等各阻兵自守，兴遣姚绪讨之。恭等依河距守，绪不得济。"此事发生在394年左右，而石宣被杀在348年。可知两柳恭不是同一人。

② 东晋时，永昌元年（322）五月，"蜀贼张龙寇巴东，建平太守柳纯击走之"；此外，太宁元年（323），"巴东监军柳纯为敦所害"。此柳纯应该不是柳耆之弟柳纯。《华阳国志·后贤志》记载："柳伸，字雅厚，州牧诸葛亮辟为从事……伸子纯，字伟叔，有名德干器，举秀才，巴郡、宜都、建平太守，西夷、长水校尉，巴东监军。"可知在东晋初年活动在南方的柳纯并不是河东柳纯，而是巴蜀柳氏。

域,其他家族趁机填补柳氏撤离后的权力真空。《魏书·裴佗传》记载:"裴佗,字元化,河东闻喜人也。六世祖诜,仕晋位太常卿。因晋乱,避地凉州。苻坚平河西,东归,因居解县。世以文学显,五举秀才,再举孝廉,时人美之。父景惠,州别驾。佗容貌魁伟,聪然有器望。举秀才,以高第除中书博士。"这支裴氏从河西回河东后,居住在解县,是为洗马裴,其主要聚集地在今运城盐湖区金井乡一带,非常靠近盐池,而这一地区传统上是柳氏的势力范围。隋朝《裴通墓志》也记载:"公讳通,字悉达,河东虞乡人也。"①洗马裴在此定居并发展,反映出柳氏势力范围已经大为萎缩。

十六国后期,柳氏在河东地区势力进一步受到挤压,《晋书·姚兴载记上》记载,西燕灭亡后,"河东太守柳恭等各阻兵自守,兴遣姚绪讨之。恭等依河距守,绪不得济。镇东薛强先据杨氏壁,引绪从龙门济河,遂入蒲坂。恭势屈,请降。徙新平、安定新户六千于蒲坂"。此河东太守柳恭是否是河东柳氏不得而知,但笔者认为此人属于河东柳氏的可能性比较大。一是柳恭蒲坂抵抗姚绪,致使姚绪不能顺利渡河,显然得到当地势力的支持。二是姚绪占领蒲坂后,迁北方人到此地,显然是为了进一步控制此地。三是从河东地区两大家族薛氏和柳氏此后的关系来看,两个地方大家族关系并不和谐,据笔者掌握的材料,河东柳氏与薛氏之间的联姻并不常见,两族联姻最早出现在唐高宗武后时期,

---

① 赵力光主编:《西安碑林博物馆新藏墓志续编》,陕西师范大学出版总社有限公司,2014年版,第38页。

可知两族之间存在某种隔阂。这种隔阂,笔者认为是河东薛氏家族的薛强出卖柳恭,导致柳恭被迫投降。可以想象,河东柳氏在姚兴占领此地后受到排挤。因此,河东柳氏在十六国后期的河东实力进一步削弱。

到了北魏时期,柳氏获得一定发展,"魏《太和族品》:柳、裴、薛为河东三姓"①。但此时的柳氏仍然属于地方大族,并没有成为代人集团成员,而当地的薛氏与裴氏则较早被纳入到统治集团中②。为了摆脱地方豪强身份,柳氏与崔浩联姻,但这次联姻给柳氏带来了沉重的打击。崔浩由于国史案被诛,与之联姻的家族受到牵连。《魏书·崔浩传》记载:"真君十一年六月诛浩,清河崔氏无远近,范阳卢氏、太原郭氏、河东柳氏,皆浩之姻亲,尽夷其族。"而《宋书·柳元景传》也记载:"元景从祖弟光世,先留乡里,索虏以为折冲将军、河北太守,封西陵男。光世姊夫伪司徒崔浩,虏之相也。元嘉二十七年,虏主拓跋焘南寇汝、颍,浩密有异图,光世要河北义士为浩应。浩谋泄被诛,河东大姓坐连谋夷灭者甚众,光世南奔得免。"崔浩家族的主要联姻对象为卢氏、郭氏③,而崔浩本人则与柳氏联姻。因此所谓"河东大姓",在河东地区主要是指柳氏。所以,崔浩之死对柳氏打击比较大。当然所谓的"尽夷其族"主要是与崔浩联姻的柳

---

① 《古今姓氏书辩证》卷三八《薛》。
② 康乐:《代人集团的形成与发展——拓跋魏的国家基础》,(台北)《中央研究院历史语言研究所集刊》第61册第3分(1991)。
③ 仇鹿鸣:《高允与崔浩之死臆测——兼及对北魏前期政治史研究方法的一些反思》,《社会科学战线》2013年第3期。

氏的直系亲属，其他柳氏虽然逃过诛杀，但也受到了很大影响。

柳氏受崔浩案影响之后，中央化的努力再次失败。柳氏努力中央化的同时，更加强化了其地方豪强的角色。北魏后期，柳氏控制邑中正的时间非常长，柳崇"迁太子洗马、本郡邑中正。转中垒将军、散骑侍郎。迁司空司马、兼卫尉少卿，又领邑中正"。柳崇的儿子柳庆和，"起家奉朝请，稍迁轻车将军、给事中、本郡邑中正"。柳庆和的弟弟柳楷，"转太尉记室参军，迁宁远将军、通直散骑侍郎、本郡邑中正"。此外，柳崇的族侄柳永，"又转征虏将军、太中大夫、本郡邑中正"。柳永的儿子柳范，"卒于前将军、给事中、本州大中正"，而是在邑中正的基础上进一步发展，到州中正。北魏时期中正有州中正和郡中正。州中正，必须是本州世家大族，还需现任中央官员兼领。郡中正由司徒荐举，其任职条件大致与州中正相同。中央所置州郡中正与州都及郡府县之中正截然不同。前者由司徒荐举，尚书诏除；后者由府主自辟。前者由中央官兼领，地位很高，而无禄恤；后者为地方属吏，而独立为职，有干禄。前者掌选本州本郡人才，提供中央之选用；后者选荐本州郡县之僚吏。① 柳氏世代任中正，是对其地方世家实力的认同。

到了北魏末年，柳敏的崛起更加体现了柳氏在地方较大的影响力。《周书·柳敏传》记载："年未弱冠，起家员外

---

① 严耕望：《中国地方行政制度史：魏晋南北朝地方行政制度》，上海古籍出版社，2007年版，第643—647页。

散骑侍郎。累迁河东郡丞。朝议以敏之本邑,故有此授。敏虽统御乡里,而处物平允,甚得时誉。"西魏时期,"及文帝克复河东,见而器异之,乃谓之曰:'今日不喜得河东,喜得卿也。'"实际上当时河东地区处于东魏、西魏争夺中,柳敏投靠西魏,河东地区政局逐渐稳定,这是宇文泰说此话的背景。投靠宇文泰之后,柳敏"迁礼部郎中,封武城县子,加帅都督,领本乡兵。俄进大都督……益州平,进骠骑大将军、开府仪同三司,加侍中,迁尚书,赐姓宇文氏。六官建,拜礼部中大夫"。西魏末年,宇文泰建立乡兵系统,允许建立乡兵的基本上都是地方豪强。此外,柳敏被赐姓"宇文氏",并被赋予开府权力。赐姓是对当时在政治上、社会上都占有重要位置的人的认可。与复姓不同的是,赐姓主要以汉族为对象,而这些人是掌握着乡村的有名望的豪族,为了利用他们对乡村的支配力,赐姓是有一定效用的。这也表明柳敏被认可,意味着他成为"官族",同时也意味着其将随赐姓而得到车骑大将军以上的官职。[①]

姓名	地方官职	资料来源
柳崇	本郡邑中正,领邑中正,河北太守	《魏书·柳崇传》
柳崇子柳庆和	本郡邑中正	同上
柳崇子柳楷	本郡邑中正	同上
柳崇从父弟柳元章	正平太守	同上

[①] 朴元济:《西魏北周的赐姓与乡兵的府兵化》,《历史研究》1993年第4期。

(续表)

姓名	地方官职	资料来源
柳崇族弟柳敬起	平阳太守	同上
柳敬起子柳永	本郡邑中正	同上
柳敬起子柳范	本州大中正	同上
柳敏	河东郡丞	《周书·柳敏传》
柳敬起弟柳仲起	秦州(泰州)主簿	《唐以前河东裴氏墓志丛札》

(二)薛氏势力发展

北朝时期,在河东地区活动的还有以薛氏为代表的蜀人集团。蜀人北迁后来的河东汾阴(今万荣宝井一带),为小平原,面积12平方千米左右,地势比较平坦,土壤肥沃,薛氏占领此地后,牢牢控制周边地区。《魏书·薛辨传》记载:"薛辨,字允白。其先自蜀徙于河东之汾阴,因家焉。祖陶,与薛祖、薛落等分统部众,故世号三薛。父强,复代领部落,而祖、落子孙微劣,强遂总摄三营。善绥抚,为民所归。历石武、苻坚,常凭河自固。"汾阴一带土壤肥沃,很早就在此设县。但十六国汉赵时期,河东郡并没有汾阴县,而是废并入蒲坂。直到北魏中期重新设置汾阴县。一个重要原因就是薛氏牢固控制了该地,中央政权的统治无法到达该地。薛氏方面巩固其既有成果,薛强死后,薛辨"复袭统其营,为兴尚书郎、建威将军、河北太守。辨稍骄傲,颇失民心。刘裕平姚泓,辨举营降裕,司马德宗拜为宁朔将军、平阳太守。及裕失长安,辨来归国,仍立功于河际"。初古拔时期,"真君中,盖吴扰动关右,薛永宗屯据河侧,世祖亲讨之。乃诏拔纠合宗乡,壁于河际,断二寇往来之路"。也可以看到其在地方上实力强大,直到北魏末年,薛氏仍然牢牢控制着汾阴周边地区。《魏书·世宗纪》记载:"永平四年春正月丁巳,汾州刘龙驹聚众反。诏谏议大夫薛和率众讨之……甲戌,薛和大破山胡。"而《魏书·薛辨传附薛和》记载:"永平四年正月,山贼刘龙驹扰乱夏州,诏和发汾、华、东秦、夏四州之众讨龙驹,平之。"可见薛和这次镇压刘龙驹主要依靠地方武装,而此过程中,薛氏本族武装应该占多数。

蜀薛很快以汾阴为基地,向周边地区扩张。一支沿汾河东上,到达汾曲。《魏书·世祖纪下》记载,太平真君六年(445),"河东蜀薛永宗聚党盗官马数千匹,驱三千余人入汾曲,西通盖吴,受其位号"。汾曲在今新绛汾水拐弯处,与曲沃接壤。太平真君七年(446),"春正月戊辰,车驾次东雍州。庚午,围薛永宗营垒。永宗出战,大败。六军乘之,永宗众溃。永宗男女无少长赴汾水死"。《魏书·崔浩传》也记载:"世祖至东雍,亲临汾曲,观叛贼薛永宗垒,进军围之。"东雍州治所在今新绛一带,地带山河,易守难攻。薛永宗在此建立壁堡,巩固、控制了该区域。由此可见,河东薛氏很早就发展到汾曲附近。此后,继续向浍水流域发展,势力达到南绛与北绛,即今绛县至翼城一带。《魏书·肃宗纪》记载,孝昌二年(526),"绛蜀陈双炽聚众反,自号始建王。曲赦平阳、建兴、正平三郡。诏假镇西将军、都督长孙稚讨双炽,平之"。这次蜀人反叛以陈双炽为代表,但应该有薛氏参与其事。

此外，薛氏在河东地区还沿涑水南下，到达盐池周边地区，《魏书·长孙道生附长孙稚传》："时薛凤贤反于正平，薛修义屯聚河东，分据盐池，攻围蒲坂，东西连结，以应宝夤。"此外，《魏书·庄帝纪》记载，"以中军将军、前东荆州刺史元显恭为使持节、都督晋建南汾三州诸军事、镇西将军、晋州刺史、兼尚书左仆射，为征西道行台，节度都督薛善乐、薛修义、裴元俊、薛崇礼、薛憘族等"。可见当时薛氏势力比较强大。北魏末年，薛善"转盐池都将"[①]，反映出北魏政府对薛氏势力的认可。另外，薛氏的另一支薛安都北归后，定居在河东郡，北魏河东郡包括安定、蒲坂、南解、北解、猗氏五县，均在今盐池附近。薛安都子薛承华，"袭爵。稍迁司徒从事中郎、河东邑中正"，反映出薛氏在河东郡的影响。

薛氏还向西发展，在今河津一带很早就有薛氏活动的痕迹。十六国时期，"镇东薛强先据杨氏壁，引绪从龙门济河，遂入蒲坂"。《周书·薛端传》记载："魏孝武西迁，太祖令大都督薛崇礼据龙门，引端同行。崇礼寻失守，遂降东魏。东魏遣行台薛循义、都督乙干贵率众数千西度，据杨氏壁。端与宗亲及家童等先在壁中，循义乃令其兵逼端等东度。"

另外，据在今稷山县北魏薛凤规造像碑上的人名来看，这里住着一个以薛氏为主导，此外还有程氏、姚氏、陈氏、裴氏等家族的聚落。可见，薛氏已经发展到今稷山一带。

---

① 《周书》卷三五《薛善传》。

河东薛氏虽然很早就成为代人集团的一员①,但薛氏家族在河东地区的郡县中没有担任大中正或者州中正,担任主簿或功曹的也很少。这也反映出河东家族对薛氏或许存在诸多不满。朝廷虽然依赖薛氏在地方上的统治,但要顾及其他家族的利益,因为薛氏本身武力强大,若控制地方中正,则更加会扩张自己的地盘与势力,引起其他家族的不满。

姓名	地方官职	资料来源
薛辩	姚兴时期河北太守,投降刘裕后平阳太守、雍州刺史	《魏书·薛辩传》
薛辩子薛谨	河东太守、秦州刺史	同上
薛谨子初古拔	南豫州刺史	同上
初古拔子薛胤	河北太守	同上
薛胤子薛裔	洛州刺史	同上
薛胤弟薛□	汝阴太守	同上
薛□子薛玄景	陈留太守	同上
初古拔弟薛洪隆	河东太守	同上
薛洪隆孙薛庆之	沧州刺史	同上
薛洪隆子薛凤子	本州中正(移籍华州河西郡)	同上
薛凤子弟薛骥奴	州主簿(华州)	同上
薛洪隆弟薛破胡	州治中别驾、河东太守	同上
薛破胡子薛聪	齐州刺史	同上
薛聪子薛景茂	司州记室从事、猗氏令	同上

---

① 康乐:《代人集团的形成与发展——拓跋魏的国家基础》,(台北)《中央研究院历史语言研究所集刊》第61册第3分(1991)。

(续表)

姓名	地方官职	资料来源
薛景茂弟薛孝通	常山太守	同上
薛聪侄薛长瑜	洛州刺史	同上
薛聪弟薛仙智	郡功曹	同上
薛聪弟薛和	行正平、颍川二郡事,南青州刺史	同上
薛破胡弟薛破氏	本州别驾	同上
薛破氏子薛敬贤	钜鹿太守	同上
薛破氏侄薛隆宗	太原太守	同上
薛安都子薛道标	平州刺史、相州刺史、秦州刺史	《魏书·薛安都传》
薛道标子薛达	汉阳太守	同上
薛达子薛承华	河东邑中正	同上
薛道标弟薛道次	秦州刺史	同上
薛道次子薛峦	秦州刺史、带陇西太守、荥阳太守、肆州刺史	同上
薛安都侄薛硕明	清河太守	同上
薛安都从祖弟薛真度	平州刺史、荆州刺史、东荆州刺史、豫州刺史、华州刺史、扬州刺史	同上
薛真度庶长子薛怀吉	益州刺史、汾州刺史	同上
薛怀吉弟薛怀朴	恒农太守	同上
薛怀朴弟薛怀景	河东太守	同上
薛和子薛善	盐池都将、泰州别驾、汾阴令、河东郡守、隆州刺史	《周书·薛善传》

(续表)

姓名	地方官职	资料来源
薛遵彦	河东郡守	《周书·薛置传》
薛遵彦子薛乂	清河、广平二郡守	同上
薛置	州主簿、郡功曹	同上
薛菩萨	州主簿、河东太守	《裴敬墓志》

(三)裴氏发展情况

闻喜是河东裴氏的主要聚居地。西晋至十六国时期,裴氏迁徙凉州、辽东及南方。留在河东地区的裴氏,主要分布在闻喜。《魏书·裴骏传》记载:"裴骏,字神驹,小名皮,河东闻喜人。父双硕,本县令,假建威将军、恒农太守,安邑子……盖吴作乱于关中,汾阴人薛永宗聚众应之,屡残破诸县,来袭闻喜。县中先无后仗,人情骇动,县令忧惶,计无所出。骏在家闻之,便率厉乡豪曰:'在礼,君父有危,臣子致命。府县今为贼所逼,是吾等徇节之秋。诸君可不勉乎!'诸豪皆奋激请行,骏乃简骑骁勇数百人奔赴……目为三河领袖。"从裴骏可知裴氏在当地乃至周边地区的影响。

北朝时期,裴氏也开始朝周边地区迁徙。《魏书·裴延俊传》记载:"裴延俊,字平子,河东闻喜人,魏冀州刺史徽之八世孙。曾祖天明,谘议参军、并州别驾。"裴氏一支,由于政区变更,隶属发生变化,"太和中,析属河北郡"。这反映出裴氏的迁徙。

十六国时期,流落到凉州的裴氏迁徙回河东,但这一支并没有回闻喜居住,而是定居解县。《魏书·裴佗传》记载:"裴佗,字元化,河东闻喜人。其先因晋乱避地凉州。苻坚平河西,东归桑梓,因居解县焉。"《周书·裴侠传》记载:"裴侠字嵩和,河东解人也。"可知在解县一带,裴氏势力颇大。"州辟主簿,举秀才……大统三年,领乡兵从战沙苑,先锋陷阵。"此外,裴通"河东虞乡人也"①,也反映了裴氏一支来到虞乡,即今永济附近。

裴氏长期控制正平郡中正、太守及闻喜县中正,由此可知裴氏主要影响力在正平郡,其他地区的裴氏,影响力还是有限。

姓名	地方官职	资料来源
裴双硕	县令、恒农太守	《魏书·裴骏传》
裴昞	邑中正	同上
裴骏子裴务	州主簿	同上
裴务子裴美	州主簿	同上
裴务弟裴宣	领本郡中正	同上
裴骏从弟裴安祖	州主簿	同上
裴奣	并州别驾	《魏书·裴延俊传》
裴双虎	河东太守	同上
裴崧	州主簿、行平阳郡事	同上
裴延俊	邑中正	同上
裴延俊族弟裴良	郡中正	同上
裴景惠	州别驾	《魏书·裴佗传》

---

① 《裴通墓志》,赵力光主编:《西安碑林博物馆新藏墓志续编》,陕西师范大学出版总社有限公司,2014年版,第38页。

(续表)

姓名	地方官职	资料来源
裴佗	行河东郡事、河东邑中正	同上
裴侠	州主簿	《周书·裴侠传》
裴果	阳平郡丞、河北郡守、正平郡守	《周书·裴果传》
裴邃	正平郡守	《周书·裴文举传》
裴文举	绛州刺史	同上
裴良	正平邑中正	《唐以前河东裴氏墓志丛札》
裴文举弟裴玑	郡功曹、州主簿、本县令	同上
裴鸿琳	宇文朝本州大中正	《山西运城出土裴氏墓志》
裴念	魏本州别驾	同上
裴景徽	郡中正	《寇炽墓志》
裴敬	邑中正	《裴敬墓志》
裴业(裴敬祖)	州主簿	同上
裴吉(裴敬父)	郡功曹、正平太守	同上
裴子通	汾州刺史、正平太守	《裴子通墓志》
裴相	郡功曹	《裴相墓志》

(四)其他家族势力

北朝河东地区,除了三大家族,还有很多在当地有影响力的家族。在河东郡,有敬氏、张氏、樊氏及王氏等家族。《周书·薛善传附敬珍传》记载:"敬珍字国宝,河东蒲坂人也,汉扬州刺史韶之十世孙。父伯乐,州主簿,安邑令……遂与同郡豪右张小白、樊昭贤、王玄略等举兵,数日之中,众至万余。将袭欢后军,兵未进而齐神武已败。珍与祥邀之,多所克获。及李弼军至河东,珍与小白等率猗氏、南解、北解、安邑、温泉、虞乡等六县户十余万归附。太祖嘉之,即拜珍平阳太守,领永宁防主;祥龙骧将军、行台郎中,领相里防主。并赐鼓吹以宠异之。太祖仍执珍手曰:'国家有河东之地者,卿兄弟之力。还以此地付卿,我无东顾之忧矣。'"由此可见敬氏家族在河东地区的影响。敬氏郡望在平阳,《元和姓纂》记载:"秦有敬丕,子教为平阳太守。平阳,敬教子孙因官家焉。裔孙歆,汉末为扬州刺史。六代孙频,后魏北平太守。曾孙显㩦,北齐仆射、永安公。"据敬使君碑资料记载,"歆"为"韶"之误①。可敬珍兄弟从平阳迁徙而来,考虑到敬珍的父亲敬伯乐当过州主簿,敬氏迁徙到蒲坂至少三四代,有可能在柳恭南迁、柳氏势力一度衰微的情况之下,敬氏乘机迁徙到蒲坂,以窥探解盐之利。

此外,唐宰相张说的先人,在北周时期,从江南北归,定居蒲坂。《全唐文》卷二三一《张说·周故通道馆学士张府君墓志铭》记载:"至元孙华,复为晋司空。遇难子孙南渡,其处者或寓于蒲坂,周齐间有归者,因从焉。"张说的曾祖父母墓地在"普救原",其祖父母墓地在"蒲坂东司空之村",二者应该在同一墓区中。可见,张氏家族在北周后,也向蒲

---

① 〔唐〕林宝撰,岑仲勉校记:《元和姓纂》,中华书局,1994年版,第1340—1343页。

坂迁徙。一方面是交通便利,另一方面也有窥探盐利的因素。

绛县的《崔永高等三十六人造像记》(又名《董成国等造像记》)记载,当时造像的人宗有军主杨叔定、邑正董成国、邑正董万敌、幢主崔永高、幢主董□;此外还有敬氏四人,以及卫氏与薛氏。① 这个造像团体中董姓占多数,可知有一个以董姓为主的聚落在此生活。绛县在北魏时期为南绛,先后属于正平郡与南绛郡。

在稷山,《巨始光造像记》记载其造像人包括像主建义都督、巢山监军、镇远将军、前平阳令、高凉令、安平县开国侯巨始光,光父被旨板授建兴太守巨天祖,此外造像主还包括行姓、力姓、杨姓、薛姓等人。这些人中间,有都邑主杨仑、邑主杨颙、邑主裴勒义、都唯那薛荷、唯那杨法智、唯那兵曹府杨硕、唯那昝辉和。② 聚落中巨姓占主导地位,但裴氏、杨氏与薛氏势力也占有一定地位。稷山在北魏为高凉县,属东雍州高凉郡。

在今芮城的《蔡氏造老君像记》中,记载当时造像的人有河北令蔡韦祖、河北令蔡仵祖、□北太守蔡景进、征北将军北地太守蔡训、河北郡功曹蔡国、征洛谷军将蔡文超、河

---

① 韩理洲等辑校编年:《全北魏东魏西魏文补遗》,三秦出版社,2010年版,第499—500页。

② 韩理洲等辑校编年:《全北魏东魏西魏文补遗》,三秦出版社,2010年版,第659—662页。

北令赠洛州刺史蔡□□、华山郡中正蔡金等蔡姓120余人①。这些人中，很多人出任河北县令以及河北郡官佐，此外还有人在各地任太守、刺史及将军等职务，其中蔡金还任华山郡中正，可见蔡氏构成了一个庞大的家族官僚网络，除在河北县有势力外，还跨河发展到华山郡。从碑身的巨大尺寸和刻造精良的程度来看，绝不是一般家族所能承受的②。芮城在北魏西魏为河北县，属陕州河北郡。可见，当时的河北县地方权力，基本上被蔡氏家族牢牢控制。除了蔡氏家族，河北县还有陈氏家族，《合村长幼造像记》记载的造像人中，除僧人外，可判断陈姓有55人，此处基本上是陈姓主导聚落，这些人中，有"都邑中正陈法□……邑正陈蜀仁……唯那主□□令陈伏欢，典录陈胡生，开思唯像主□北令陈台贵……开□□佛光明主□寇将军……供养主假安邑县令陈珍文，□加像主假鲁阳县令陈章□"③。陈氏家族对地方权力的控制并不常见，但从"假安邑县令"来看，陈氏家族在当地是不可忽视的大家族。《周书·张元传》记载："张元字孝始，河北芮城人也。祖成，假平阳郡守。父延俊，仕州郡，累为功曹、主簿，并以纯至为乡里所推。"可见在当地张氏势力也比较强大。

---

① 韩理洲等辑校编年：《全北魏东魏西魏文补遗》，三秦出版社，2010年版，第669—671页。

② 李淞：《神话的碑文与新样的造像——山西芮城县西魏〈蔡洪造太上老君像碑〉的识读》，《南京艺术学院学报》（美术与设计版）2009年第6期。

③ 韩理洲等辑校编年：《全北齐北周文补遗》，三秦出版社，2002年版，第77页。

由河北县分出的安戎县,则有张氏家族,《张盛墓志》记载:"君讳盛,字僧贤。河北郡安戎县人也……齐天保元年,解褐奉朝请,稍迁荡寇将军、徐州孤山郡丞、陕州大中正。"

在今闻喜地区,虽然裴氏势力比较强大,但其他家族势力也不容小觑。《檀泉寺造像记》记载:"□□□远将军右员外□常□□都督斋主祁令和为亡父母……绛州刺史龙头城开府仪同三司丰利公弟子宇文贞奉律□隅……□□主蒲坂令董号(下阙)……佛弟子宇文汝薮,佛弟子宇文善才,回斋主凤周刺史王罗云,供养主阎玉珍为妹磨女兴,供养主韩犁奴为亡父敬(下阙),会主李兰……"这些造像民众中,有董姓22人,包括都邑中正董延和,此外还有彭姓1人、和姓1人、杨姓1人、高姓1人、王姓4人、郑姓2人、李姓与介姓各1人。《檀泉寺造像记》在今闻喜侯村乡,可见当地存在一支以董姓为主的家族。董姓家族在河东地区历史比较悠久。《元和姓纂》卷六记载:"河东:状云仲舒之后。"

此外,在今闻喜桐城镇一带,毌丘氏家族比较强大①。《毌丘氏造像记》中记载,当地民众为三国名将毌丘俭八世孙,造像民众以毌丘氏居多,可以辨别姓氏的人中,毌丘氏有51人。此外,还有王氏、张氏、董氏等,裴氏只有1人。这些人中未见其头衔,可见当时的毌丘氏的政治权力比较小,但人数众多,是当地不可缺少的家族力量。

在河东安邑一带,卫氏势力不容小觑。《卫胡王墓志》

---

① 《毌丘氏造像记》,韩理洲等辑校编年:《全北魏东魏西魏文补遗》,三秦出版社,2010年版,第679—681页;卫文革:《山西闻喜毌丘氏造像碑及其相关问题》,《碑林集刊》(第十七辑),三秦出版社,2011年版。

记载:"祖族河东安邑……君祖庆欢,魏扶风郡太守、使持节、上柱国、鲁国公、岐州刺史。父黄贵,周虎牙将军、山林都尉。祖族贵豪,家门轩冕,历代宿璎。"①《大唐故朝散郎行扬州江都尉李君妻河东卫夫人墓志铭(并序)》也记载:"夫人姓卫氏,河东虞乡人也。曾祖宾,隋龙骧将军、本州大中正。"②《裴敬墓志》也记载:"(裴敬)父(裴)吉,郡功曹州都行正平太守赠中散大夫华山太守。夫人河东卫氏,父卓,州别驾行河东太守。"此外,当地也有关氏势力存在。隋《关明墓志》记载:"君讳明,字普哲,河东安邑人也……宜阳太守之孙,彭城府君之子。"③

在猗氏,樊氏家族与周氏家族势力影响比较大。《周书·儒林传·樊深传》记载:"樊深,字文深,河东猗氏人也……魏孝武西迁,樊、王二姓举义,为东魏所诛。深父保周、叔父欢周并被害。"此外,乐氏家族力量也不小,《周书·儒林传·乐逊传》记载:"乐逊字遵贤,河东猗氏人也。年在幼童,便有成人之操。弱冠,为郡主簿。"猗氏也有霍氏家族,正始元年(504)的霍扬碑记载:"君讳扬,字荣祖,河东猗氏人也。"④

在白水(今垣曲一带),王氏家族影响力极大。《周

---

① 《卫胡王暨妻王氏墓志》,赵力光主编:《西安碑林博物馆新藏墓志续编》,陕西师范大学出版总社有限公司,2014年版,第117页。

② 吴钢主编:《全唐文补遗》(第九辑),三秦出版社,2007年版,第441页。

③ 韩理洲辑校编年:《全隋文补遗》,三秦出版社,2004年版,第127页。

④ 韩理洲等辑校编年:《全北魏东魏西魏文补遗》,三秦出版社,2010年版,第52页。

书·杨摽传》记载:"摽父猛先为邵郡白水令,摽与其豪右相知,请微行诣邵郡,举兵以应朝廷。太祖许之。摽遂行,与土豪王覆怜等阴谋举事,密相应会者三千人,内外俱发,遂拔邵郡……遂表覆怜为邵郡守。以功授大行台左丞,率义徒更为经略。"王覆怜能纠集三千人,可见其势力与影响力不小。当然,杨摽家族在高平郡影响力也很大,"杨摽字显进,正平高凉人也。祖贵、父猛,并为县令……遣谍人诱说东魏城堡,旬月之间,正平、河北、南(涉)〔汾〕、二绛、建州、(大)〔太〕宁等城,并有请为内应者,大军因攻而拔之。以摽行正平郡事,左丞如故"。

此外,在河东地区,还有不少移民家族涌入。在安邑,有来自南阳的张氏,《唐南阳张府君(瑗)墓志铭(并序)》记载:"君讳瑗,字良玉,其先南阳人,裔祖楚金,为元魏冠军将军、河东太守。因官子孙相承,置别业于安邑县涑川之滨,今为安邑人。"①天水赵氏也有一支迁徙到河东地区,《唐故左玉钤天山府右果毅都尉上柱国赵君(玄应)墓志铭(并序)》记载:"君讳玄应,字仁宗,其先天水人。九代祖庭为河东太守,子孙因家焉,故今为河东人也……曾祖璋,周开府仪同三司、江夏郡守、天水郡开国子。祖元济,周成都郡守,隋使持节隆州诸军事、隆州刺史、辽东道大总管、上柱国、天水郡开国男。"②

---

① 吴钢主编:《全唐文补遗》(第六辑),三秦出版社,1999年版,第142—143页。
② 吴钢主编:《全唐文补遗》(第八辑),三秦出版社,2005年版,第297页。

由此可见，在河东地区，除三大家族外，还有其他颇具势力的家族。这些家族之间权力处于平衡的状态，如果这种平衡被打破，很可能招致其他大族的反击。《魏书·薛辨传》记载："（薛胤）除立忠将军、河北太守。郡带山河，路多盗贼。有韩、马两姓，各二千余家，恃强凭险，最为狡害，劫掠道路，侵暴乡间。胤至郡之日，即收其奸魁二十余人，一时戮之。于是群盗慑气，郡中清肃。"可知韩、马两家势力虽然很大，但由于危害其他家族利益，受到打击。

河东柳氏在北朝不同阶段均卷入政治纠纷，势力受损，后期虽然有所恢复，但不能在本地扩张，这就决定了柳氏将向其他区域发展。

二、东魏西魏之际河东柳氏的政治选择与空间移动

东魏、西魏乃至北周、北齐时期，河东地区是政权争夺的核心地区之一。对这一地区的重要性，宋杰先生指出，河东的位置处于太原、长安、洛阳—邺城等政治中心区域之间，在兼并战争当中，占据该地的一方会获得明显的优势，或能御敌于国门之外，或能朝几个方向出兵进攻，从而掌握战争的主动权，故而备受各方君主将帅之瞩目。[1] 毛汉光先生指出，东魏西魏、北周北齐对峙时期，河东大族著房之在

---

[1] 宋杰：《两魏周齐战争中的河东》，中国社会科学出版社，2006年版，第47页。

乡宗族绝大多数倾向宇文氏,使得汾水以南、涑水中游下游、盐池一带皆成为西魏北周的巩固地盘①。

以柳氏为代表的河东大族为什么会投靠宇文氏?这方面的研究并不多,笔者认为,其根本原因在于,投靠宇文氏,能保障河东大族的经济利益,主要是盐利。

(一)

河东盐池,在中央政权强大时,公私两利;若中央政权衰弱,则豪强者专擅其利。北魏建立之后,对河东郡的盐池采取征税的方式来管理,"旧立官司以收税利",太和中高祖召群僚议定百官,对盐业管理的官职是司盐都尉②。不久,就放松了对盐业的管理,"太和二十年,冬十月,乙丑,开盐池之禁,与民共之"③。但是这个好处为富人所有,《魏书·食货志》记载:"是时罢之,而民有富强者专擅其用,贫弱者不得资益。延兴末,复立监司,量其贵贱,节其赋入,于是公私兼利。世宗即位,政存宽简,复罢其禁,与百姓共之。共国用所须,别为条制,取足而已。自后豪贵之家复乘势占夺,近池之民,又辄障吝。强弱相陵,闻于远近。"此后,"于是复置监官以监检焉。其后更罢更立,以至于永熙"。对于河东盐池的管理,北魏也没有固定的做法。

---

① 毛汉光:《北朝东西政权之河东争夺战》,《中国中古政治史论》,上海书店出版社,2002年版,第148—187页。
② 《魏书》卷一一三《官氏志》。
③ 《魏书》卷七下《高祖纪下》。

北魏对河东盐池主要采用征税的办法来管理。① 国家并没有直接控制盐业的生产与销售,真正控制盐业生产与销售的是盐池周边地区与销售路线上的豪强。

　　河东盐池在柳氏、裴氏的势力范围之中,似乎这两族是主要的受益者。柳氏范围东与裴氏相接于盐池,向西直至蒲州,解县、虞乡县是其主要居住地。安邑裴氏与解县柳氏,平分盐池之利②。薛氏自蜀地辗转到河东地区之后,起初居住在河东汾阴之地,到了北魏中后期,已有向盐池方向扩张的迹象。北魏末年,"时薛凤贤反于正平,薛修义屯聚河东,分据盐池,攻围蒲坂,东西连结,以应宝夤"③。薛修义占据河东盐池,可知薛氏逐渐瓜分盐利。北周时期,薛善"少为司空府参军事,迁傥城郡守,转盐池都将……善家素富,僮仆数百人。兄元信,仗气豪侈,每食方丈,坐客恒满,弦歌不绝"④。可见薛氏自北魏末年起,在盐池附近已经站稳脚跟,成为盐利集团中的一员,依靠盐利,势力获得很大发展。除柳氏、裴氏和薛氏外,还有一些大族也瓜分盐利,"民有富强者专擅其用,贫弱者不得资益……自后豪贵之家复乘势占夺,近池之民,又辄障吝。强弱相陵,闻于远近"⑤。反映出了盐池周边地区豪强控制盐业生产而获利

---

　　① 黄纯艳:《魏晋南北朝世族势力的膨胀与盐政演变》,《盐业史研究》2002年第2期。
　　② 毛汉光:《晋隋之际河东地区与河东大族》,《中国中古政治史论》,上海书店出版社,2002年版,第108—118页。
　　③ 《魏书》卷二五《长孙道生传附长孙稚传》。
　　④ 《周书》卷三五《薛善传》。
　　⑤ 《魏书》卷一一〇《食货志》。

的情景。

除控制盐业生产获利之外，还可能有运输食盐获利的集团。河东盐的销售范围，唐人柳宗元指出："猗氏之盐，晋宝之大也，人之赖之与谷同，化若神造，非人力之功也……然后驴骡牛马之运，西出秦陇，南过樊邓，北极燕代，东逾周宋，家获作咸之利，人被六气之用，和钧兵食，以征以贡。"①河东盐主要销往关陇、中原地区，部分销往今河北等地。

北朝时期，据《水经注·涑水》等资料记载，河东池盐世销今河南、陕西、山西等省，而在池盐外销诸路线中，尤以南下河南境内最为重要。这是因为，当时陕西部分地区所运食盐也需经此路线转输而来。第一条是通过盐道山至河南灵宝浧津，再由此渡河南下。这条道路比较狭窄险峻，所贩之盐并不多。第二条从盐池东南出发，经过白径岭，在今平陆茅津渡渡口过河南下。这条路虽然平坦，但有石门之险，所运之盐也不多。第三条北起海门，历经虞坂、张店堡等地，南止于茅津、三门，穿越今夏县、平陆两地，为主要运盐要道。②

因此，控制今夏县至平陆的运盐路线，就能获得巨大利润。"于时河东、河北二郡争境，其间有盐池之饶，虞坂之便，守宰及民皆恐外割。"③在这条线路之中，蒲坂居重要地位，这一带出现了大量地方豪族，蒲坂敬氏家族是其中的代

---

① 《全唐文》卷五八六《柳宗元·晋问》。
② 张荣强：《从北周摩崖石刻谈古代运城池盐南销之路线》，《盐业史研究》1997年第3期。
③ 《魏书》卷四五《柳崇传》。

表。"敬珍字国宝,河东蒲坂人也,汉扬州刺史韶之十世孙……遂与同郡豪右张小白、樊昭贤、王玄略等举兵,数日之中,众至万余。将袭欢后军,兵未进而齐神武已败。珍与祥邀之,多所克获。及李弼军至河东,珍与小白等率猗氏、南解、北解、安邑、温泉、虞乡等六县户十余万归附。"①

(二)

东魏西魏分裂之后,高欢利用自己的军事优势,进占崤函与河东,封锁了豫西通道和晋南—豫北通道,并占据了关中东出中原的首要门户,将山东—关西两大经济政治区域的中间地带悉数囊括,并以河东为中心,在河西地区建立军事据点。与此同时,以河东为前线基地,频频进攻关中。②

在这一过程中,河东盐的销售地区为两个政权分割的区域,无论投靠哪一方,河东盐都只能销往一个政权控制的地区。鉴于高欢军事力量的强大,不少大族投靠了高欢政权。比如薛循义,其投靠高欢之后,还招来同宗薛崇礼,"西魏北华州刺史薛崇礼屯杨氏壁,循义以书招之,崇礼率万余人降"③。裴让之兄弟六人,只有二弟裴诹之出奔关右投靠宇文泰④。此外,柳敏、裴宽、薛端、薛善等家族,基本上处于中立态度。柳氏家族中,柳崇支系投靠高欢,其后裔柳达摩

---

① 《周书》卷三五《敬珍传》。
② 宋杰:《两魏周齐战争中的河东》,中国社会科学出版社,2006年版,第50—55页。
③ 《北齐书》卷二〇《薛循义传》。
④ 《北齐书》卷三五《裴让之传》。

起初位居高官,《北齐书》卷四记载:"壬辰,大都督萧轨率众至江,遣都督柳达摩等渡江镇石头。东南道行台赵彦深获秦郡等五城,户二万余,所在安辑之。己亥,太保、司州牧、清河王岳薨。是月,柳达摩为霸先攻逼,以石头降。"不久,北齐与南朝和解,柳达摩北归后被杀,此后柳氏在北齐政权中只担任低级官员。

西魏大统二年(536),关中遭受了严重的旱灾。《资治通鉴》卷一五七记载:"是岁,魏关中大饥,人相食,死者什七八。"为了摆脱粮食缺乏的困境,宇文泰决定进攻弘农。大统三年(537)占领弘农,获得了粮食:"西贼连年饥馑,无可食啖,故冒死来入陕州,欲取仓粟。今高司徒已围陕城,粟不得出。但置兵诸道,勿与野战,比及来年麦秋,人民尽应饿死。宝炬、黑獭,自然归降。愿王无渡河也。"[1]占领弘农之后,黄河以南原先归顺东魏的地方势力投靠了西魏,"于是宜阳、邵郡皆来归附。先是河南豪杰多聚兵应东魏,至是各率所部来降"[2]。占领弘农之后,西魏控制了从风陵到三门的黄河两岸。这种局面迫使河东大族做出必然的选择,因为西入关陇、南下中原地区的盐运通道基本上被西魏控制,河东大族的经济利益受到极大的威胁。

因此,河东大族在宇文泰攻打河东地区时,采取与宇文泰合作的态度。柳敏在宇文泰攻克河东地区后,"及文帝克复河东,见而器异之,乃谓之曰:'今日不喜得河东,喜得卿

---

[1] 《北齐书》卷二六《薛琡传》。
[2] 《周书》卷二《文帝纪二》。

也.'即拜丞相府参军事"①。薛善等也采取了与宇文泰合作的态度。

宇文泰占领河东地区之后,河东大族对宇文泰还存有顾忌。"时河东初复,民情未安。"宇文泰派贤臣李远在当地任职,太祖谓远曰:"河东国之要镇,非卿无以抚之。"李远采取"敦奖风俗,劝课农桑,肃遏奸非,兼修守御之备。曾未期月,百姓怀之"②。张轨"(大统)六年,出为河北郡守。在郡三年,声绩甚著。临人治术,有循吏之美"③。此外,还有王雅等人,"世宗初,除汾州刺史。励精为治,人庶悦而附之,自远至者七百余家"④。

宇文泰对河东大族也采取重用的办法加以拉拢,并且维护其地方特权。河东柳氏代表人物柳敏,《周书·柳敏传》记载:"即拜丞相府参军事。俄转户曹参军,掌记室。每有四方宾客,恒令接之,爰及吉凶礼仪,亦令监综。又与苏绰等修撰新制,为朝廷政典。迁礼部郎中,封武城县子,加帅都督,领本乡兵。俄进大都督。"柳敏投靠宇文泰之后,很快成为其亲信,并掌管乡兵,表明宇文泰承认其是地方势力的代表,没有削弱其势力。裴侠的待遇与柳敏相似,《周书·裴侠传》记载:"遂从入关。赐爵清河县伯,除丞相府士曹参军。大统三年,领乡兵从战沙苑,先锋陷阵。"河东薛氏也相似,比如薛善,《魏书·薛善传》记载:"太祖嘉之,以善

---

① 《周书》卷三二《柳敏传》。
② 《周书》卷二五《李贤传附李远传》。
③ 《周书》卷三七《张轨传》。
④ 《周书》卷二九《王雅传》。

为汾阴令。善干用强明,一郡称最。太守王罴美之,令善兼督六县事……加通直散骑常侍,迁大丞相府从事中郎。追论屯田功,赐爵龙门县子,迁黄门侍郎,加车骑大将军、仪同三司。除河东郡守,进骠骑大将军、开府仪同三司,赐姓宇文氏。六官建,拜工部中大夫,进爵博平县公。寻除御正中大夫,转民部中大夫。"

最关键的是,北周采取的盐政,基本上维护了河东大族的既得利益。北周时期,"掌盐掌四盐之政令。一曰散盐,煮海以成之;二曰盬盐,引池以化之;三曰形盐,物地以出之;四曰饴盐,于戎以取之。凡盬盐、形盐,每地为之禁,百姓取之,皆税焉"[1]。散盐主要在山东等地,这一地区是原北齐地区,这里的地方豪强不是核心统治集团成员,他们的利益不用特别照顾,所以采取国家专卖制度。盬盐出产自河东盐池,形盐也多与河东盐池有关[2]。而河东盐池是国家统治集团的利益所在,采用征收赋税而不采用专卖的政策,一方面有利于国家财政收入,另一方面从制度上承认了河东大族的既得利益。

由于以上措施,河东大族拥护了宇文泰,最终被纳入关陇集团之中。河东大族也成为关中大姓,成为统治集团的核心阶层。

总之,北魏时期,由于采取征收盐税的盐政,河东盐池

---

[1] 《隋书》卷二四《食货志》。

[2] 王子今:《试说"形盐""虎盐"——关于"盐"与社会生活漫谈》,《盐业史研究》1997年第4期;夏国强、王继如:《盐与中国礼仪文化》,《光明日报》2009年12月14日,第12版。

之利为当地豪强分享。北朝东西政区对峙之初,河东盐的销售区域分别被东魏、西魏控制,河东大族起初支持高欢,宇文泰占领弘农地区之后,河东盐的销售区域完全被西魏控制,河东大族为了维护利益,基本上投靠了西魏,成为统治集团中的核心力量。

此外,535年前后的灾荒,给河东柳氏提供了向关中地区发展的空间。535年,"佛弟子程荣以去天平二年中遭大苦霜,五谷不熟,天下人民饥饿死者众"①。另外,《魏书·食货志》记载,孝静帝天平三年(536),"秋,并、肆、汾、建、晋、泰、陕、东雍、南汾九州霜旱,民饥流散"。《历代三宝纪》卷三记载:"西魏大统二年,秋谷不熟,民饥死者半。"故在537年,"时关中饥……欢右长史薛琡言于欢曰:'西贼连年饥馑,故冒死来入陕州,欲取仓粟。今敖曹已围陕城,粟不得出。但置兵诸道,勿与野战,比及麦秋,其民自应饿死,宝炬、黑獭何忧不降!愿勿渡河。'"②由于此次灾荒,关中地区人口损失惨重,宇文泰极力实行移民关中的政策③。在这一背景下,柳氏由于向周边扩展机会不多,移居关中,一方面有活动空间,另一方面也可以保持商业利益。两重因素作用下,河东柳氏主要支系迁徙到关中地区,逐渐成为关中士族。

---

① 《程荣造像记》,韩理洲等辑校编年:《全北魏东魏西魏文补遗》,三秦出版社,2010年版,第579页。
② 《资治通鉴》卷一五七《梁纪十三》。
③ 王仲荦:《北周六典》卷三《地府官》,中华书局,1979年版,第101—102页。

三、西魏北周时期的河东柳氏

（一）西魏时期的河东柳氏

东魏、西魏时期，河东地区是高欢和宇文泰双方重要的争夺区域。高欢一度控制河东地区。河东大族投靠哪个政治势力的立场并不确定，家族成员同时投靠高欢和宇文泰的也存在。对柳氏家族而言，柳崇长子柳庆和之子柳德逸，在东魏武定末年，任"齐王丞相府主簿"。柳崇的族侄柳粹，"出后叔仲起。武定末，平东、后军，迁辽西太守"。此外，柳崇族子柳俊起长子柳达摩，"武定末，阳城太守"。柳俊起后父弟柳援之子柳长粲，"武定末，青州骠骑府中兵参军"[1]。柳氏在东魏北齐的这一支，在高欢政权中处于中下层，并不属于统治集团[2]，故而在政治中影响有限，也影响这支此后的发展。

柳氏还有两支留在西魏北周政权，并逐渐成为宇文氏统治集团中的贵族。

北魏孝武帝进入关中后，东魏、西魏分裂。以宇文泰为首的势力控制当时的政局，宇文泰权力虽然极大，但仍然受到各方势力的掣肘，从某种意义上来说，宇文泰是关中各种势力共同接受的领袖，但宇文泰并不能完全支配各个势力。

---

[1] 《魏书》卷四五《柳崇传》。

[2] 王怡辰：《东魏北齐的统治集团》，（台北）文津出版社有限公司，2006年版，第59—101页。

史书记载,"初,(赵)贵与独孤信等皆与太祖等夷,及孝闵帝即位,晋公护摄政,贵自以元勋佐命,每怀怏怏,有不平之色,乃与信谋杀护"①。又有记载表明,宇文泰在立世子的过程中还要看独孤信的脸色:"时太祖嫡嗣未建,明帝居长,已有成德;孝闵处嫡,年尚幼冲。乃召群公谓之曰:'孤欲立子以嫡,恐大司马有疑。'大司马即独孤信,明帝敬后父也。众皆默,未有言者,远曰:'夫立子以嫡不以长,《礼经》明义。略阳公为世子,公何所疑。若以信为嫌,请即斩信。'便拔刀而起。太祖亦起曰:'何事至此!'远乃止。于是群公并从远议。出外拜谢信曰:'临大事,不得不尔。'信亦谢远曰:'今日赖公,决此大议。'"②此外,宇文泰想要在荆州被俘的南朝名医姚僧垣,但被于谨拒绝:"及大军克荆州,僧垣犹侍梁元帝,不离左右。为军人所止,方泣涕而去。寻而中山公护使人求僧垣。僧垣至其营。复为燕公于谨所召,大相礼接。太祖又遣使驰驿征僧垣,谨(故)〔固〕留不遣。谓使人曰:'吾年时衰暮,疹疾婴沉。今得此人,望与之偕老。'太祖以谨勋德隆重,乃止焉。"③此外,贺拔岳、念贤等人一度对宇文泰不满,但宇文泰应对得当,故宇文泰在世时期,各种力量尚能和平相处,没有发生明显的冲突④。

为了扩大自己的势力,宇文泰利用大行台——丞相府

---

① 《周书》卷一六《赵贵传》。
② 《周书》卷二五《李远传》。
③ 《周书》卷四七《姚僧垣传》。
④ 周双林:《北周赵贵、独孤信事件考论》,《文史》第40辑,中华书局,1994年版。

这一系统,大肆笼络人才,特别是河东与河南地区的人才①。在这种背景下,河东柳氏进入宇文泰的视野。

大统四年(538),宇文泰攻占河东,柳敏被宇文泰重用。《周书·柳敏传》记载:"见而器异之,乃谓之曰:'今日不喜得河东,喜得卿也。'即拜丞相府参军事。俄转户曹参军,掌记室。每有四方宾客,恒令接之,爰及吉凶礼仪,亦令监综。又与苏绰等修撰新制,为朝廷政典。迁礼部郎中,封武城县子,加帅都督,领本乡兵。俄进大都督……及尉迟迥伐蜀,以敏为行军司马,军中筹略,并以委之。益州平,进骠骑大将军、开府仪同三司,加侍中,迁尚书,赐姓宇文氏。六官建,拜礼部中大夫。"

柳僧习的次子柳虬,"大统三年,冯翊王元季海、领军独孤信镇洛阳。于时旧京荒废,人物罕极,唯有虬在阳城,裴诹在颍川。信等乃俱征之,以虬为行台郎中,诹为都督府属,并掌文翰……四年,入朝,太祖欲官之,虬辞母老,乞侍医药。太祖许焉。久之,为独孤信开府从事中郎。信出镇陇右,因为秦州刺史,以虬为二府司马。虽处元僚,不综府事,唯在信左右谈论而已。因使见太祖,被留为丞相府记室。追论归朝功,封美阳县男,邑二百户……魏废帝初,迁秘书监,加车骑大将军、仪同三司"。

柳虬之弟柳桧,"大统四年,从太祖战于河桥,先登有

---

① 吕春盛:《关陇集团的权力结构演变——西魏北周政治史研究》,(台北)稻乡出版社,2002年版,第52—53页;前岛佳孝:《西魏·北周政权史の研究》,(东京)汲古书院,2013年版,第56—70页。

功。授都督,镇鄯州。八年,拜湟河郡守,仍典军事。寻加平东将军、太中大夫……以功封万年县子,邑三百户……十四年,迁河州别驾,转帅都督。俄拜使持节、抚军将军、大都督。居三载,征还京师"。此后不久战死。

柳桧之弟柳庆,"及帝西迁,庆以母老不从。独孤信之镇洛阳,乃得入关。除相府东合祭酒,领记室,转户曹参军。八年,迁大行台郎中,领北华州长史。十年,除尚书都兵,郎中如故,并领记室……十三年,封清河县男,邑二百户,兼尚书右丞,摄计部。十四年,正右丞……二年,授车骑大将军、仪同三司。魏恭帝初,进位骠骑大将军、开府仪同三司、尚书右仆射,转左仆射,领著作。六官建,拜司会中大夫"。

柳敏、柳虬、柳庆在宇文泰掌权时期,先后为"开府仪同三司"或"仪同三司",是九命级别的官员。西魏北周时期,制定了一套新的官制,《北史·卢辩传》记载:"柱国、大将军,建德四年增置上柱国、上大将军也。正九命。骠骑大将军、开府仪同三司,建德四年改为开府仪同大将军,仍增上开府仪同大将军;车骑大将军、仪同三司,建德四年改为仪同大将军,仍增上仪同大将军;雍州牧。九命。"所以,柳敏、柳虬、柳庆等三人为九命,柳桧在战死之前,已经是"大都督",为正八命,若不战死,跻身九命是自然的事情。

在西魏北周的官阶系统中,"贵"与"贱"的相对界限在九命、八命之间。九命以上的仪同等戎秩和正八命以下的文武散官是两个相对独立的等级,前者才是身份高贵的标志①。从这种意义上来说,柳敏等人跻身九命官员,标志着西魏北周时期河东柳氏进入关陇集团贵族系统之中。《因话录》卷一《宫部》记载:"玄宗柳婕妤,生延王玢。肃宗每见王,则语左右曰:'我与王,兄弟中更相亲,外家皆关中贵族。'柳氏乃尚书右丞范之女、睦州刺史齐物之妹也。"柳范为河东柳氏之后,柳氏为"关中贵族",则起始于西魏北周时期。

宇文泰掌权时期,河东柳氏多在宇文泰的大行台——丞相府任职。柳敏,"丞相府参军事"。柳庆,"除相府东合祭酒,领记室,转户曹参军。八年,迁大行台郎中";柳庆长期在宇文泰丞相府任职,深受重用,"太祖每发号令,常使庆宣之。天性抗直,无所回避。太祖亦以此深委仗焉"。柳僧习长子柳鷟早逝,其子柳带韦,"后与诸父归朝,太祖辟为参军"。西魏时期,河东柳氏大部分为宇文泰征辟,与宇文泰形成所谓的君臣关系。自东汉末年形成的这种君臣关系②,是令宇文泰很头疼的事,"且近代以来,又有一弊,暂经隶属,便即礼若君臣。此乃乱代之权宜,非经国之治术"。也就是说这些人只有上级,不知有国家,这引起了宇文泰的警惕,但他本身就是利用这种关系的老手。柳氏为宇文泰重用,进入权力核心体系。

---

① 陈苏镇:《北周隋唐的散官与勋官》,《北京大学学报》(哲学社会科学版)1991年第2期。

② 甘怀真:《中国中古时期的君臣关系》,《皇权、礼仪与经典诠释:中国古代政治史研究》,华东师范大学出版社,2008年版,第188—224页。

除此之外,柳敏在西魏末年,被赐姓"宇文氏"。西魏北周时期,被赐姓宇文氏的有三十来人。赐姓宇文氏,是加强宇文氏权力的表现,或者说,这些人是宇文氏的一种力量。①获赐姓宇文氏,成为所谓的"天族""帝族",是宇文氏统治的核心力量。

总之,在宇文泰掌权时期,河东柳氏完成了由地方豪族向关陇贵族的转变,成为当时统治集团核心力量的重要组成部分。

(二)北周时期的河东柳氏

宇文泰去世后,宇文护掌握大权,一方面废除西魏政权,建立北周政权;另一方面采取巩固中央集权的措施。②大统十六年(550)之前所封的柱国与大将军,要么被其打压,要么投靠了宇文护。与此同时,宇文护还极力发展自己中外府的势力。

为了取得大族的支持,宇文护也采取了赐姓的手段。柳庆被赐姓"宇文氏",柳虬之子柳逢恩因被赐姓"宇文

---

① 李燕捷:《魏周府兵组织系统与赐姓之关系》,《河北学刊》1988年第5期;朴汉济:《西魏北周的赐姓与乡兵的府兵化》,《历史研究》1993年第4期;朴汉济:《西魏北周时代胡姓再行与胡汉体制》,《文史哲》1993年第3期;李文才:《试论西魏北周时期赐、复胡姓》,《民族研究》2001年第3期;秦冬梅:《西魏北周的赐姓与拟制血缘》,张金龙主编:《黎虎教授古稀纪念——中国古代史论丛》,世界知识出版社,2006年版;熊伟:《魏周"官族"资格认定的再探讨兼与韩国学者朴汉济先生商榷》,《广西社会科学》2011年第7期。

② 余世明:《北周兴造之臣——宇文护述论》,《贵州大学学报》(社会科学版)1991年第2期。

氏",墓志写为"宇文逢恩"①。

在宇文护掌权时期,河东柳氏基本上远离宇文护权力中心。柳敏及其儿子柳机与宇文护无多大交集。柳庆才能被宇文护看中,"晋公护初摄政,欲引为腹心。庆辞之,颇忤旨"。不过,柳庆的儿子柳弘,"解巾中外府记室参军"。柳庆的侄子柳带韦在保定三年(563),"加仪同三司、中外府掾……俄迁骠骑大将军、开府仪同三司"。但这两人在宇文护的权力系统中并不占主要地位。

北周武帝杀害宇文护之后,河东柳氏逐渐发展成为皇权依靠的主要力量,进入皇权中心。柳昂,"周武帝时,为大内史,赐爵文城郡公,致位开府,当途用事,百僚皆出其下。宣帝嗣位,稍被疏远,然不离本职"。柳机,"年十九,周武帝时为鲁公,引为记室。及帝嗣位,自宣纳上士累迁少纳言、太子宫尹,封平齐县公。从帝平齐,拜开府,转司宗中大夫。宣帝时,迁御正上大夫"。柳旦,"起家周左侍上士,累迁兵部下大夫。顷之,益州总管王谦起逆,拜为行军长史,从梁睿讨平之,以功授仪同三司"。此外,柳雄亮,"寻治梁州总管记室,迁湖城令,累迁内史中大夫,赐爵汝阳县子"。《柳雄亮墓志》则记载:"累迁宾部下大夫,汝阳县开国男,俄转纳言下大夫,进爵为子,加授仪同三司兼内史中大夫。"②内史自西魏到北周,权力逐渐扩大,已经被视为宰相。御正与

---

① 王连龙:《新见北朝墓志集释》,中国书籍出版社,2013年版,第180页。

② 赵力光主编:《西安碑林博物馆新藏墓志续编》,陕西师范大学出版总社有限公司,2014年版,第114—115页。

内史拥有起草诏令、参与决策、出使、监军与留守、参与修书定制等特权①。担任这两个职务的,一般都是皇帝信任的大臣。

除此之外,柳肃,"起家周齐王文学。武帝见而异之,召拜宣纳上士"。柳謇之,"为童儿时,周齐王宪尝遇謇之于途,异而与语,大奇之。因奏入国子,以明经擢第,拜宗师中士,寻转守庙下士。武帝尝有事太庙,謇之读祝文,音韵清雅,观者属目。帝善之,擢为宣纳上士"。柳肃与柳謇之出身北周齐王宇文宪幕僚,宇文宪又是北周武帝信任的族人,后来在朝廷中任宣纳上士,属于四命官员,虽然行政级别低,但属于皇帝身边的侍臣,也属于皇帝比较信任之人。

柳带韦也深受周武帝的信任。"时谯王俭为益州总管,汉王赞为益州刺史。高祖乃以带韦为益州总管府长史,领益州别驾,辅弼二王,总知军民事。建德中,大军东讨,征带韦为前军总管齐王宪府长史。齐平,以功授上开府仪同大将军,进爵为公,增邑一千户。陈王纯出镇并州,以带韦为并州司会、并州总管府长史。"可见柳带韦在周武帝时期已经成为九命官员。柳带韦和柳弘在宇文护死后,职务仍然得到升迁,一方面是因为他们并不受宇文护重用,另一方面宇文护之死只是家族权力的转移,对他们来说影响并不大②。

此外,柳元章之子柳俭,在北周时期也任"宣纳上士",

---

① 石冬梅:《论北周的御正和内史》,《唐都学刊》2006年第2期。
② 杨翠微:《论宇文护之死》,《儒学与二十世纪中国文化学术讨论会论文集》(1997)。

这一支系在北周时期有所发展,但上升空间有限,没有进入贵族系统中。

(三)周隋嬗代之际的河东柳氏

隋朝代周,过程相对简单。李世民认为是其"欺孤儿寡妇以得天下"①。赵翼也说:"古来得天下之易,未有如隋文帝者,以妇翁之亲,值周宣帝早殂,结郑译等,矫诏入辅政,遂安坐而攘帝位。其实虽有尉迟迥、宇文胄、石愻、席毗、王谦、司马消难等起兵匡复,隋文帝假周之国力,不半载殄灭之。于是大权在手,宇文氏子孙,以次诛杀,殆无遗种。"②

对杨坚代周,研究者颇多。胡如雷先生认为:首先,宇文护专权,北周的开国功臣、栋梁之材及政治上起正面作用的忠直之臣受到了打击,大大削弱了宇文氏政权的统治基础,对以后北周的覆灭产生了一定的影响。其次,宇文护打击的人很多,杨氏父子亦在其列,杨坚于是能够在这些失势的人中网罗人才,发展、壮大自己的势力,对日后的隋代周是比较有利的。最后,还有一个间接的影响,即宇文护执政时,中央集权加深,为杨坚夺权创造了一个方便的条件。周武帝的灭佛,削弱了其统治基础,失去人民的支持。加之宣帝的失德与残暴,最终导致北周政权轻松为杨坚所取代。③杨翠微认为,杨坚是在中央集权和总管制度的夹缝中找到

---

① 《贞观政要》卷一《政体》。

② 〔清〕赵翼:《廿二史札记》卷一五《隋文帝杀宇文氏子孙》。

③ 胡如雷:《北周政局的演变与杨坚的以隋代周》,《社会科学战线》1990年第2期。

了机会,同时利用了两种矛盾和抵触的制度中有利于自己的方面实现了改朝换代。也可以说,杨坚的代周是北周中央集权已有了很大的发展,但发展并不完善的产物①。

吕春盛认为,在西魏北周权力结构演变过程中,遭受排挤或失意的人物,都成为杨坚夺权之心腹。再从这些积极支持者的任官阶层观之,他们在北周末年都为中下层官员,在杨坚掌权成功后他们纷纷出任高层要职。周隋之嬗代同时也带动了统治阶层的变动,此前以宇文氏宗室为首的北镇势力消退,而之前被排挤的关陇河南河东的汉族势力及追随魏孝武帝的势力抬头。关陇河南河东山东地区的许多汉人支持杨坚,与其说是基于杨坚的汉人身份,不如说是趁此政局变动之际,另投明主以寻求改变已往被压抑的命运。他们与杨坚先前可能有各种联结的关系,但除少部分杨坚亲近的人物外,大部分应是顺应时局或是临时起义的,因此在周末变局中,杨坚虽然得到许多关陇汉人势力的支持,但并不能说杨坚在周末已经拥有一个势力庞大的汉人集团,并以之为其篡权之基础。②

陈金凤等认为,山东士族在北周政权中并没有受到重用,他们期待建立更能代表本集团利益的政权,而杨坚是最

---

① 杨翠微:《论杨坚代周建隋》,《齐鲁学刊》1998年第3期。
② 吕春盛:《关于杨坚兴起背景的考察》,台北《汉学研究》第18卷第2期。

佳人选。山东士族在杨坚代周过程中发挥了重要作用。①冀英俊认为,杨坚在刘昉等人阴谋的基础上先机而动,取得政权,然后审时度势,积极改革,充分利用关陇和魏帝派系对宇文政权的不满,最终以霸王气概取代了宇文泰集团②。

以上学者在考虑周隋嬗代的问题上,都考虑到了山东士族及受排挤的士族在这一过程中的作用。对于河东柳氏的作用讨论比较少,其实河东柳氏在这一过程中发挥了重要作用,但学者有所忽视。

1.政治之疾:柳昂在北周末年患病问题

建德末年,杨坚势力逐渐增大,柳昂成为杨坚拉拢的对象。"隋文帝为丞相,深自结纳。文帝以为大宗伯。拜日,遂得偏风,不能视事。文帝受禅,疾愈,加上开府,拜潞州刺史。"③所谓"偏风",《素问·风论》:"各入其门户所中则为偏风。"《诸病源候论·风病诸候》:"偏风者,风邪偏客于身一边也。人体有偏虚者,风邪乘虚而伤之,故为偏风也。"用现在医学术语来说就是半身不遂,多由中风引起。汉晋时期,风疾比较常见④。北朝时期,偏风患者也比较多见,《魏书·张彝传》记载:"(张彝)清身奉法,求其愆过,遂无所

---

① 陈金凤、梁琼:《山东士族与隋朝政治论略》,《山东师范大学学报》(人文社会科学版)2003年第6期;牟发松:《旧齐士人与周隋政权》,《文史》2003年第1辑;姜望来:《谣谶与北朝政治研究》,天津古籍出版社,2011年版,第174—188页。

② 冀英俊:《杨坚代周立隋考辩》,《江西社会科学》2012年第4期。

③ 《周书》卷三二《柳敏传附柳昂传》,《隋书》卷四七《柳昂传》。

④ 景蜀慧:《"风痹"与"风疾"——汉晋时期医家对"诸风"的认识及相关的自然气候因素探析》,《中山大学学报》(社会科学版)2005年第4期。

得。见代还洛，犹停废数年，因得偏风，手脚不便。然志性不移，善自将摄，稍能朝拜。"《魏书·李谐》也记载："使还，除大司农卿，加骠骑将军，转秘书监。遇偏风废顿。武定二年卒，年四十九，时人悼惜之。"此外，《北齐书·娄昭传》也记载："昭好酒，晚得偏风，虽愈，犹不能处剧务，在州事委僚属，昭举其大纲而已。薨于州。"这些例子表明，这些患偏风之疾的人，基本上都有后遗症，而柳昂患偏风之后，未见后遗症，不得不令人感到怀疑。因为即使是现代医学条件下，中风后留下后遗症也是十分常见的。

柳昂在北周武帝时期，逐渐进入皇权核心体系中。史书记载："武帝时，为内史中大夫、开府仪同三司，赐爵文城郡公。当途用事，百寮皆出其下。昂竭诚献替，知无不为，谦虚自处，未尝骄物。时论以此重之。武帝崩，受遗辅政。稍被宣帝疏，然不离本职。"①柳昂在任内史期间，北周武帝病逝，"是岁，高祖行幸云阳，遂寝疾。乃诏僧垣赴行在所。内史柳（升）〔昂〕私问曰：'至尊贬膳日久，脉候何如？'对曰：'天子上应天心，或当非愚所及。若凡庶如此，万无一全。'寻而帝崩"②。柳昂能知道武宗的病情，可见其权力比较大。武帝死后，柳昂受命辅佐周宣宗，正是对其权力的肯定。

周宣帝即位后虽然对柳昂有所疏离，但依然令其担任内史一职，仍处于皇权核心体系之中。因此，杨坚要扩大自

---

① 《周书》卷三二《柳敏传附柳昂传》。
② 《周书》卷四七《姚僧垣传》。

己的势力,柳昂是其拉拢的对象,所以"深自结纳"。杨坚担任丞相后,封柳昂为"大宗伯",在六官体系中居春官之长。西魏北周时期,"大宗伯"往往由权贵来兼任,赵贵、宇文护、侯莫陈崇、达奚武、窦炽、宇文盛、侯莫陈琼、达奚震等人先后担任该职务①。柳昂担任该职,可视为杨坚对其的拉拢。柳昂在被任命为大宗伯的当天,就患偏风,或许是假装得病。柳昂已经敏锐地看到北周政权已是大厦将倾,在这种情况下,假装得病,是其对杨坚扩大势力采取默许的态度,也算是对杨坚的某种支持,但这也使他脱离了皇权中心。

2.恩泽后裔:柳僧习后裔在周隋嬗代中的作用

杨坚建隋代周,过程十分轻松。杨坚号称出自弘农杨氏,但有诸多可疑之处,其真实身份应该是北方社会地位比较低微的家族②。缺乏家族力量,故其在发展过程中借助了大量外力。对于其妻独孤伽罗的家族的利用,学者有不同的意见。吕春盛就认为与独孤伽罗的联姻,对杨坚的发展并不利,因为杨坚的岳父独孤信在宇文护掌权时期深受打击。③ 但是,宇文护掌权时期毕竟比较短,虽然短时期对杨坚仕途不利,但从长时间来看,与独孤伽罗的联姻,对杨坚的发展极为重要。首先,杨坚与独孤伽罗联姻后,"独孤信死而诸子不显,代北独孤家族势力遂以外族混合于弘农杨

---

① 《北史》卷九《周本纪上》,卷一〇《周本纪下》。
② 韩昇:《隋文帝传》,人民出版社,1998年版,第35—37页。
③ 吕春盛:《关于杨坚兴起背景的考察》,台北《汉学研究》第18卷第2期。

氏,这无疑给弘农杨氏脱颖于关陇集团诸家族创造了条件"①。其次,独孤信虽然被迫自杀,"以其名望素重,不欲显其罪,逼令自尽于家"②,表明宇文护不想打击面过宽,故而只有独孤信家族受到牵连,对独孤信的下属影响有限。独孤信先后以大都督身份统治洛阳和以"陇右十州大都督、秦州刺史"身份统治陇右,在两地笼络了大量人才。这批人史书记载不多,其中比较有名的是高宾与柳虯。

高宾在独孤信死后,为北周不同权臣效力③,但他仍然不忘自己被独孤信征召的经历,对独孤伽罗等人照顾有加。史书记载:"父宾,背齐归周,大司马独孤信引为僚佐,赐姓独孤氏。及信被诛,妻子徙蜀。文献皇后以宾父之故吏,每往来其家。宾后官至郢州刺史,及颎贵,赠礼部尚书、渤海公。"其子高颎在杨坚当权时,积极为其出谋划策:"高祖得政,素知颎强明,又习兵事,多计略,意欲引之入府,遣邗国公杨惠谕意。颎承旨欣然曰:'愿受驱驰。纵令公事不成,颎亦不辞灭族。'于是为相府司录。"④高颎愿意为杨坚效力,应该与其父被独孤信征召有关。

柳虯被独孤信征召后,宇文泰为了削弱独孤信的力量,乘柳虯返回长安时,将之强留在长安自己的幕府中。柳虯

---

① 王光照:《隋文献独孤皇后与开皇世政治》,《中国史研究》1998年第4期。
② 《周书》卷一六《独孤信传》。
③ 程刚:《论西魏、北周之际"政治核心集团"的转换——兼以高宾的政治经历为例》,《求索》2013年第2期。
④ 《隋书》卷四一《高颎传》。

虽然为宇文泰丞相府效力,但长期默默无闻,在政治上处于超然的地位。西魏恭帝元年(554)四月,恭帝宴请朝中大臣,柳虬上书说:"废帝,文皇帝之嗣子,年七岁,文皇帝托于安定公曰:'是子也,才由于公;不才亦由于公,公宜勉之。'公既受兹重寄,居元辅之任,又纳女为皇后;遂不能训诲有成,致令废黜,负文皇帝付属之意,此咎非安定公而谁?"西魏文帝之子废帝元钦,不满宇文泰专权,密谋诛杀宇文泰,事情泄露后,元钦被宇文泰所废,改立恭帝。恭帝元年四月,元钦为宇文泰毒杀。柳虬上书,是针对宇文泰废除元钦一事而言的,认为宇文泰逃脱不了教导不力之责,宇文泰应该受到谴责。

在这种情况下,宇文泰命令卢辩回复柳虬的指责:"呜呼!我群后暨众士,维文皇帝以襁褓之嗣托于予,训之诲之,庶厥有成。而予罔能弗变厥心,庸暨乎废坠我文皇帝之志。呜呼!兹咎予其焉避?予实知之,矧尔众人之心哉。惟予之颜,岂惟今厚,将恐来世以予为口实。"①宇文泰大概知道舆论对自己不利,只好说自己辜负西魏文帝的嘱托。这也表明,当时朝中各种势力对宇文泰权力的扩大感到担忧。在这种情况之下,宇文泰借柳虬之口,暂时消除各种势力的担心,避免了不必要的猜忌。

为什么由柳虬出面提出这一问题呢?这与柳虬先后被独孤信与宇文泰征召有关。柳虬曾在宇文泰丞相府效力,宇文泰即使怪罪,对他的惩罚也不会太重。柳虬又为独孤

---

① 《北史》卷九《周本纪》。

信效力，独孤信旧部对他的怀疑不深。故而由柳虬出来说话，各方面都能接受。这也表明柳虬在西魏末年，虽然在宇文泰丞相府效力，但对独孤信还有很深的感情。

柳虬在恭帝元年去世，此后不久独孤信也被迫自杀，柳虬后人与独孤信后人是否有交集，史书记载比较少。柳虬后裔柳惇墓志记载："君讳惇，字依仁，河东解人也……曾祖止戈，随□仪同散骑常侍、平南将军、洛昌通和四州刺史、平凉公。政行全楚，鸷熊轼之荣；绩著平吴，有龙骧之寄。祖艮，冀州别驾、锦州长史。隋尚义丰公主。循良之化，道屈于□舆；通德之门，荣加于筑馆。父寔，绵州昌隆令、湖州长史……寻迁资阳县令……长寿二年七月二日，终□长安武功之里第，春秋五十五。"① 而又据《万年县丞柳君墓志》记载："七代祖虬，后魏中书令，封美阳公。四叶至皇考惇，皇朝散大夫，资阳令。祖初，延州司马。考颐，宣州宁国丞。"② 由此可知，柳虬生柳止戈，柳止戈生柳艮，柳艮娶隋义丰公主。柳虬在魏恭帝元年冬去世，"时年五十五"。北朝有早婚的习俗，北周武帝时期，"自今已后，男年十五，女年十三已上，爰及鳏寡，所在军民，以时嫁娶，务从节俭，勿为财币稽留"③。实际上，不考虑财婚，北朝婚龄或许更低。④ 大统十四年（548），柳桧战死后，"桧兄子止戈方收桧

---

① 《大周故河东柳府君（惇）墓志铭（并序）》，吴钢主编：《全唐文补遗》（千唐志斋新藏专辑），三秦出版社，2006年版，第89页。
② 《柳宗元集》卷四五《万年县丞柳君墓志》。
③ 《周书》卷五《武帝纪上》。
④ 谢宝富：《北朝婚龄考》，《中国史研究》1998年第1期。

尸还长安"①。可知此时柳止戈已经成年,柳止戈长女出生在北周天和二年(567)②,柳艮出生在恭帝统治前后,所以柳艮娶义丰公主,应该在北周末年。二者结合对照,反映出柳虬后裔与独孤信后裔之间还存在某种交集。

柳僧习另外一子柳庆,虽然受到北魏孝武帝的接见,并建议孝武帝西入关中,但并没有进入关中,"独孤信之镇洛阳,乃得入关。除相府东合祭酒,领记室,转户曹参军"。柳庆进入宇文泰丞相府,是否与独孤信有关,我们不得而知。但柳庆长期在宇文泰丞相府担任重职,深受宇文泰的信任,与独孤信应无多大联系。柳庆的儿子柳机,"宣帝时,迁御正上大夫。机见帝失德,屡谏不听,恐祸及己,托于郑译,阴求出外,于是拜华州刺史。及高祖作相,征还京师。时周代旧臣皆劝禅让,机独义形于色,无所陈请。俄拜卫州刺史。"柳机受到武帝重用,官至"御正上大夫",也属于皇帝身边重臣。柳机对周宣帝的失望及明哲保身的心态可见。他既然可以"托于郑译",说明和郑译的私交还不错,郑译支持杨坚,柳机虽然不明显支持杨坚,但至少不反对杨坚。

此外,柳机的弟弟柳弘,"与弘农杨素为莫逆之交……寻卒于官,时年三十一。高祖甚惜之。赠晋州刺史。杨素诔之曰:'山阳王粲,风流长逝。颖川荀粲,零落无时。修竹夹池,永绝梁园之赋;长杨映沼,无复洛川之文。'"杨素是杨

---

① 《周书》卷四六《柳桧传》。
② 西安市文物保护考古研究院:《郑乾意夫妇墓发掘简报》,《文博》2014年第4期。

坚依靠的重要力量，故柳弘至少不反对杨坚。柳謇之，"高祖作相，引为田曹参军，仍谘典签事"，可见柳謇之受杨坚信任。

（四）西魏北周时期柳氏的关中化

西魏北周时期，随着河东柳氏在中央为官，逐渐脱离原籍，开始了中央化，其中最主要的表现是将关中作为新的祖茔所在地。陈寅恪先生在《论李栖筠自赵徙卫事》中指出："吾国中古士人，其祖坟住宅及田产皆有连带关系。观李吉甫，即后来代表山东士族之李党党魁李德裕之父所撰《元和郡县图志》，详载其祖先之坟墓住宅所在，是其例证。其书虽未述及李氏田产，而田产当亦在其中，此可以中古社会情势推度而知者。故其家非万不得已，绝无舍弃其祖茔旧宅并与茔宅有关之田产而他徙之理。此又可不待详论者也。"

河东柳氏的关中化，起于西魏北周时期。《柳桧墓志》记载："五世祖河东守恭，隋晋室卜迁，因居南土。曾祖惟祖墓于寿春八公山，父齐卜归魏，葬于洛阳城南洛之南……以二年岁次癸酉二月甲午十六日巳酉权窆小陵原，去长安卅里。始开马革，复掩泉堂。嬴博虽古，久客思乡。未因反葬，孤坟可伤。"①柳桧祖先前往江南后，祖坟所在地在寿春八公山，柳僧习北归后，死后葬于洛阳。柳僧习长子柳鷟去世比较早，也葬于洛阳。柳鷟妻王令妨墓志中记载："于时

---

① 王连龙：《新见北朝墓志集释》，中国书籍出版社，2013年版，第116页。

车书未一,巩洛丘墟。先君坟垄,幽格异境。"①

随着西魏北周定都长安,柳氏又将长安作为祖墓所在地。柳桧死后,权葬于小陵原,亦即少陵原。柳虬子柳御天,"大统十四年岁次丁卯闰月亡于阴磐之曲漕乡,以今二年岁次给癸酉二月甲午朔十六日己酉于第四叔东梁州刺史、万年县开国子桧墓次"②。柳御天葬地,也许是权宜之计。但随着政局的稳定,柳氏决定将长安少陵原作为家族墓地所在地,柳僧习妻死后葬于少陵原,柳鸷妻王令妫去世后,葬于柳僧习妻墓之旁,"以天和二年冬遘疾,弥留三年,岁次戊子五月乙未朔五日己亥薨于京师,十月癸亥朔廿二日甲申窆于长安小陵原,祔先姑寿昌郡君墓次"③。到了建德六年(577)的时候,柳鸷墓迁到长安,与王令妫合葬④。

西魏末年,柳虬去世后,也葬在少陵原。柳虬之子宇文逢恩墓志记载:"以建德元年四月十六日遘疾,卒于长安第,春秋卅七……仍以其年岁次壬辰十月庚午朔十五日甲子附葬于长安小陵原美阳孝公墓次。"⑤宇文逢恩去世于北周建

---

① 王连龙:《新见北朝墓志集释》,中国书籍出版社,2013 年版,第 177 页。

② 王连龙:《新见北朝墓志集释》,中国书籍出版社,2013 年版,第 114 页。

③ 王连龙:《新见北朝墓志集释》,中国书籍出版社,2013 年版,第 177 页。

④ 《柳鸷墓志》,赵文成、赵君平主编:《秦晋豫新出墓志蒐佚续编》,国家图书馆出版社,2015 年版,第 143 页。

⑤ 王连龙:《新见北朝墓志集释》,中国书籍出版社,2013 年版,第 180 页。

德中,此时北周政权稳定,柳氏仍然葬于长安,而没有改葬洛阳,应该已准备将长安少陵原作为新的家族墓地所在地。大致在北周后期,柳僧习墓从洛阳迁到长安少陵原。贞元十九年(803)的《柳铤墓志》记载:"十一代祖晋散骑常侍讳恭讫八代祖宋中兵参军讳缉,四叶葬于八公山;七代祖隋扬州刺史讳僧习至曾祖王父皇徐州长史讳子夏,五世兆于少陵原;王父皇苏州常熟县垂讳从心卜适于兹,烈考皇荆府仓曹参军讳固安宅于其右。"①可知,河东柳氏柳僧习一支已将长安少陵原作为族墓所在地。

河东柳氏的另一支柳敏及其子柳昂的墓葬,目前并没有发现,但据柳昂之子柳怀素墓志记载:"祖柳敏,出入三朝,往来八帝,魏及周隋代谢,敏已年甫期颐,三朝恒掌枢要。八帝顿居台铉。又检《隋史》云:敏子昂,聪颖幼彰,器干斯著,历任内史令,用事当途,与父同时光辅数帝,百寮咸出其下……近奉恩敕,从雍州移贯属洛州洛阳县。旧墓田先在始平,兄弟所移,□神都坟墓不可更依,旧所亦□形胜。"②"始平",据《新唐书·地理志上》记载:"兴平,畿。本始平,景龙四年,中宗送金城公主降吐蕃至此,改曰金城,至德二载更名。""旧墓田先在始平",则至少柳昂之墓在始平。

柳昂之兄柳逑墓地,可能在长安县高阳原。"君讳敬则,字□,河东闻喜人也……祖敏……父逑,隋会宁公,通事

---

① 齐运通主编:《洛阳新获七朝墓志》,中华书局,2012年版,第311页。
② 《柳怀素墓志》,吴钢主编:《全唐文补遗》(第五辑),三秦出版社,1998年版,第13页。

舍人谒者台丞……即以其年□□五日,合葬于雍州乾封县之高阳原,礼也。"①

可见河东柳氏西眷在西魏北周时期,已经移籍关中,出现关中化。柳氏在河东地区的影响大为削弱,《唐故彭城县令薛府君(绣)墓志铭(并序)》记载:"大业十三年教曰:惟裴与薛,河东豪右,异人奇生,斯焉取斯。"可见,随着柳氏关中化,河东地区薛氏与裴氏在当地影响大为扩张,柳氏在河东地区的势力正在逐渐削弱。

---

① 《柳敬则墓志》,赵力光主编:《西安碑林博物馆新藏墓志续编》,陕西师范大学出版总社有限公司,2014年版,第678页。

第二章　隋朝时期的河东柳氏

一、隋文帝统治下的河东柳氏

杨坚掌权与登基后,对西眷柳氏,起初采取拉拢的政策。其主要表现是西眷柳氏诸多人在杨勇太子府任职。柳肃,"开皇初,授太子洗马……转太子内舍人,迁太子仆"。柳雄亮,"会高祖受禅,拜尚书考功侍郎,寻迁给事黄门侍郎。尚书省凡有奏事,雄亮多所驳正,深为公卿所惮。俄以本官检校太子左庶子,进爵为伯"。柳述,"少以父荫,为太子亲卫"。柳氏家族有诸多人在太子府中任职,有研究者认为柳氏家族支持太子杨勇①。这一论点还有待商榷。柳述任太子亲卫,是隋代门荫制度的结果。隋朝五品以上的官员,其子弟都可以通过门荫的方式进入官僚体系,担任各种皇宫卫官或者太子卫官②。柳述只是众多卫官中的一员,与

---

　　① 刘健明:《隋代政治与对外政策》,(台北)文津出版社,1999年版,第75页;曹印双:《隋太子杨勇在开皇军政格局中地位演变》,杜文玉主编:《唐史论丛》(第二十辑),陕西师范大学出版总社有限公司,2015年版。

　　② 孙俊:《隋代门荫制度探析》,《求索》2012年第9期。

杨勇交集不多。

柳雄亮在太子府中任职,杨坚起了很大作用。柳雄亮后被调离太子府,转而辅佐秦王,"秦王俊之镇陇右也,出为秦州总管府司马,领山南道行台左丞,卒官,时年五十一"。

西眷河东柳氏在太子府任职时间较短,只有柳肃任职时间比较长,而且屡次升职,但杨勇对他并不重用。"大业中,帝与段达语及庶人罪恶之状,达云:'柳肃在宫,大见疏斥。'帝问其故,答曰:'学士刘臻,尝进章仇太翼于宫中,为巫蛊事。肃知而谏曰:"殿下帝之冢子,位当储贰,诚在不孝,无患见疑。刘臻书生,鼓摇唇舌,适足以相诳误,愿殿下勿纳之。"庶人不怿,他日谓臻曰:"汝何故漏泄,使柳肃知之,令面折我?"自是后言皆不用。'"因此,柳肃并没受到太子杨勇的重用,并非杨勇的亲信。杨勇被废太子时,隋文帝对太子亲信进行了诛杀或贬官。"左卫大将军元旻、太子左庶子唐令则、太子家令邹文腾、左卫率司马夏侯福、典膳监元淹、前吏部侍郎萧子宝、前主玺下士何竦……凡此七人,为害乃甚,并处斩,妻妾子孙皆悉没官。车骑将军阎毗、东郡公崔君绰、游骑尉沈福宝、瀛州民章仇太翼等四人,所为之事,皆是悖恶,论其状迹,罪合极刑……副将作大匠高龙义……率更令晋文建、通直散骑侍郎、判司农少卿事元衡,料度之外,私自出给,虚破丁功,擅割园地。并处尽。"①柳氏并没有受到牵连,故可知其并非太子杨勇的亲信。因此,西眷河东柳氏支持太子杨勇一说,并不成立。

---

① 《隋书》卷四五《文四子传》。

杨坚统治初期,对西眷河东柳氏主要人物采取打击政策。主要对象有柳机,"机见帝失德,屡谏不听,恐祸及已,托于郑译,阴求出外,于是拜华州刺史。及高祖作相,征还京师。时周代旧臣皆劝禅让,机独义形于色,无所陈请"。大象二年(580),柳机为"卫州刺史"。

此外,柳旦也受到打击,在开皇元年(581)时,"加授开府,封新城县男,迁授掌设骠骑"。此后外出任官,"历罗、浙、鲁三州刺史,并有能名"。

柳昂在隋初也不受重用,"加上开府,拜潞州刺史"。北周时期,当时士大夫有重外职轻内官的共同心理。到了隋初,随着地方政权归于中央,士人也便开始重内官轻外职。①柳氏三人任外职,可视为受到打压的表现。

柳昂与柳机甚至还受到杨素等人的公开嘲讽,史书记载:"初,机在周,与族人文城公昂俱历显要。及此,机、昂并为外职,杨素时为纳言,方用事,因上赐宴,素戏机曰:'二柳俱摧,孤杨独耸。'坐者欢笑,机竟无言。未几,还州。"据《杨素墓志》记载,杨素在平陈之后,担任纳言②。又据《资治通鉴·隋纪一》记载,开皇九年(589),"六月,乙丑,以荆州总管杨素为纳言"。《柳机墓志》记载:"(开皇)四年入为纳言,六年授华州刺史,七年道母忧解任,八年起复华州刺

---

① 金宝祥:《关于隋唐中央集权政权的形成和强化问题》,《西北师大学报》(社会科学版)1963年第2期。

② 韩理洲辑校编年:《全隋文补遗》卷三《杨素墓志》,三秦出版社,2004年版,第39页。

史,九年除使持节冀州诸军事冀州刺史。"①则杨素这次嘲讽应该发生在开皇九年。

对于东眷柳氏,隋文帝也一度有打压的态势。柳裘入关中后,"周明、武间,自麟趾学士累迁太子侍读,封昌乐县侯。后除天官府都上士。宣帝即位,拜仪同三司,进爵为公,转御史大夫。及帝不念,留侍禁中,与刘昉、韦鹏、皇甫绩同谋,引高祖入总万机。高祖固让不许。裘进曰:'时不可再,机不可失,今事已然,宜早定大计。天与不取,反受其咎,如更迁延,恐贻后悔。'高祖从之。进位上开府,拜内史大夫,委以机密。"但隋朝建立之后,柳裘被外放为刺史,远离权力中心。"开皇元年,进位大将军,拜许州刺史。在官清简,吏民怀之。复转曹州刺史。其后上思裘定策功,欲加荣秩,将征之,顾问朝臣曰:'曹州刺史何当入朝?'或对曰:'即今冬也。'帝乃止。裘寻卒,高祖伤惜者久之,谥曰安。"②

东眷的柳庄在隋初受隋文帝重用,但不久也外放为官。"授开府仪同三司,寻除给事黄门侍郎,并赐以田宅。庄明习旧章,雅达政事,凡所驳正,帝莫不称善。苏威为纳言,重庄器识,常奏帝云:'江南人有学业者,多不习世务,习世务者,又无学业。能兼之者,不过于柳庄。'高颎亦与庄甚厚。庄与陈茂同官,不能降意,茂见上及朝臣多属意于庄,心每不平,常谓庄为轻己。帝与茂有旧,曲被引召,数陈庄短。

---

① 王其祎、周晓薇:《新见隋仁寿元年〈柳机墓志〉考释——兼为梳理西眷柳氏主支世系及其初入关中跻身"郡姓"之情形》,杜文玉主编:《唐史论丛》(第十九辑),三秦出版社,2014年版。

② 《隋书》卷三八《柳裘传》。

经历数载,潜醖颇行。尚书省尝奏犯罪人依法合流,而上处以大辟。庄奏曰……帝不从,由是忤旨。俄属尚药进丸药不称旨,茂因密奏庄不亲监临,帝遂怒。十一年,徐璒等反于江南,以行军总管长史随军讨之。璒平,即授饶州刺史,甚有治名。后数载卒官,年六十二。"①

东眷只有柳彧,比较受到隋文帝的信任。"高祖受禅,累迁尚书虞部侍郎,以母忧去职。未几,起为屯田侍郎,固让弗许……后迁治书侍御史,当朝正色,甚为百僚之所敬惮……后以忤旨免。未几,复令视事,因谓彧曰:'无改尔心。'以其家贫,敕有司为之筑宅。因曰:'柳彧正直士,国之宝也。'其见重如此。"但柳彧常受到杨素的打击,"素由是衔之。彧时方为上所信任,故素未有以中之"②。

隋灭陈之后,朝廷内部矛盾显露。隋文帝性格多疑,《资治通鉴·隋纪四》记载:"(杨坚)然猜忌苛察,信受谗言,功臣故旧,无始终保全者;乃至子弟,皆如仇敌,此其所短也。"又由于自己履历所限,没有多少自己的亲信队伍,他主要依靠弘农杨氏与一些故旧。人事基础薄弱,使得文帝不能不在杨氏之外,倚重皇后独孤氏系统的人马,这批人以高颎为代表。人事基础的欠缺,使他不敢轻信别人,开皇五、开皇六年先后发生了王谊、刘昉、宇文忻、梁士彦等开国功臣背叛事件,使他对那些貌似忠诚的官僚更加怀疑。平陈之后,尚书右仆射苏威和吏部尚书卢恺因被人指摘为朋

---

① 《隋书》卷六六《柳庄传》。
② 《隋书》卷六二《柳彧传》。

党而免职,隋文帝以此为契机,将中央权力进一步集中到皇族手中①。

在这种情况下,隋文帝不得不重新审视河东柳氏。柳机与柳昂在隋文帝嬗代过程中保持中立态度,杨坚建隋之后,这两人没有卷入朝中是非,无朋党之嫌,加之与独孤皇后乃至弘农杨氏的交情也不错,隋文帝认为可以重用。

基于以上考虑,杨坚选择柳机子柳述作为自己心爱小女儿兰陵公主的夫婿。《隋书·列女传》记载:"兰陵公主,字阿五,高祖第五女也。美姿仪,性婉顺,好读书,高祖于诸女中特所钟爱。初嫁仪同王奉孝,卒,适河东柳述,时年十八。诸姊并骄贵,主独折节遵于妇道,事舅姑甚谨,遇有疾病,必亲奉汤药。高祖闻之大悦。由是述渐见宠遇。初,晋王广欲以主配其妃弟萧玚,高祖初许之,后遂适述,晋王因不悦。及述用事,弥恶之。高祖既崩,述徙岭表。炀帝令主与述离绝,将改嫁之。公主以死自誓,不复朝谒,上表请免主号,与述同徙……帝不从,主忧愤而卒,时年三十二。"《资治通鉴·隋纪四》记载:"柳述、元岩并除名,述徙龙川,岩徙南海。帝令兰陵公主与述离绝,欲改嫁之;公主以死自誓,不复朝谒,上表请与述同徙,帝大怒。公主忧愤而卒,临终,上表请葬于柳氏。帝愈怒,竟不哭,葬送甚薄。"兰陵公主去世于604年,则其嫁给柳述在590年,即开皇十年。

兰陵公主下嫁柳述,隋文帝的意志起了非常大的作用。

---

① 韩昇:《隋文帝时代中央高级官员成分分析》,《学术月刊》1998年第9期。

《隋书·韦鼎传》记载："时兰陵公主寡,上为之求夫,选亲卫柳述及萧玚等以示于鼎。鼎曰:'玚当封侯,而无贵妻之相,述亦通显,而守位不终。'上曰:'位由我耳。'遂以主降述。"起初,杨广劝说隋文帝把兰陵公主嫁给萧玚,萧玚为梁明帝萧岿之子,即隋炀帝萧后之弟。萧玚作为南朝后裔,虽然与杨氏联姻,但在北方仍然不能为关陇贵族集团接纳,这是隋文帝考虑的一个因素。此外,与萧玚联姻,会扩大杨广的势力,这也是隋文帝要考虑的。选择柳述,无朋党之嫌,这是隋文帝看重的,因而隋文帝才满怀信心说"位由我耳"。

柳述成为隋文帝女婿之后,深受杨坚的重视。"后以尚主之故,拜开府仪同三司、内史侍郎。上于诸婿中,特所宠敬。岁余,判兵部尚书事。丁父艰去职。未几,起摄给事黄门侍郎事,袭爵建安郡公。仁寿中,判吏部尚书事。述虽职务修理,为当时所称,然不达大体,暴于驭下,又怙宠骄豪,无所降屈。杨素时称贵幸,朝臣莫不詟惮,述每陵侮之,数于上前面折素短。判事有不合素意,素或令述改之,辄谓将命者曰:'语仆射,道尚书不肯。'素由是衔之。俄而杨素亦被疏忌,不知省务。述任寄逾重,拜兵部尚书,参掌机密。述自以无功可纪,过叨匪服,抗表陈让。上许之,令摄兵部尚书事。"[①]

与此同时,柳旦之女又嫁给杨勇之子襄城王杨恪,西眷柳氏与皇权关系密切。这标志着河东柳氏在隋朝权力结构中又上升至权力核心层。

---

① 《隋书》卷四七《柳述传》。

二、隋炀帝统治下的河东柳氏

隋炀帝趁隋文帝病危之际,联合杨素等人,以非常手段获得政权。作为杨素的死对头与隋文帝的心腹,柳述被罢免,并流放南方。"上于仁寿宫寝疾,述与杨素、黄门侍郎元岩等侍疾宫中。时皇太子无礼于陈贵人,上知而大怒,因令述召房陵王。述与元岩出外作敕书,杨素闻之,与皇太子协谋,便矫诏执述、岩二人,持以属吏。及炀帝嗣位,述竟坐除名,与公主离绝。"①

柳述被罢免,诸多研究者认为柳述同情前太子杨勇,其理由是柳述为太子府卫②。如前所述,柳述任太子府卫是恩荫的结果。此外,柳述在太子府任职时间不长。柳述死于大业四年(608)左右,年仅三十九岁。其出生于570年,又于590年与兰陵公主成亲,此时柳述年龄在二十岁上下,故其在太子府中最多五年时间,由于年龄较小,则不可能进入杨勇的权力核心中。

《隋书·柳述传》记载了其性格弱点:"述虽职务修理,为当时所称,然不达大体,暴于驭下,又怙宠骄豪,无所降屈。"归纳起来,柳述性格弱点有三:一是不通大体,二是对下属比较严,三是怙宠骄豪。后两点对柳述政治前途影响不大。柳述的性格弱点主要是不通大体。不通大体应该主

---

① 《隋书》卷四七《柳述传》。
② 袁刚:《隋炀帝传》,人民出版社,2004年版,第235—245页;刘健明:《隋代政治与对外政策》,(台北)文津出版社,1999年版,第74—76页。

要表现在两点：一是与杨素的关系，二是与杨广的关系。

柳述的性格弱点及与杨素不和，隋文帝也心知肚明，韦云起曾当面揭露柳述的缺点。"(韦云起)尝因奏事，文帝问曰：'外间有不便事，汝可言之。'时兵部侍郎柳述在帝侧，云起应声奏曰：'柳述骄豪，未尝经事，兵机要重，非其所堪，徒以公主之婿，遂居要职。臣恐物议以陛下官不择贤，滥以天秩加于私爱，斯亦不便之大者。'帝甚然其言，顾谓述曰：'云起之言，汝药石也，可师友之。'"①柳述与杨素的矛盾，史书也多有记载："唯兵部尚书柳述，以帝婿之重，数于上前面折素。"②柳述与杨素的矛盾，或许起源于杨素对其父亲的嘲讽。但柳述与杨素之间的公开矛盾，符合隋文帝的猜疑性格，也可视为隋文帝控制大臣的手段。隋文帝一方面依靠杨素，另一方面也不希望杨素权力过大，对自身产生危害。杨素在开皇中后期时，权力逐渐扩大，引起了隋文帝的警惕。"(杨素)亲戚故吏，布列清显，素之贵盛，近古未闻……上渐疏忌之，后因出敕曰：'仆射国之宰辅，不可躬亲细务，但三五日一度向省，评论大事。'外示优崇，实夺之权也。终仁寿之末，不复通判省事。"③因此，柳述与杨素之间的矛盾，虽然没有证据表明隋文帝是支持的，但他至少是默许这种矛盾的存在的。

柳述与隋炀帝之间的矛盾，有观点认为是因为兰陵公主没有嫁给炀帝的小舅子。"初，晋王广欲以主配其妃弟萧

---

① 《旧唐书》卷七九《韦云起传》。
② 《隋书》卷四八《杨素传》。
③ 《隋书》卷四八《杨素传》。

场,高祖初许之,后遂适述,晋王因不悦。及述用事,弥恶之。"隋炀帝只是在婚事上比较讨厌柳述。也有人认为是柳述同情杨勇,想恢复杨勇的太子地位。此事并无根据。柳述只是在隋文帝要治杨勇的儿女亲家高颎时为高颎说过话:"上欲成颎之罪,闻此大惊。时上柱国贺若弼、吴州总管宇文弼、刑部尚书薛胄、民部尚书斛律孝卿、兵部尚书柳述等明颎无罪,上逾怒,皆以之属吏。自是朝臣莫敢言者。"① 柳述的这种表现,也符合其做事比较光明磊落的性格特征,虽然韦云起当面数落柳述,但后来柳述还向朝廷推荐了韦云起:"仁寿初,诏在朝文武举人,述乃举云起,进授通事舍人。"

柳述究竟因为何事与杨广产生矛盾,最后受到隋炀帝的打压呢?这或许与柳述兵部尚书的身份有关。隋朝兵部尚书权力不大,只是协助皇帝处理军事事务。柳述由于深得隋文帝的信任,故参与了诸多事务。隋文帝统治末年,杨素被疏远,柳述受到重用。"(杨)素既被疏,吏部尚书柳述益用事,摄兵部尚书,参掌机密;素由是恶之。"②

隋炀帝杨广被立为太子后,虽然与隋文帝关系比较融洽,太子地位也比较稳固③,但太子地位并非稳如泰山,一方面是隋文帝好猜忌的性格,另一方面是杨谅的威胁。杨谅在开皇十七年(597),"出为并州总管,上幸温汤而送之。自山以东,至于沧海,南拒黄河,五十二州尽隶焉。特许以

---

① 《隋书》卷四一《高颎传》。
② 《资治通鉴》卷一八〇《隋纪三》。
③ 张先昌:《隋文帝死因新探》,《郑州大学学报》(哲学社会科学版)2002年第3期。

便宜,不拘律令……高祖甚宠爱之。谅自以所居天下精兵处,以太子谗废,居常怏怏,阴有异图"①。

在这种情况下,隋炀帝一方面韬光养晦,另一方面也暗中布局。除依靠杨素及晋王府力量外,还逐渐向禁军系统及后宫系统渗透,以便保护自己,了解乃至控制隋文帝的活动。

隋炀帝杨广将太子府亲卫换成自己信任的部将,"以宇文述为左卫率。始,太子之谋夺宗也,洪州总管郭衍预焉,由是征衍为左监门率"。而杨勇为太子时,隋文帝对太子亲卫系统进行过大整顿,"又,东宫宿卫之人,侍官以上,名籍悉令属诸卫府,有勇健者咸屏去之"②。隋文帝的目的在于控制太子府。而隋炀帝杨广太子府卫是自己亲信,便于其脱离隋文帝的监控,从而保护自己。

杨广又将目标对准后宫,早在太子杨勇被废之前,杨广已经在后宫中物色目标,发展自己的耳目。"晋王广之在藩也,阴有夺宗之计,规为内助,每致礼焉。进金蛇、金驼等物,以取媚于陈氏。皇太子废立之际,颇有力焉。及文献皇后崩,进位为贵人,专房擅宠,主断内事,六宫莫与为比。及上大渐,遗诏拜为宣华夫人。"③

此外,杨广又逐渐控制了皇宫侍卫,隋文帝病重后,"及上不豫,素与兵部尚书柳述、黄门侍郎元岩等入合侍疾。时皇太子入居大宝殿,虑上有不讳,须豫防拟,乃手自为书,封出问素。素录出事状以报太子。宫人误送上所,上览而大

---

① 《隋书》卷四五《文四子传》。
② 《资治通鉴》卷一七九《隋纪三》。
③ 《隋书》卷三六《后妃传》。

恚。所宠陈贵人又言太子无礼。上遂发怒,欲召庶人勇。太子谋之于素,素矫诏追东宫兵士帖上台宿卫,门禁出入,并取宇文述、郭衍节度,又令张衡侍疾"①。又《隋书·柳述传》记载:"述与元岩出外作敕书,杨素闻之,与皇太子协谋,便矫诏执述、岩二人,持以属吏。"《隋书·文四子传》也记载:"高祖寝疾于仁寿宫,征皇太子入侍医药,而奸乱宫闱,事闻于高祖。高祖抵床曰:'枉废我儿!'因遣追勇。未及发使,高祖暴崩,秘不发丧。遽收柳述、元岩,系于大理狱,伪为高祖敕书,赐庶人死。"这些都表明杨广控制了部分皇宫侍卫及内宫。

杨广对禁军的控制,作为兵部尚书的柳述肯定有所觉察,两人在人事上的安排,必然有所冲突。柳述与元岩效力的对象是隋文帝,所以二人对隋文帝的命令是严格执行的。"因呼兵部尚书柳述、黄门侍郎元岩曰:'召我儿!'述等将呼太子,上曰:'勇也。'述、岩出阁为敕书讫,示左仆射杨素"②。柳述与元岩若真是同情废太子杨勇,肯定会有所行动,不会让杨素知道实情。故而柳述与杨广之间的矛盾,焦点并不是在废太子杨勇身上,而是在相关人事安排上。

此外,元岩的遭遇也能说明他与柳述对隋文帝的忠心。"华阳王楷妃者,河南元氏之女也。父岩,性明敏,有气干。仁寿中,为黄门侍郎,封龙涸县公。炀帝嗣位,坐与柳述连事,除名为民,徙南海。后会赦,还长安。有人谮岩逃归,收

---

① 《隋书》卷四八《杨素传》。
② 《隋书》卷三六《后妃传》。

而杀之。"①元岩在南海被看管得并不严,此后还遇赦回长安,可见隋炀帝对他扮演的角色反感不深。

虽然柳述与杨广在相关人事上有矛盾,但柳述并没有直接威胁到杨广本人,否则,以隋炀帝对杨勇一家的态度,柳述肯定会被秘密处死。但隋炀帝把柳述发配到南方瘴疠之地,让其自生自灭②。毕竟柳述忠于隋王室,隋炀帝没有理由光明正大地处死他。

正因为柳述忠于隋朝,故柳述的失势并没有给西眷柳氏带来厄运。西眷柳氏在隋炀帝时期甚至有所发展。长期在地方为官的柳旦,在大业四年(608),"征为太常少卿,摄判黄门侍郎事"。在废太子杨勇府任职的柳肃,在隋炀帝时期受到重用。"太子废,坐除名为民。大业中,帝与段达语及庶人罪恶之状,达云:'柳肃在宫,大见疏斥。'帝问其故,答曰:'学士刘臻,尝进章仇太翼于宫中,为巫蛊事。肃知而谏曰:'殿下帝之冢子,位当储贰,诚在不孝,无患见疑。刘臻书生,鼓摇唇舌,适足以相诳误,愿殿下勿纳之。'庶人不怿,他日谓臻曰:'汝何故漏泄,使柳肃知之,令面折我?'自是后言皆不用。帝曰:'肃横除名,非其罪也。'召守礼部侍郎,转工部侍郎,大见亲任。每行幸辽东,常委之于涿郡留守。"柳謇之还一度被要求教育隋炀帝之子。"炀帝践阼,复拜光禄少卿……拜黄门侍郎。时元德太子初薨,朝野注望,

---

① 《隋书》卷八〇《华阳王楷妃传》。

② 隋唐时期,被发配到岭南瘴疠之地,被视为赴黄泉之路。详见左鹏:《汉唐时期的瘴与瘴意象》,《唐研究》第八卷,北京大学出版社,2002年版。

皆以齐王当立。帝方重王府之选,大业三年,车驾还京师,拜为齐王长史。帝法服临轩,备仪卫,命齐王立于西朝堂之前,北面。遣吏部尚书牛弘、内史令杨约、左卫大将军宇文述等,从殿廷引謇之诣齐王所,西面立。牛弘宣敕谓齐王曰:我昔阶缘恩宠,启封晋阳,出藩之初,时年十二。先帝立我于西朝堂,乃令高颎、虞庆则、元旻等,从内送王子相于我……吾受敕之后,奉以周旋,不敢失坠。微子相之力,吾无今日矣。若与謇之从事,一如子相也。又敕謇之曰:今以卿作辅于齐,善思匡救之理,副朕所望。若齐王德业修备,富贵自当钟卿一门。若有不善,罪亦相及。时齐王正擅宠,左右放纵,乔令则之徒,深见昵狎。謇之虽知其罪失,不能匡正。及王得罪,謇之竟坐除名。帝幸辽东,召謇之检校燕郡事。及帝班师,至燕郡,坐供顿不给,配戍岭南。"

此外,柳昂之子柳调,在隋炀帝时期也受到重用。"子调,起家秘书郎,寻转侍御史……炀帝嗣位,累迁尚书左司郎。时王纲不振,朝士多赃货,唯调清素守常,为时所美。然于干用,非其所长。"①作为西眷另一支的柳俭,在隋炀帝时期因为清廉,也有所发展。《隋书·循吏传·柳俭传》记载:"柳俭,字道约,河东解人也。祖元璋,魏司州大中正、相华二州刺史。父裕,周闻喜令……及高祖受禅,擢拜水部侍郎,封率道县伯。未几,出为广汉太守,甚有能名。俄而郡废。时高祖初有天下,励精思政,妙简良能,出为牧宰,以俭仁明著称,擢拜蓬州刺史。狱讼者庭遣,不为文书,约束佐

---

① 以上见《隋书》卷四七《柳旦传》《柳肃传》《柳謇之传》《柳调传》。

史,从容而已。狱无系囚。蜀王秀时镇益州,列上其事,迁邛州刺史。在职十余年,萌夷悦服。蜀王秀之得罪也,俭坐与交通,免职。及还乡里,乘敝车羸马,妻子衣食不赡,见者咸叹服焉。炀帝嗣位,征之。于时以功臣任职,牧州领郡者,并带戎资,唯俭起自良吏。帝嘉其绩,用特授朝散大夫,拜弘化太守,赐物一百段而遣之。"

隋炀帝统治时期,东眷柳氏部分人士逐渐受到重用,受重用的有原晋王府邸及江淮地区人士。① 东眷柳䛒,在隋炀帝时期为幸臣。"及梁国废,拜开府、通直散骑常侍,寻迁内史侍郎。以无吏干去职,转晋王谘议参军。王好文雅,招引才学之士诸葛颖、虞世南、王胄、朱瑒等百余人以充学士,而䛒为之冠。王以师友处之,每有文什,必令其润色,然后示人……炀帝嗣位,拜秘书监,封汉南县公。帝退朝之后,便命入阁,言宴讽读,终日而罢。帝每与嫔后对酒,时逢兴会,辄遣命之至,与同榻共席,恩若友朋。帝犹恨不能夜召,于是命匠刻木偶人,施机关,能坐起拜伏,以像于䛒。帝每在月下对酒,辄令宫人置之于座,与相酬酢,而为欢笑。从幸扬州,遇疾卒,年六十九。帝伤惜者久之,赠大将军,谥曰康。"② 不过,柳䛒以宠臣身份为皇帝所重,这对于其本人与家族来说是很危险的。

---

① 王永平:《隋代江南士人的浮沉》,《历史研究》1995年第1期;何德章:《江淮地域与隋炀帝的政治生命》,《武汉大学学报》(哲学社会科学版)1994年第1期;郭林生:《略论隋代南方政治集团在政权结构中的嬗变》,《郑州大学学报》(哲学社会科学版)2005年第3期。

② 《隋书》卷五八《柳䛒传》。

第三章 隋末唐初的河东柳氏

一、唐初时期的河东柳氏

隋朝末年,李渊在太原起兵,河东柳氏没有参与其事,李渊的核心权力圈武德集团(或称太原功臣集团),并未见河东柳氏的身影。但河东柳氏参与了隋末反杨运动。李渊族弟李神通在长安附近发动起义,史书记载:"淮安王神通,高祖从父弟也。父亮,隋海州刺史,武德初追封郑王。神通,隋末在京师。义师起,隋人捕之,神通潜入鄠县山南,与京师大侠史万宝、河东裴绩、柳崇礼等举兵以应义师。遣使与司竹贼帅何潘仁连结。潘仁奉平阳公主而至,神通与之合势,进下鄠县,众逾一万。自称关中道行军总管,以史万宝为副,裴绩为长史,柳崇礼为司马,令狐德棻为记室。"[①]《隋唐嘉话》卷上也记载:"平阳公主闻高祖起义太原,乃于鄠司竹园招集亡命以迎军,时谓之'娘子兵'。"

柳崇礼是东眷柳氏的代表,《元和姓纂》卷七记载:"崇

---

① 《旧唐书》卷六四《淮安王神通传》。

礼,房州刺史。"《柳耸墓志》记载:"公讳耸,字本立,其先河东人也。公曾祖讳崇礼,官至房州刺史。公之大父讳□,官至同州朝邑县令。公之烈考讳三一,官至邠州永寿县令。公源流溟渤,擢干邓林。孝著宗族,仁枝交执。"①柳崇礼的父亲柳约,在隋朝也只是一个低级官员。可能由于某种原因,家族成员不方便出来,只好由在家族中地位比较低的人出面。李神通的队伍后来被李世民领导,河东柳氏也进入秦王体系之中,这为柳氏以后的发展奠定了基础。

此外,柳冲的父亲柳楚贤,在隋末农民起义队伍中,也投靠了李渊。"父楚贤,大业末,为河北县长。时尧君素固守郡城,以拒义师。楚贤进说曰:'隋之将亡,天下皆知。唐公名应图箓,动以信义,豪杰响应,天所赞也!君子见机而作,不俟终日,转祸为福,今其时也!'君素不从,楚贤潜行归国。高祖甚悦,拜侍御史。"不过,作为东眷柳氏代表的柳楚贤,在唐太宗时期并没有受到重用。"贞观中,累转光禄少卿,使突厥存抚李思摩,突厥赠马百匹及方物,悉拒而不受。累转交、桂二州都督,皆有能名。卒于杭州刺史。"

李密的队伍中也可能有河东柳氏的身影,《李密墓铭》记载,李密死后为其安葬的部下中有"上柱国、临河县开国公柳德义"②。此外,在洛阳一带,出土了柳德师母田氏墓志,田氏"祖徹,齐瀛洲平舒县令;父晖,晋王府司仓参军"。

---

① 《唐故坊州中部县令柳府君(耸)夫人河东薛氏合祔墓志铭(并序)》,吴钢主编:《全唐文补遗》(第三辑),三秦出版社,1996年版,第221页。
② 《唐上柱国邢国公李公(密)墓志铭》,吴钢主编:《全唐文补遗》(第八辑),三秦出版社,2005年版,第253—254页。

田氏死于贞观八年(634),"春秋六十有一"①。柳德师生活在隋末唐初,二人可能是西眷柳氏柳崇支系。除柳德义外,柳旦之子柳续及柳带韦之子柳燮,隋末农民起义时投降了李密。此后,又随李密投降李渊。"……将作大匠宇文恺子儒童、河南留守职方郎柳续、河阳都尉独孤武都、河内郡丞柳燮皆降。"②"府掾柳燮曰:'明公与唐公同族,兼有畴昔之好;虽不陪起兵,然阻东都,断隋归路,使唐公不战而据长安,此亦公之功也。'……左右莫不感激,从密入关者凡二万人。"

西眷柳氏与李渊关系颇深,独孤信四女是李渊母亲,柳虯在独孤信行台任职,是其家臣,故西眷柳氏与李渊家族关系比较密切。西眷河东柳氏家族加入秦王系统之后,很快与李氏家族及陇西集团进行了联姻,巩固了在新政权的政治地位。比较早的是柳亨,"柳亨,蒲州解人,魏尚书左仆射庆之孙也。父旦,隋太常少卿、新城县公。亨,隋末历熊耳、王屋二县长,陷于李密。密败归国,累授驾部郎中。亨容貌魁伟,高祖甚爱重之,特以殿中监窦诞之女妻焉,即帝之外孙也"③。

与此同时,柳敏的儿子柳迡也娶了李世民之妻独孤皇后家族之女。柳敬则墓志记载:"君讳敬则,字□,河东闻喜人也。昔柳庄为社稷之……展禽即行……曾祖懿,后魏汾

---

① 《大唐田夫人(柳君妻)墓志(并序)》,吴钢主编:《全唐文补遗》(第九辑),三秦出版社,2007年版,第427页。
② 《新唐书》卷八四《李密传》。
③ 《旧唐书》卷七七《柳亨传》。

州刺史;祖敏……父遐,隋会宁公,通事舍人谒者台丞……君即文德圣皇后之甥也。贞观十年,以皇后荫调补朝散郎……寻授晋州司士……仪凤□□,诏除邵州诸军事,守邵州刺□……越以其年月日终于邵州之官舍,春秋六十。□□□南元氏,即后魏陈郡王之孙,隋驸马府君之女……即以其年□□五日,合葬于雍州轧封县之高阳原,礼也。有子□……"仪凤为唐高宗年号,从676年到679年,又文明元年(684)十一月二十四日,邵州刺史贾守义"薨于州府"①。柳敬则在676年至684年之间任邵州刺史,柳敬则出生时间在618年至625年之间。又"贞观十年,以皇后荫调补朝散郎……寻授晋州司士",则在贞观十年,即636年柳敬则已经成年,可知柳敬则最有可能出生在618年。柳敬则的祖父柳敏于开皇元年即581年去世②,柳敬则出生距离柳敏去世至少34年,柳敏"年未弱冠,起家员外散骑侍郎。累迁河东郡丞。朝议以敏之本邑,故有此授。敏虽统御乡里,而处物平允,甚得时誉"。大统三年即537年,宇文泰攻占河东。宇文泰对柳敏说:"今日不喜得河东,喜得卿也。"③以此来推算,大统三年时,柳敏三十岁左右。因此,柳敏活了七十余岁。柳敏的孙子柳调在隋炀帝时期,已经是尚书左

---

① 《大唐故朝散大夫使持节邵州诸军事守邵州刺史上柱国长乐县开国男贾府君(守义)墓志铭(并序)》,吴钢主编:《全唐文补遗》(第二辑),三秦出版社,1995年版,第299页。

② 《隋书》卷一《高祖纪上》。

③ 《周书》卷三二《柳敏传》。

司郎,而柳调父亲柳昂则是柳敏最小的儿子①。以此推算,柳敬则出生时,柳逖已经四五十岁了,显然,柳敬则的母亲可能不是柳逖的原配,可能为续娶。河东柳氏家族主支在北周时期,基本上已经中央化②。作为西眷柳氏的主支柳敏一系,从北周开始,主要生活区域在长安。由于缺乏材料,我们可以大胆推测,617年李渊攻占长安后,为了拉拢地方上的势力,迅速与柳氏联姻。

柳亨和柳敬则的婚姻表明,河东柳氏尽管在隋末没有成为太原功臣集团中的一员,但作为地方豪强,还是受到新政权的重视,成为皇族的姻亲集团成员。

玄武门之变,柳氏中柳亨受到牵连,《旧唐书·柳亨传》:"三迁左卫中郎将,封寿陵县男。未几,以谴出为邛州刺史。加散骑常侍,被代还,数年不调。因兄葬,遇太宗游于南山,召见与语,颇哀矜之。数日,北门引见,深加诲奖,拜银青光禄大夫,行光禄少卿。太宗每诫之曰:'与卿旧亲,情素兼宿,卿为人交游过多,今授此职,宜存简静。'亨性好射猎,有饕餮之名。此后颇自勖励,杜绝宾客,约身节俭,勤于职事。太宗亦以此称之。二十三年,以修太庙功,加金紫光禄大夫。久之,拜太常卿,从幸万年宫,检校岐州刺史。永徽六年卒,赠礼部尚书、幽州都督,谥曰敬。"

而《新唐书·柳泽传》记载:"(柳亨)三迁左卫中郎将,

---

① 《隋书》卷四七《柳调传》。
② 王其祎、周晓薇:《新见隋仁寿元年〈柳机墓志〉考释——兼为梳理西眷柳氏主支世系及其初入关中跻身"郡姓"之情形》,杜文玉主编:《唐史论丛》(第十九辑),三秦出版社,2014年版。

寿陵县男。以罪贬邛州刺史,进散骑常侍。代还,数年不得调。持兄丧,方葬,会太宗幸南山,因得召见,哀之。数日,入对北门,拜光禄少卿。亨射猎无检,帝谓曰:'卿于朕旧且亲,然多交游,自今宜少戒。'亨由是痛饬厉,谢宾客,身安静素,力吏事。终检校岐州刺史,赠礼部尚书、幽州都督,谥曰恭。

《旧唐书》记载柳亨"以谴出为邛州刺史",《新唐书》记载柳亨"以罪贬邛州刺史"。二者用词不一,但都反映柳亨被贬官。柳亨被贬官原因,可能与其为左卫中郎将有关。《唐六典》卷二八《太子左右卫及诸率府》记载:"左右率府亲府勋府翊府,中郎将各一人,左郎将一人,右郎将一人。"柳亨为太子李建成系统人士,玄武门之变后,自然受到牵连,故而被贬官。随着时局稳定,柳亨逐渐回中央任职,但升迁缓慢。

柳亨的族子柳范,贞观年间为侍御史,能直谏。"时吴王恪好畋猎,损居人,范奏弹之。太宗因谓侍臣:'权万纪事我儿,不能匡正,其罪合死。'范进曰:'房玄龄事陛下,犹不能谏止畋猎,岂可独罪万纪?'太宗大怒,拂衣而入。久之,独引范谓曰:'何得逆折我?'范曰:'臣闻主圣臣直,陛下仁明,臣敢不尽愚直。'太宗意乃解。范,高宗时历位尚书右丞、扬州大都督府长史。"

柳奭也在贞观年间升迁颇快,"贞观中,累迁中书舍人。后以外生女为皇太子妃,擢拜兵部侍郎"[①]。

贞观年间,河东柳氏继续与陇西集团成员联姻,其家族先后与安定皇甫氏及后族长孙氏家族进行了联姻。柳亨的

---

① 《旧唐书》卷七七《柳亨传附柳奭传》。

儿子柳子阳,娶安定皇甫氏之女①。同为柳庆曾孙的柳冲,则娶了长孙氏为妻②。柳敬则娶河南元氏,也属于所谓的"大姓"。此外,柳子贡娶庞氏,虽未说明庞氏郡望,但隋唐时期庞氏郡望在陇西,可知柳子贡也是与陇西集团成员联姻。柳子贡的女儿嫁给太原王氏③,王氏之女即高宗皇后。这种结合给柳氏的仕途带来了很大的便利。

永徽元年(650),王氏被唐高宗立为皇后。王皇后虽然出身于太原王氏家族,但这一支势力比较衰微,王氏在更多情况下依赖其外族,柳氏政治地位进一步上升。永徽二年(651),"守中书侍郎柳奭为中书侍郎,依旧同中书门下三品"。永徽三年(652),"中书侍郎柳奭为中书令"。永徽五年(654),"中书令柳奭兼吏部尚书"④。

柳氏家族在初唐时期政治地位达到顶峰,柳宗元在《送濬序》中指出:"人咸言吾宗宜硕大,有积德焉。在高宗时,并居尚书省二十二人。"应该指永徽五年之前,因为在永徽六年(655),"兼吏部尚书、河东县男柳奭贬遂州刺史",柳氏开始失势。

唐初柳氏家族在尚书省为官的有:

---

① 胡戟等主编:《大唐西市博物馆藏墓志》,北京大学出版社,2012年版,第212—213、244—245页。

② 胡戟等主编:《大唐西市博物馆藏墓志》,北京大学出版社,2012年版,第210—211、250—251页。

③ 《大唐故处士河东柳府君(子贡)墓志铭(并序)》,赵力光主编:《西安碑林博物馆新藏墓志续编》,陕西师范大学出版总社有限公司,2014年版,第318页。

④ 《旧唐书》卷四《高宗纪》。

1.柳范,尚书右丞。《新唐书》卷一一二《柳泽传》记载,柳泽从祖柳范,"范,贞观中为侍御史,时吴王恪好畋猎,损居人,范奏弹之……高宗时,历尚书右丞、扬州大都督府长史"。

2.柳子房,柳燮子,户部郎中。

3.柳干,《新唐书·宰相世系表》记载为礼部郎中,《元和姓纂》则记载为工部员外郎。

4.柳儒,《元和姓纂》记载其为户部郎中,《唐文部常选柳氏字岳故陇西李夫人墓志铭(并序)》记载:"夫人夫之祖讳儒,皇仓部员外、户部郎中、北海等六郡太守、银青光禄大夫、河东县开国男。"《柳儒墓志铭》记载:"改授清庙台丞,又转司农寺丞,迁仓部员外郎。誉美属僚,望高郎署。优游省闱之际,藉甚朝廷之列。寻改陵令,以疾未拜。除户部郎中。"可知柳儒先后担任仓部员外郎和户部郎中。

5.柳续,《元和姓纂》记载其为仪曹郎中。

6.柳绰,柳机子,《新唐书·宰相世系表》记载其为膳部员外郎,《元和姓纂》则记载其为膳部郎中。

7.柳威明,柳虬子柳蔡年之孙,《元和姓纂》记载其为吏部郎中。

8.柳慈明,柳威明弟弟,《元和姓纂》记载其为职方郎中。

9.柳建,柳虬子柳止戈之孙,《元和姓纂》记载其为金部郎中。

10.柳言恩,柳虬子柳待价之孙,《元和姓纂》记载其为祠部郎中,《唐尚书省郎官石柱题名考》则记载其为司封员外郎。

11.柳宝积,柳敏从弟柳道茂之孙,《元和姓纂》记载其为职方员外。《柳明逸墓志》记载:"父宝积,明明秀质,光于刺举,为唐职方员外,怀岐二州长史、涪颖二州刺史。"《柳宝积墓志》则记载:"贞观年历尚书、职方员外郎、雍州栎阳县令、汴州别驾、朝散大夫、守纪王府谘议参军。未几,丁内忧,去职。公仁孝自天,殆于灭性。服阕之后,毕志丘园。俄而恩旨特临授西州道行军长史,续除岐州别驾。顷之凯旋,拜上护军,赏赐殊厚。永徽年中授柱国,除怀州长史,迁颍州刺史。显庆年中加上柱国,拜涪州刺史。"

12.柳明逸,柳宝积之子,《元和姓纂》记载其为刑部员外郎。但《柳明逸墓志》记载:"家为梁王府法曹参军,又转泾阳、咸阳二县臣。清以励俗,棼丝克理。又转洛州司兵、城门郎。诚以奉上,纶绂有加,乃受朝散大夫、襄泽二州长史、贝相二州司马。"可见柳明逸为刑部员外郎,存在疑问。

13.柳明肃,柳宝积之子,《元和姓纂》记载其为度支郎中。《新唐书·则天皇后纪》记载,天授元年(690),"六月戊申,杀汴州刺史柳明肃"。二者为同一人。

14.柳逞,柳机子,《新唐书·宰相世系表》记载其为礼部郎中。

15.柳逊,柳机子,《柳永锡墓志》与《柳偘墓志》记载其为屯田、职方二郎中。《前左勋卫宇文不争妻柳氏墓志》记载:"曾祖逊,唐职方、驾部二司郎中,乐平县开国公。"

16.柳迨,柳机子,《元和姓纂》记载其为考功郎中。

17.柳知人,柳奭子,《新唐书·宰相世系表》记载其为水部员外郎。

18.柳五臣,柳道茂孙,《新唐书·宰相世系表》记载其为水部员外郎。《唐文续拾·和籴粟窖砖文》记载:"贞观十四年十二月廿四日,街东第二院,从北向南第六行,从西向东第九窖,纳和籴粟六千五百石,第四头,纪王府典签陈元瑜、右监门直长郑端、高买太仓副使韩达、竖云宫副监常明、副使晋王府掾陆元士、使人水部郎中柳仵臣。""仵臣"即五臣。

19.柳尚真,柳□孙,《元和姓纂》记载其为司门员外郎。《大唐朝散大夫行晋安县令萧府君故夫人柳氏墓志铭》记载:"父尚真,司门员外郎、殿中丞、洛阳县令……年十九,归于萧氏……春秋廿三,终于晋安之公馆……粤以显庆五年岁次庚申二月十三日,归葬于洛州河南县之北邙原,礼也。"显庆为高宗年号,显庆五年即 660 年,可知柳尚真为司门员外郎时间在高宗初年。

20.柳俭,柳尚真子,《新唐书·宰相世系表》记载其为兵部员外郎。

21.柳行满,《唐尚书省郎官石柱题名考》记载其为司封员外郎。《新唐书·宰相世系表》中记其为东眷仲礼之后,但据《洛阳流散唐代墓志汇编》中《大唐故安州都督府柳府君(秀诚)墓志铭(并序)》,柳行满以文入武,迁官"豳州良社府统军"后,"缘坐贬授广州番禺府折卫都尉"。《周故壮武将军豳州良社府统军广州番禺府折冲上柱国柳府君(行满)墓志铭》也有类似记载,"唐授虢州开方府车骑、豳州良社府统军,以正直中伤,左授广州番禺府折冲都尉、上柱国"。此柳行满属于武官系统,没有转入文官体系中。《唐故贝州鄃县主簿柳君（山涛）墓志铭（并序）》中记载："（柳山涛）以麟德二年十一月十七日，遘疾卒于私第。以乾封元年三月廿二日，窆于洛州伊阙县归善乡集贤里万安山之原，礼也。呜呼哀哉，长子行满，感冲姿之晚就，痛慈颜之早违；怀燧□以增哀，悲豚鱼之不逮。"柳山涛之子柳行满，也生活在高宗时代，此人或许是《唐尚书省郎官石柱题名考》记载的柳行满。柳山涛也为东眷柳氏后裔，其曾祖柳素，祖柳朗，父柳续，在梁朝与北周及隋朝都为刺史级别的官员，柳山涛在隋亡后由世家子弟变为平民，显庆年间朝廷广求贤才，才给予其为官机会，但此时年近六十九岁，基本上没有上升空间。又《大唐故临川郡长公主墓志铭》记载："以永淳元年五月廿一日，薨于幽州公馆，春秋五十有九……凶丧葬事，并令官给。赐绢布五百段、米粟副焉。乃令秘书少监柳行满摄鸿胪卿监护，相王府谘议殷仲容为副。"永淳元年即682年，此司封员外郎柳行满或许即柳山涛之子。

22.柳胤，在尚书省任膳部员外郎。《柳震墓志》记载："皇朝散大夫，膳部员外郎。"《柳丰墓志》记载："曾祖胤，皇屯田员外郎，同事舍人。"

23.柳保隆，《元和姓纂》记载其为膳部郎中，而《柳景文墓志》记载其为驾部郎中。

柳宗元提到，高宗时期，尚书省任职的柳氏有二十二人，通过以上分析，我们发现超过二十二人，其中西眷有二十人，东眷只有三人，可见在柳氏家族中，西眷在中央官场中居于重要地位。但柳氏家族并不是当时的顶级家族，"故事,势门子弟,鄙仓、驾二曹,居之者不悦"①。《新唐书·毕诚传》也记载:"故事,要家势人,以仓、驾二曹为辱,诚沛然如处美官,无异言。"柳儒、柳逊先后为仓部与驾部郎中,在唐初环境之中,柳氏家族应该不属于"要势"之家。

二、高宗武后时期的河东柳氏

永徽年间,发生了著名的废王立武事件。在这一事件之中,高宗和大臣之间发生了激烈冲突,以至于长孙无忌等人被杀。究其原因,学术界认为是党争的结果②,也有人认为是君权与相权之间产生了激烈的冲突③。无论是君权与相权之争还是党争,柳奭都不是主要代表人物,褚遂良与长孙无忌才是这场风波中的核心,柳奭因为王皇后事件而卷入这场风波之中。

唐高宗即位后,与长孙无忌的矛盾突显。长孙无忌在唐太宗时期,因为受制于唐太宗及长孙皇后,故避嫌以保全,其劝唐太宗立李治为太子,有很大的私心,认为李治性格软弱,好控制。唐高宗即位之后,长孙无忌专权,终于导致杀身之祸。④

---

① 《旧唐书》卷一七七《毕诚传》。
② 孙国栋:《唐贞观永徽间党争试释》,《唐宋史论丛》,上海古籍出版社,2010年版,第55—73页。
③ 黄永年:《说永徽六年废立皇后事真相》,《陕西师范大学报》(哲学社会科学版)1981年第3期。
④ 王怡:《论长孙无忌与初唐政治》,《北京大学学报》(哲学社会科学版)2014年第4期。

唐高宗也在培植自己的势力以削弱长孙无忌等人的权力。《资治通鉴》卷一九九记载,永徽二年(651),"春,正月,乙巳,以黄门侍郎宇文节、中书侍郎柳奭并同中书门下三品。奭,亨之兄子,王皇后之舅也"。这个人事安排值得琢磨。宇文节深受唐太宗信任。"祖节,贞观中为尚书右丞,明习法令,以干局见称。时江夏王道宗尝以私事托于节,节遂奏之,太宗大悦,赐绢二百匹,仍劳之曰:'朕所以不置左右仆射者,正以卿在省耳。'"①宇文节的提拔可以说无可争议,但柳奭的提拔值得分析。柳奭虽然出身于河东西眷柳氏,但其父亲柳则在隋朝末年去世,到唐贞观十年(636)时,柳奭官职不显②。但柳敏之子柳逵娶长孙氏,是与长孙皇后关系比较密切的堂姐妹,柳逵之子柳敬则也因为是长孙皇后外甥的关系,"贞观十年以皇后荫补朝散郎"③。此外,柳庆后裔柳冲也娶长孙氏为妻④。可见在唐初,西眷柳氏与长孙氏之间联姻频繁,双方关系密切。柳奭作为联系高宗与长孙无忌的纽带,是双方都可以接受的人物。高宗提拔柳氏的目的,在于逐渐削弱长孙无忌的权力,

---

① 《旧唐书》卷一〇五《宇文融传》。
② 《隋故导官署令柳君之墓志铭》记载了其父亲柳则死于隋大业十一年,其母贺若氏死于武德四年,贞观十年才合葬。而墓志中并未见柳奭官职,估计此时职位比较低下。
③ 《大唐故邵州诸军事邵州刺史柳府君墓志铭(并序)》,赵力光主编:《西安碑林博物馆新藏墓志续编》,陕西师范大学出版总社有限公司,2014年版,第678页。
④ 《柳冲夫人长孙氏墓志》,胡戟等主编:《大唐西市博物馆藏墓志》,北京大学出版社,2012年版,第250—251页。

可惜柳奭政治觉悟不高,没有领会高宗意图,不仅没有分长孙无忌之权,反而和长孙无忌打得火热。据《资治通鉴》记载,653年,"三月,辛巳,以宇文节为侍中,柳奭为中书令,以兵部侍郎三原韩瑗守黄门侍郎、同中书门下三品……秋,七月,丁巳,立陈王忠为皇太子,赦天下。王皇后无子,柳奭为后谋,以忠母刘氏微贱,劝后立忠为太子,冀其亲己;外则讽长孙无忌等使请于上。上从之"。高宗采纳了长孙无忌和柳奭等人的意见,立陈王忠为太子。一方面是当时大臣的意见,另一方面更可能是唐高宗与王皇后的感情很好的缘故。"废王皇后及萧淑妃为庶人,囚之别院。高宗犹念之,至其幽所,见其门封闭极密,唯通一窍,以通食器,恻然呼曰:'皇后、淑妃何在复好在否?'皇后泣而言曰:'妾得罪,废弃以为宫婢,何敢窃皇后名!'言讫呜咽,又曰:'至尊思旧,使妾再见日月,望改此为回心院,妾再生之幸。'高宗曰:'朕即有处分。'"①

但高宗对柳奭与长孙无忌之间的联合很不满,很快对柳奭疏远,主要表现在对王皇后的态度上,废除皇后之心逐渐坚决。王皇后被废之后,柳奭的命运也大为改变,永徽六年(655)三月,"兼吏部尚书、河东县男柳奭贬遂州刺史"。显庆二年(657),柳奭被贬为象州刺史;显庆四年(659),柳奭又被除名。这一年七月,"命御史往高州追长孙恩,象州追柳奭,振州追韩瑗,并枷锁诣京师,仍命州县簿录其家"。"壬寅,命李绩、许敬宗、辛茂将与任雅相、卢承庆更共覆按

---

① 《大唐新语》卷一二《酷忍》。

无忌事。许敬宗又遣中书舍人袁公瑜等诣黔州,再鞫无忌反状,至则逼无忌令自缢。诏柳奭、韩瑗所至斩决。使者杀柳奭于象州。韩瑗已死,发验而还。籍没三家,近亲皆流岭南为奴婢。"八月乙卯,"长孙氏、柳氏缘无忌、奭贬降者十三人"。除此之外,柳奭"期以上亲并流岭表,奭房隶桂州为奴婢"。可见,柳奭亲属除贬职外,其三代内的亲属要流放到岭南,柳奭子女在桂州没入官府做奴婢。

柳奭父亲为柳则,柳则父亲为柳旦,这意味着柳旦这一支都受到牵连。不过,根据墓志材料等记载,除柳旦这一支受到牵连外,柳敏支系也受到牵连。高宗武周时期对河东柳氏主要支系的高压政策是严酷与长期的。

(一)移籍与剔除世族

高宗武后对河东柳氏的打击,除柳奭被杀及宗族大臣贬官外,在高宗后期和武则天统治时期,对河东柳氏的打压仍在继续。

受到柳奭事件影响,高宗武后时期,不少河东柳氏去世后,不能葬在祖坟。柳氏东眷后裔柳行满,"以显庆四年四月八日遘疾,终于私第,春秋七十九"。柳行满在显庆四年去世,三个月后柳奭被杀。在唐代,殡葬受择墓和择日的影响颇深,柳行满死后并没有立即下葬。在权厝期间,柳奭事件爆发,柳行满不能安葬于祖坟。二十二年后即681年,柳行满后妻乙弗氏去世,"粤以永隆二年三月五日终于官舍,春秋七十三"①。又过了十九年即700年,柳行满才与乙弗氏合葬,"以久视元年岁次庚子十月乙巳朔廿八日壬申,合葬于永贵原,礼也"②。东眷柳氏祖坟在隋唐时期多在洛阳。柳行满与妻合葬于蒲州永贵原,没有提及"大茔""旧茔""先茔"等,则永贵原不是祖坟,这反映了在武则天时期,柳行满在去世后不能安葬在祖坟,只好在郡望所在地安葬。在河东地区,目前发现的河东柳氏墓志只有柳行满夫妻,可见河东柳氏隋唐时期安葬在蒲州永贵原,是个案,为非正常事件,反映出河东柳氏在武则天统治时期继续受到压制,不能安葬祖坟,以割断柳氏与地方社会的联系③。

除了割断与地方的关系,对柳氏的打压还采取移籍的措施。柳氏作为河东大族,在北周时期,西眷柳氏已经移籍关中,实现了中央化,成为关中士族④。高宗武后时期,河东柳氏西眷主要支系被移籍洛阳。柳敏孙子柳怀素墓志中写道:"爰至唐朝,不能复始。府君起家唐任左领军府录事参军,寻转陵州贵平孙令。府君下车制锦,化以不言,伏□□琴,人歌来暮。年逾耳顺,遽从阅水……仪凤年,四子并任

---

① 《大周故柳君墓志之铭》,吴钢主编:《全唐文补遗》(第五辑),三秦出版社,1998年版,第254页。

② 《大周故乙弗郡君墓志》,吴钢主编:《全唐文补遗》(第五辑),三秦出版社,1998年版,第255页。

③ 陈寅恪在《论李栖筠自赵徙卫事》一文中指出了祖坟与住宅及田产之间的关系。实际上,若祖坟、住宅与田产在某地,可视为是地方势力的所在。

④ 王其祎、周晓薇:《新见隋仁寿元年〈柳机墓志〉考释——兼为梳理西眷柳氏主支世系及其初入关中跻身"郡姓"之情形》,杜文玉主编:《唐史论丛》(第十九辑),三秦出版社,2014年版。

蜀中。夫人随室剑表。该任陵州录事,详任泸府户曹,询任梓州司法,谟任隆州参军事……今岁蓍龟袭吉,该、谟等兄弟二人,近奉恩敕,从雍州移贯属洛州洛阳县。旧墓田先在始平,兄弟所移,□神都坟墓不可更依,旧所亦□形胜。府君夫人并迁神改葬于洛阳县清风乡张方里。谟又见绾本部,相地卜田,并是神□名手,明器□帐,并出神都巧人。装饰财成,莫非纤丽。以大周延载元年岁次甲午七月癸未朔廿七日己酉,府君夫人合葬于野茔,礼也。"柳怀素墓志内容十分隐晦,柳怀素去世时六十岁,"年逾耳顺,遽从阅水",墓志没有提及其去世时间与地点,这本身就令人怀疑。高宗武后时期,墓志涉及政治事件时,往往写得比较隐晦[①]。柳怀素之死,其原因可能是非正常死亡,以至于墓志书写者不敢将墓主死亡时间与地点写出来。从柳怀素墓志也可知,柳怀素四个儿子被贬到四川为官,虽然武则天时期一度赦免,但代价是将籍贯由关中雍州改为洛州洛阳。籍贯的改变,意味着郡望的变化,也意味着门阀秩序的变化,断绝了其仕途进一步上升的可能。《新唐书·柳公绰传》记载"柳公绰,字宽,京兆华原人"。笔者怀疑,作为河东柳氏西眷后裔柳公绰籍贯的变化,表明其祖先很可能受到移籍事件的影响。

此外,受到柳奭事件的影响,在唐高宗显庆四年修订的《姓氏录》之中,柳氏家族等级很低,或者被排除在外。显庆

[①] 马强、魏春莉:《从出土唐人墓志看唐高宗、武则天时期的政治侧影》,《社会科学战线》2014年第5期。

四年,"六月,丁卯,诏改《氏族志》为《姓氏录》。初,太宗命高士廉等修《氏族志》,升降去取,时称允当。至是,许敬宗等以其书不叙武氏本望,奏请改之,乃命礼部郎中礼志约等比类升降,以后族为第一等,其余悉以仕唐官品高下为准,凡九等。于是士卒以军功致位五品,豫士流,时人谓之'勋格'"。唐高宗这次修订氏族等级,不是按照传统排序方法,而是按照朝中官员等级。按照这个标准,朝中五品以上的官员都被收录,柳氏家族因为柳奭被贬官,级别大为降低,所以在《姓氏录》中等级比较低下,甚至有可能不入士流。①

---

① 夏婧在《柳怀素墓志所见武周改立"二王三恪"史事考》(《中国史研究》2017年第1期)一文中,认为移籍洛阳是特别的政治待遇,反映出这支柳氏地位得以升迁。实际上是有很多误解的,移贯洛阳,从某种意义上来说正是政治地位下降的表现。武则天掌权时期,为了弥补东都洛阳人口较少的问题,在天授二年(691),曾经大规模将关中人口迁徙到洛阳,并令其以洛阳为籍贯所在地。《唐会要》卷八四《移户》记载:"授二年七月二十四日,徙关外雍同秦等七州户数十万,以实洛阳。"此外,《旧唐书》卷六《则天皇后纪》也记载:"秋七月,徙关外雍、同等七州户数十万以实洛阳。"哪些人符合移贯的标准呢?《全唐文》卷九五《置鸿宜鼎稷等州制》中明确规定:"其雍州旧管及同、太等州,土狭人稠,营种辛苦,有情愿向神都编贯者宜听,仍给复三年。百姓无田业者,任其所欲。即各差清强官押领,并许将家口自随,便于水次量给船乘,作般次进发至都,分付洛州受领。支配安置讫,申司录奏闻……其有诸州人,或先缘饥岁,流宕忘归,或父兄去官,因循寄住,为籍贯属,恐陷刑名,荏苒多时,未经首出。卫士杂色人等,并限百日内首尽,任于神都及畿内怀、郑、汴、许、汝等州附贯。给复一年,复满便依本番上下。其官人百姓,有情愿于洛、怀等七州附贯者亦听。应须交割,及发遣受领,并委本贯共新附州分明计会,不得因兹隐漏户口,虚蠲赋役。并新析五州三及雍州以西置关处,所司具为条例,务从省便奏闻。"可见,移贯洛阳的都是一些无土地的老百姓或者在洛阳周边地区为官并且长期生活在洛阳地区的人。柳怀素后裔移贯洛阳,一方面说明社会地位低下,另一方面也为讨好武则天新政而采取的投机行为,故并非享受特别政治待遇的表现。

武则天为使自己的统治获得合法性,修改了二王三恪制度。所谓"二王三恪",是魏晋南北朝到隋唐五代时期,对前代王朝末代帝王及其后裔的特殊称号[①]。二王三恪制度是塑造政权合法性与正统性的合法手段[②]。唐朝建立后,对隋周后裔封爵,《唐会要》卷二四《二王三恪》记载:"武德元年五月二十二日,诏曰:革命创业,礼乐变于三王,修废继绝;德泽隆于二代,是以鸣条克罚。杞用夏郊,牧野降休;宋承殷祀,爰及魏晋。禅代相仍,山阳赐号于当涂,陈留受封于典午。上天回睠,授历朕躬。隋氏顺时,逊其宝位,敬承休命,敢不对扬,永作我宾,宜开土宇。其以莒之酇邑,奉隋帝为酇公,行隋正朔,车旗服色,一依旧章。仍立周后介国公,共为二王后……永昌元年十一月制,以周汉之后为二王,仍封舜禹成汤之裔为三恪。"《新唐书·则天皇后纪》记载,载初元年(690),"以周、汉之后为二王后,封爵、禹、汤之裔为三恪,周、隋同列国,封其嗣"。永昌元年(689)十一月,武则天改元为载初之际。所以,改二王三恪属于武则天意旨,为其掌权的合法性提供依据。柳氏作为周朝后裔,在理论上将其定为三恪。柳氏后裔柳该这一支上书要求承认自己为三恪后裔,享受相关政治待遇,从某种程度上支持武则天。《柳怀素墓志》明确记载:"详求本系,出自周公。周公既摄政明堂,其子伯禽乃就封鲁国,诞毓公族,字曰展禽,

---

[①] 谢元鲁:《隋唐五代的特殊贵族——二王三恪》,《中国史研究》1994年第2期。

[②] 吕博:《唐代德运之争与正统问题——以"二王三恪"为线索》,《中国史研究》2012年第4期。

锡土柳下，因官为姓，及卒，谥之曰惠。故云柳下惠焉。战国之时，楚人屠其曲阜；始皇之代，秦氏剪其荆台。诸柳随秦，徙居河东郡，至今为河东人也。暨乎越古金轮圣皇帝，继周而承四大，出震而综三才，为无为而龙跃，事无事而凤跱。有制爰访三恪，式绍二王。府君之长子该申牒请袭，鸾台凤阁勘《姓氏录》《血脉图》，据状历代英贤。准制合当承袭，具报春官讫，见欲闻奏。"有关部门虽然认定柳该一支可以为周朝后裔，但政治上并没有特殊照顾。①

（二）非正常死亡与贬官

除柳奭被贬杀外，河东柳氏还有成员在高宗武周时期死于非命。柳机的孙子柳侃及其子柳永锡，也可能死于非命。柳侃墓志写道："春秋六十有七，奄灾终于南阳穰县里也。梁鸿至士，死矣何归。高凤时贤，悲哉无及。妻杜氏，即抚州刺史奖之长女也……第二息始州黄安县丞崇约等……以垂拱元年七月廿一日，迁窆于洛州北邙之原，礼也。"而柳侃之子柳永锡的墓志提道："春秋廿有四，奄灾终于南阳穰县里也。即以垂拱元年七月廿一日，葬于洛州北邙之

---

① 仪凤年间（676—679），柳该就任陵州录事，而《全唐文》卷七三八《沈亚之·故银青光禄大夫检校户部尚书左金吾大将军兼御史大夫上柱国河南县开国公食邑二千户赐紫金鱼袋赠太子少保柳公行状》记载，"曾祖该任陵州录事参军赠陵州刺史，祖岑皇赠秘书监"，柳该官职最高为陵州录事参军。仪凤年间至载初年间，十余年，柳该职务并没有升迁，反映出柳怀素支系长期受到打击。又《柳怀素墓志》记载，柳该和柳谟"见绾本部"，从柳该一生职务来看，柳该与柳谟二人在京师受到监控。所以，柳该等人出于投机心理，想获得武则天的认可，虽然有关部门承认其是三恪之后，但未受重用。

原,礼也。"柳偘和柳永锡的墓志都没有提及他们去世的年代,从两人都终于"南阳穰县里"及"奄灾"来看,二人死于非命。其死亡年代,或许在高宗统治末年。柳偘夫人杜氏,"年十九,归乎柳氏……粤以永昌元年秋九月遘疾于常州之廨宇,寻又移寓于天兴寺之别院。廿一日终于其所,春秋七十有二"。永昌元年为689年,因此,杜氏生于617年,636年嫁给柳偘,即便是杜氏每年生育一子,柳永锡之死,最早在663年。由此可见,柳氏家族在显庆之后,还一直受到打压。

柳敏族弟柳道茂的孙子柳明逸,因柳奭事件受到牵连,被贬官岭南。"漳滨□曲,楚甸韩郊,方著王祥之谣,尽坐李丰之弟。番禺琼远,□□越□条。岸结连枝,悲深放逐。跕鸢难度,犹望生还。止鹍□灾,俄从运往。以天授二年八月廿五日,终于窦州之私第,春秋六十有五。"该墓志写得比较隐晦,"方著王祥之谣,尽坐李丰之弟",其中,王祥是卧冰求鱼的大孝子,由于继母在其父亲面前说王祥的坏话而受到父亲的疏远。李丰为三国人,在曹爽与司马懿的争斗之中,李丰表面上游走两方,实际上忠于曹魏,最后为司马氏所杀。墓志表明,河东柳氏忠于唐李氏政权,由于受到武则天的影响,为当时政权不容。窦州即今粤西信宜市一带,与广西北流接壤,在唐人眼中,属于蛮荒之地。不过,柳明逸死后,"以万岁通天二年二月五日,归窆于先君旧茔之外,礼也"①。柳明逸死后能葬在祖坟,结局也不算太坏。

(三)对柳氏姻亲的打压

除柳氏家族受到牵连外,与柳氏联姻的家族也受到牵连,很多人仕途不顺。颜勤礼,"六年以后夫人兄中书令柳奭亲累贬夔州都督府长史,显庆六年加上护军。君安时处顺,恬无愠色……七子:昭甫,晋王曹王侍读,赠华州刺史,事具真卿所撰《神道碑》;敬仲,吏部郎中,事具刘子元《神道碑》。殆庶、无恤、辟非、少连、务滋,皆有学行,以柳令外甥不得仕进"②。萧守规的夫人"河东柳氏,蒲州使君则之孙、都水使者子产之女也"。柳则,柳旦第二子。柳则有儿子柳奭③,柳子产史书记载不明。但据柳旦大儿子柳燮有子嗣为柳子房和柳子宝,可知柳奭和柳子产为叔侄关系。

受到柳奭事件的影响,与河东柳氏联姻的萧守规在仕途上也不顺利。其墓志中提道:"公道存朝市,迹混污隆。州县未足为劳,轩冕曾何屑意。不空之咏,虽播誉于海沂;盈怀之歌,奄归魂于岱岳。辅仁莫验,天道如何。以长寿二年正月一日终于位。"污隆,一般指政治上不得意或者世道兴替。夏统说过:"诸君待我乃至此乎。使统属太平之时,当与元凯评议出处。遇浊代,念与屈生同污共泥。若污隆

---

① 《大周故前贝州司马柳府君(明逸)墓志铭》,吴钢主编:《全唐文补遗》(第七辑),三秦出版社,1999年版,第326页。

② 《全唐文》卷三四一《颜真卿·秘书省著作郎夔州都督府长史上护军颜公神道碑》。

③ 〔唐〕林宝撰,岑仲勉校记:《元和姓纂》卷七《柳》,中华书局,1994年。

之间,自当耦耕沮溺,岂有辱身曲意于郡府之间乎。"①萧守规因为受到妻族的牵连,政治上不得志,故而出现了放逸人生的生活态度②。

受各种因素的影响,高宗武后时期柳氏婚姻圈出现了较大变动,与世家联姻的情况比较少见,因为柳氏本身已经不是高级士族。唐朝初年,河东柳氏西眷凭借自己的政治与经济地位,在婚姻圈中,与山东大族之间的联姻比较频繁。荥阳郑氏③、太原王氏④,在唐初都与柳氏建立了婚姻关系。高宗及武则天对柳氏的打击政策,也波及其姻亲。在这种情况下,与河东柳氏通婚意味着政治上有风险,其婚姻圈大为缩小,甚至只能与普通世族联姻⑤。

(四)对柳氏旁支的拉拢

高宗武则天时期对河东柳氏的打压,主要以西眷为主,但对东眷中政治地位比较高的,也采取了打压措施。对东眷中一些政治地位衰微的支系,则采取拉拢的措施。柳山涛是东眷柳氏中名不见经传的,在显庆五年(660)时,也被

---

① 《晋书》卷九四《隐逸传·夏统传》。
② 景遐东:《新出阎仲连、萧守规墓志与唐代萧氏及其他文化世家姻亲研究》,《苏州大学学报》(哲学社会科学版)2015年第1期。
③ 杨军凯:《郑乾意墓志考释》,《文博》2014年第4期。
④ 《新唐书》卷一一二《柳泽传附柳奭传》。
⑤ 《柳正勖墓志》及其夫人崔氏墓志表明,柳氏在高宗武后时期与大族通婚很困难。柳正勖死于开元二十六年(738),终年六十五岁,则其出生于674年,其适婚年龄正是武则天统治时期。武则天统治结束后,柳正勖才与崔氏联姻。由于婚姻较晚,柳正勖去世时,其子都未成年。

授予官职。"公讳山涛,字广侯,河东人也……自素景仑辉,金风不竞;三河失守,五马游江。缙绅北移,衣冠南渡;先有翼匡,多难勤王。景业遂寓居襄阳,又为襄阳人也。晋宋齐梁,代载□美;并详之国史,可得略诸。曾祖素,梁举秀才,尚书功论郎,本州、襄州别驾,太子洗马。祖朗,梁本州主簿,州都新阳郡守。父续,梁举孝廉,荆州法曹参军,征西武陵王府内兵参军,开远将军,梁亡归周,为冀州刺史;周禅隋,为徐州刺史……洎隋运道消,家国俱丧,庇荫因兹失绪,堂构所以无阶。显庆年中,征贲有道,公屈志从务,薄游下邑,为贝州鄃县主簿,非其好也。既而秩满归来,杜门不出,闲居乐道,饬巾待期。岂谓福善无征,歼良俄及,春秋七十有四,粤以麟德二年十一月十七日,遘疾卒于私第。以乾封元年三月廿二日,窆于洛州伊阙县归善乡集贤里万安山之原,礼也。"柳山涛这一支,史书没有记载,在隋朝灭亡时,其作为徐州刺史的父亲没有在新王朝获得一官半职,失去恩荫的机会,柳山涛直接由世家子弟变为平民百姓。《册府元龟》卷六七记高宗于显庆五年(660)六月诏:"内外官四科举人,或孝悌可称,德行夙著,通涉经史,堪居繁剧;或游泳儒术,沉研册府,下帷不倦,博物驰声;或藻思清华,词锋秀逸,举标文雅,材堪远大;或廉平处事,强直为心,洞晓刑书,兼苞文艺者,精加搜访,各以名荐。"通过这次机会,柳山涛六十九岁高龄时在高宗时期谋得一个最低级的职务。朝廷没有因为他是河东柳氏而不予录用,反映出朝廷对出身衰微支系的柳氏子弟的拉拢。

东眷的柳顺,在武则天统治时期,因为上书也受到提拔。《大唐故朝议郎行尉寺丞柳府君(顺)墓志铭(并序)》记载:"公讳顺,字良奴,自幼以字行,河东解人也……高祖顾言……曾祖约……祖尚寂,右金吾引驾……父善宝,皇任幽州司马……奉天授二年腊月九日□柳娘奴箕裘无替,诗礼有闻。早采赤伏之符,遇识黄星之运频献乃诚。□有褒升,用旌忠恳,可承务郎,守右武威卫兵曹参军事。秩满,转太子仆寺丞。稍迁为左内率府长史,景龙三年以调,又迁为卫尉寺丞……景龙四年五月二日暴疾终于时邕里第,春秋卌有□……即以其月辛亥朔廿一日壬申窆于邙山之南,礼也。"此外,《大唐故襄城县主(李令晖)墓志铭》记载:"……县主字令晖,陇西成纪人。唐太宗文皇帝之曾孙,高宗天皇大帝之孙,许国大王之长女……神龙元年十月二日,制封襄城县主,食邑一千户。出降通议大夫、行殿中书省直长河东柳彦……春秋三八。以景云元年十一月十日,遘疾终于万年县崇义坊私第……粤以景云二年岁次辛亥五月景午朔廿七日壬申,迁厝于长安县高阳原,礼也。"① 神龙元年即705年,这一年武则天被迫还政唐中宗,河东柳彦娶了三十五岁的高龄宗族之女,柳彦的年龄应该在四十岁左右。可见柳彦在武则天时代,就在朝中为官。《元和姓纂》等中并没有记载柳彦情况,其可能是河东柳氏中普通的支系。

东眷的柳冲在武则天统治时期,仕途也未受到影响。"冲博学,尤明世族,名亚路敬淳。天授初,为司府主簿,受

---

① 《大唐故襄城县主(李令晖)墓志铭》,吴钢主编:《全唐文补遗》(第八辑),三秦出版社,2005年版,第14页。

诏往淮南安抚。使还,赐爵河东县男。"①柳冲是河东柳氏东眷的代表,其父亲柳楚贤"累转交、桂二州都督,皆有能名。卒于杭州刺史"。柳楚贤最终是外任四品官员,并没有进入权力核心系统之中,所以柳奭事件对这一支系影响不大,柳冲在武则天统治时期仍然得到任用。

此外,在武则天的男宠之中,也能见到河东柳氏的身影,"尚舍奉御柳模自言子良宾洁白美须眉"②。

河东柳氏旁支虽然被拉拢,但在朝廷中处于权力核心之外,对河东柳氏的发展影响比较小。

武则天临死前,良心大发,"壬寅,则天崩于上阳宫,年八十二。遗制:'去帝号,称则天大圣皇后。王、萧二族及褚遂良、韩瑗、柳奭亲属,皆赦之。'"虽然河东柳氏最终被赦免,但由于其他政治家族的发展,河东柳氏在唐朝政治舞台上影响甚微,这种局面一直持续了上百年。柳宗元在《祭从兄文》中感叹道:"呜呼!我姓婵嫣,由古而蕃。钟鼎世绍,

---

① 《旧唐书》卷一八九《柳冲传》。

② 《旧唐书》卷八二《张昌宗传》。夏婧在《柳怀素墓志所见武周改立"二王三恪"史事考》(《中国史研究》2017年第1期)一文中认为"柳模"即"柳谟",古文中常见"谟""模"互用。由于尚舍奉御为从四品职官,认为这是柳氏受到重用的标志。但是这有一个大问题,柳怀素葬于洛阳在694年,此时柳谟为九品左右官员,而尚舍奉御柳模上书则在697年左右。短短三年间,由七品上升为从四品,除非有重大功劳或者重大事件。而《柳晟行状》记载,柳晟曾祖父柳该最高职务还是仪凤年间的官职,作为长子的柳该官职没有升迁,次子柳谟升迁的可能性也不大。可见柳谟与柳模不是同一人。此外,柳怀素一支后裔在命名上有一定规律。柳怀素四子名字中均含有言字旁,其孙辈名字中含有庭字或山字旁,柳岑之子名字中都含有水字旁,柳岑之孙名字中都含有曰字头。从命名规律上来看,柳良宾不是柳怀素孙子辈。

圭茅并分。至于有国,爵列加尊。联事尚书,十有八人。中遭诸武,抑遏仇冤。踣弊不振,数逾百年。"

总之,河东柳氏主要支系在高宗武后时期受到打压,延缓了河东柳氏的发展,这也阻碍了柳氏后裔柳宗元的家族发展,对他的政治思想等方面产生了一定的影响。

第四章　中晚唐时期的河东柳氏

一、中宗至代宗时期的河东柳氏

中宗即位的功臣集团中,也有河东柳氏的身影。娶了襄城县主李令晖的河东柳彦,其家族在中宗即位过程中肯定立下了不少功劳。李令晖是唐高宗四子李素节的长女。李素节天授元年(690)被杀,同时遇害的还有他的九个儿子,李素节另外四个儿子被发配雷州。神龙元年(705),唐中宗李显复辟,追封李素节为许王,封李令晖为襄城县主,食邑一千户。唐朝初年,公主食邑不超过六百户,高宗至睿宗时期,可达一千到二千户,受到宠幸的太平公主达到五千户①。李令晖食邑千户,基本上达到当时公主的标准,可视为唐中宗对其叔父的某种补偿。这一年,李令晖嫁给通议大夫、行殿中尚舍直长河东柳彦,此时的李令晖已经三十五岁。柳彦的世系不明,但此时与李令晖联姻,表明柳彦在中宗复辟过程中也有某种程度的参与。中宗即位后,河东柳

---

① 《旧唐书》卷一二七《玄宗诸子传》。

氏女子中,有以"良家"入选后宫的女子。①

不过,在中宗至睿宗时期,柳奭并没有彻底平反,其子孙仍然流放龚州②,即今广西东南平南县一带。

直到睿宗时期,河东柳氏在政治上的地位依然比较低下。柳亨后裔柳泽,"景云中,为右率府铠曹参军"③。铠曹参军为从八品下阶官员,但属于太子府系统中的官员。不过,柳泽"四年不迁",可见并不受重用与重视。柳泽上书睿宗,极言"斜封"等事,受到睿宗的赏识,"拜监察御史",是为正八品上阶。柳泽的升迁,也与魏知古的推荐有关。"知古初为黄门侍郎,表荐洹水令吕太一、蒲州司功参军齐璟、前右内率府骑曹参军柳泽。及知吏部尚书事,又擢用密县尉宋遥、左补阙袁晖、右补阙封希颜、伊阙尉陈希烈,后咸累居清要,时论以为有知人之鉴。"④而魏知古是睿宗故吏,"睿宗即位,以故吏召拜黄门侍郎,兼修国史"。魏知古作为睿宗的亲信,其推荐当然起到很大作用。不过,柳泽在睿宗执政阶段,升迁比较缓慢。

玄宗时期,柳泽升迁比较快。开元中,柳泽"转殿中侍御史",《册府元龟》卷五四六《谏诤部·直谏第十三》记载:"柳泽开元二年为殿中侍史。"此外,"开元二年十二月,时右威卫中郎将周庆立为安南市舶使,与波斯僧广造奇巧,将

---

① 陈丽萍:《〈亡宫八品柳志铭(并序)〉发微》,《北大史学》2014年。
② 《旧唐书》卷七七《柳奂传》。
③ 《旧唐书》卷七七《柳泽传》。
④ 《旧唐书》卷九八《魏知古传》。

以进内。监选使、殿中侍御史柳泽上书谏,上嘉讷之"①。柳泽任殿中侍御史为开元元年(713)左右,为从七品上阶。后"历迁太子右庶子",为从四品上阶。此后,"为郑州刺史",郑州人口在天宝中有七万多户,为上州,故其刺史为从三品。不过,柳泽"未行,卒,赠兵部侍郎"。

开元初,柳泽兄柳涣为"中书舍人",为正五品上阶官员。柳涣可能在开元初去世,《元和姓纂》与《新唐书·宰相世系表》都记载柳涣为中书舍人,足见其在此职位上致仕或者去世。

柳涣还上书要求为堂伯祖柳奭彻底平反。"明庆三年,与褚遂良等五家同被谴戮。虽蒙遗制荡雪,而子孙亡没并尽。唯有曾孙无忝,见贯龚州,蒙雪多年,犹同远窜……伏乞许臣伯祖还葬乡里,其曾孙无忝放归本贯。"唐玄宗"敕令奭归葬,官造灵舆递还。无忝后历位潭州都督"。

唐玄宗时期,河东柳氏在政治上活跃的还有柳范之子柳齐物。柳齐物在天宝二年(743)还是偃师县的佐官司录。《全唐文》卷三〇三《贾正义·周公祠碑》记载:"佐官司录柳齐物等,并陟遐自迩,始当州府之劳;择士用才,终践公侯之望。"此时的柳齐物,大致为正七品上阶官员,开元十七年(729)之后,柳齐物先后任莱州刺史与睦州刺史②。

中宗至玄宗时期,活跃在政治舞台上的还有东眷柳冲。"天授初,为司府主簿,受诏往淮南安抚。使还,赐爵河东县

---

① 《旧唐书》卷八《玄宗纪》。
② 《唐刺史考全编》卷七七《河南道·莱州》。

男。景龙中,累迁为左散骑常侍,修国史。"作为修史官员,柳冲主要成就为修撰了《姓族系录》:"初,贞观中太宗命学者撰《氏族志》百卷,以甄别士庶;至是向百年,而诸姓至有兴替,冲乃上表请改修氏族。中宗命冲与左仆射魏元忠及史官张锡、徐坚、刘宪等八人,依据《氏族志》,重加修撰。元忠等施功未半,相继而卒,乃迁为外职。至先天初,冲始与侍中魏知古、中书侍郎陆象先及徐坚、刘子玄、吴兢等撰成《姓族系录》二百卷,奏上。""冲后历太子詹事、太子宾客、宋王傅、昭文馆学士,以老疾致仕。开元二年,又敕冲及著作郎薛南金刊定《系录》,奏上,赐绢百匹。五年卒。"[1]柳冲虽然官居三品,但基本上都是闲职,当过中宗时期的太子詹事、太子宾客,但不是睿宗及玄宗体系中的官员,所以对柳氏的影响比较小。

玄宗至肃宗时期,以史官出现的还有柳芳。柳芳生于开元元年(713)左右,约卒于德宗贞元十年(794),享年八十一岁[2]。开元二十三年(735)进士及第,此后任永宁尉、直史馆。肃宗时期,与韦述编写国史,但不久韦述病逝,柳芳一个人完成《国史》一百三十卷。肃宗上元见,"坐事徙黔中",与高力士结识,"因从力士质开元、天宝及禁中事,具识本末。时国史已送官,不可追刊,乃推衍义类,仿编年法,为《唐历》四十篇,颇有异闻。然不立褒贬义例,为诸儒讥讪"。后历左金吾卫骑曹参军、史馆修撰,改右司郎中、集贤

---

[1] 《旧唐书》卷一八九《儒学传·柳冲传》。
[2] 郝润华:《关于柳芳的〈唐历〉》,《史学史研究》2001年第2期。

殿学士。①《旧唐书·柳登传》则记载："芳自永宁尉、直史馆,转拾遗、补阙、员外郎,皆居史任,位终右司郎中、集贤学士。"《唐会要》卷三六载:"至贞元中,左司郎中柳芳论氏族。序四姓,则分甲乙丙丁。"柳芳在贞元中还任左司郎中,此后任右司郎中。

总的说来,中宗至肃宗时期的河东柳氏,政治地位逐渐上升。其中与皇室联姻是其发展的一个重要因素,柳范之女为玄宗婕妤。《因话录》卷一《宫部》记载:"玄宗柳婕妤,余母之叔曾祖姑也。生延王玢。婕妤有学问,玄宗甚重之。肃宗每见王,则语左右曰:'我与王,兄弟中更相亲,外家皆关中贵族。'柳氏乃尚书右丞范之女,睦州刺史齐物之妹也。"《旧唐书·玄宗诸子传》记载:"柳婕妤生延王玢……延王玢,玄宗第二十子也,初名洄。玢母即尚书右丞柳范孙也,最为名家,玄宗深重之。玢亦仁爱,有学问。开元十三年,封为延王。十五年,遥领安西大都护、碛西节度大使。二十三年七月,加开府仪同三司,余如故,改名玢。天宝十五载,玄宗幸蜀,玢男女三十六人,不忍弃于道路,数日不及行在所,玄宗怒之;赖汉中王瑀抗疏救之,听归于灵武。"《旧唐书》载柳婕妤为柳范之孙,当误。柳婕妤是唐玄宗后宫中社会地位最高的贵族后裔,所以李玢比较受重视。柳婕妤还生一女,为永穆公主。《新唐书·诸公主传》记载:"永穆公主,下嫁王繇。"《唐会要》卷六记载:"开元十年,永穆公主出降,敕有司优厚发遣,依太平公主故事。僧一行谏曰:

---

① 《新唐书》卷一三二《柳芳传》。

'高宗末年,唯有一女,所以殊其礼。又太平骄僭,竟以得罪,不应引以为例。'上纳其言。"可见唐玄宗对永穆公主比较宠爱。

柳婕妤与唐玄宗的联姻,在一定程度上有利于西眷柳氏的发展。

这一时期,出现在政治舞台上的还有柳升,是柳冲之孙。柳升为长安令,但被唐玄宗在朝中杖杀,天宝三年载(744),"五月戊寅,长安令柳升坐赃,于朝堂决杀之"①。柳升之死,可能与朝中的政治纠纷有关,"(天宝)三载,长安令柳升以贿败。初,韩朝宗为京兆尹,引升为京令。朝宗又于终南山下为荀家觅买山居,欲以避世乱。玄宗怒,敕铣推之,朝宗自高平太守贬为吴兴别驾"②。《新唐书·宰相世系表》及《元和姓纂》等都录有柳升,足见后人也明白柳升被杀之由。

在玄宗末年,西眷的柳潭娶太子李亨即后来肃宗之女和政公主。和政公主神道碑记载:"天宝九载春三月既望,封和政公主,降于河东柳潭,既笄之三载矣。"和政公主病逝于广德二年(764),"春秋三十有六",则二人结婚时和政公主已经二十二岁。《通典》卷五六《女笄》记载:"杂记'女虽未许嫁,年二十而笄,礼之,妇人执其礼。'虽未许嫁,年二十亦为成人矣。礼之,酌以成之。言妇人执其礼,明非许嫁之笄。"和政公主在二十岁时未许配人,但也要举行成人之礼。

---

① 《旧唐书》卷九《玄宗纪》。
② 《旧唐书》卷一〇五《王铁传》。

在政局比较稳定的情况下,和政公主二十二岁嫁给柳潭,其中原因不得而知。和政公主神道碑写得非常神秘,道士勾规给她母亲占卜说:"是生二子,男为人君,女为公主,嫁于柳氏。"柳潭在为驸马前,官职并不高。"解褐左内率府胄曹,转颍王府户曹、陈留郡司功参军。"直到安史之乱,才封为驸马都尉、银青光禄大夫、太仆卿,此是肃宗即位,玄宗顺水推舟而为之。

柳潭之所以能娶和政公主,和当时玄宗与太子之间的微妙关系有关。开元后期,唐玄宗与诸子矛盾突出。开元二十四年(736),太子李瑛因与玄宗之间的矛盾被处死。李亨被立太子后,唐玄宗也对其不信任。天宝五载(746),"初,太子之立,非林甫意。林甫恐异日为己祸,常有动摇东宫之志;而坚,又太子之妃兄也……将作少匠韦兰、兵部员外郎韦芝为其兄坚讼冤,且引太子为言;上益怒。太子惧,表请与妃离婚,乞不以亲废法。丙子,再贬坚江夏别驾,兰、芝皆贬岭南。然上素知太子孝谨,故谴怒不及"①。在唐玄宗的默许下,李林甫多次陷害太子,"李林甫屡起大狱,别置推事院于长安……事有微涉东宫者,皆指擿使之奏刻,付罗希奭、吉温鞫之。钊因得逞其私志,所挤陷诛夷者数百家,皆钊发之。幸太子仁孝谨静,张垍、高力士常保护于上前,故林甫终不能间也"。天宝七载(748),"十一月,癸未,以贵妃姊适崔氏者为韩国夫人,适裴氏者为虢国夫人,适柳氏者为秦国夫人。三人皆有才色,上呼之为姨,出入宫掖,并

---

① 《资治通鉴》卷二一五《唐纪三十一》。

承恩泽,势倾天下。每命妇入见,玉真公主等皆让不敢就位"。由于杨贵妃姐妹深受唐玄宗的宠幸,李亨为了减轻自己的威胁,将女儿嫁给了秦国夫人夫婿柳澄的弟弟柳潭。

和政公主二十多岁才出嫁,在唐代可谓晚婚,其原因可能与其父亲李亨微妙的地位有关。当时权相李林甫对李亨不满,屡次想置之于死地,朝中大臣不敢与李亨保持密切关系。柳潭与和政公主结婚时年纪也比较大,也与家境中衰有一定关系。柳潭与和政公主联姻,有利于柳氏西眷在政治上的发展。

二、德宗至懿宗时期的河东柳氏

唐德宗至唐懿宗统治时期,河东柳氏在政治中心舞台重新活跃。其代表人物有柳冕、柳浑、柳璟、柳宗元、柳公绰父子、柳公权、柳公济及柳晟等人。柳宗元事迹众人所熟,故不再叙述其政治活动。

德宗时期,柳芳的儿子柳登在政治舞台上逐渐活跃。《新唐书·柳芳传》记载:"登,字成伯。淹贯群书,年六十余,始仕宦。元和初,为大理少卿,与许孟容等刊正敕格。以病改右散骑常侍,致仕。卒,年九十余,赠工部尚书。"《旧唐书·柳登传》记载:"登少嗜学,与弟冕咸以该博著称。登年六十余,方从宦游,累迁至膳部郎中。元和初,为大理少卿,与刑部侍郎许孟容等七人,奉诏删定开元已后敕格。再迁右庶子,以衰病改秘书监,不拜,授右散骑常侍致仕。长庆二年卒,时九十余,辍朝一日,赠工部尚书。弟冕。"可见柳登为膳部郎中、右庶子，一度是太子府中重要成员，可谓深受皇帝的信任。

柳登之弟柳冕，据《新唐书·柳冕传》记载，柳冕与其父柳芳并居集贤院。"历右补阙、史馆修撰。坐善刘晏，贬巴州司户参军。还为太常博士。"柳冕擅长礼制，在昭德王皇后的丧制及德宗祭祀活动中提出了中肯的意见，均被采用，受到皇帝的重视。柳冕好直言，为当权者所恶，出为婺州刺史。此后兼御史中丞、福建观察使。柳冕外出为官，没有多少政绩，反而给人留下笑料。他建议在福建养马，加重了当地老百姓的负担，战马成活率也低，使朝廷损失惨重。

柳璟为柳登之子，是柳冕之侄。史载，"（柳登）子璟，登进士第，亦以著述知名"[①]。宝历元年(825)，柳璟状元及第[②]，此后在秘书校书，许浑在《赠柳璟、冯陶二校书》中写道："霄汉两飞鸣，喧喧动禁城。桂堂同日盛，芸阁间年荣。香掩蕙兰气，韵高鸾鹤声。应怜茂陵客，未有子虚名。"柳璟在官场升迁比较快，《旧唐书》记载："三迁监察御史……再迁度支员外郎，转吏部。开成初，换库部员外郎、知制诰，寻以本官充翰林学士。"《新唐书》记载："宝历初，第进士、宏词，三迁监察御史……累迁吏部员外郎。文宗开成初，为翰林学士……迁中书舍人。武宗立，转礼部侍郎……会昌二年，再主贡部，坐其子招贿，贬信州司马，终郴州刺史。"[③]《因话录》卷三《商部下》记载："尚书与族孙璟，开成中，同

[①] 《旧唐书》卷一四九《柳登传附柳璟传》。

[②] 《登科记考》卷二〇。

[③] 《新唐书》卷一三二《柳芳传附柳璟传》。

在翰林,时称'大柳舍人''小柳舍人'。自祖父郎中芳以来,奕世以文学居清列。舍人在名场淹屈,及擢第首冠诸生,当年宏词登高科,十余年便掌纶诰,侍翰苑。性喜汲引后进,出其门者,名流大僚至多。以诚明待物,不妄然诺,士益附之。"柳璟的升迁是士人仕途的理想模式,"秋试及第,又应宏词甲科,授秘书郎—授王屋尉—迁监察御史—转殿中—拜吏部员外郎,判南曹—除郎中,余如故—知制诰—迁礼部侍郎—改河南尹,迁兵侍,除京兆尹,改吏部侍郎—黄门侍郎平章事—左仆射,东都留守,河南尹,御史大夫"[①]。这一模式主要在唐玄宗之前,唐宪宗之后,节度使地位上升,京官以外出任节度使为荣。不过,柳璟的上升过程仍然是十分完美的,几乎没有任何挫折。

柳璟仕途上的顺利与成功,与其座主杨嗣复有关。《卓异记》"座主见门生知举"条记载:"萧昕、杜黄裳、杨嗣复、柳璟、李景让、薛耽:按故事,考功员外知贡举。自开元中以外郎权轻,遂命礼部侍郎主之。迩来取士益以为重。而座主见门生知举,犹萧杜二家。若嗣复与璟,又是礼部侍郎。璟首及第才十六年,致仕春官,尤以为美。"《因话录》卷六《羽部》记载:"大中九年,沈询侍郎以中书舍人知举。其登第门生李彬父丛为万年令。同年有起居者之会,仓部李郎中蠙时在座,因戏诸进士曰:'今日极盛,蠙与贤座主同年。'时右司李郎中从晦,又在座戏蠙曰:'殊未耳!小生与贤座

[①] 孙国栋:《从〈梦游录〉看唐代文人迁官的最优途径》,《唐宋史论丛》,上海古籍出版社,2010年版。

主同年，如何？'谓郴州柳侍郎也。众皆以为异。是日，数公皆诣宾客。冯尚书审，则又柳公座主杨相国之同年，与坐嗟叹。侍读谏议漳说。"唐朝科举盛行，中唐后最看重门生与座主之间的关系。柳璟中进士那年，杨嗣复为主考官，"为宝历年元二月，选贡士六十八人，后多至达官"①。杨嗣复既是柳璟的座主，又与柳璟存在姻亲关系。"杨嗣复，字继之，仆射于陵子也。初，于陵十九登进士第，二十再登博学宏词科，谓补润州句容尉。浙西观察使韩滉有知人之鉴，见之甚悦。滉有爱女，方择佳婿，谓其妻柳氏曰：'吾阅人多矣，无如杨生贵而有寿，生子必为宰相。'于陵秩满，寓居扬州而生嗣复。"韩滉为韩休之子，韩休娶河东柳氏，韩滉之妻也为河东柳氏，韩休之孙韩述，娶柳公权堂姐，则杨嗣复高柳璟一辈，可为表亲关系。

杨嗣复与牛僧孺等人关系密切。"牛僧孺、李宗闵皆权德舆贡举门生，情义相得，进退取舍，多与之同。四年，僧孺作相，欲荐拔大用，又以于陵为东都留守。未历相位，乃令嗣复权知礼部侍郎。"作为牛党成员，杨嗣复位居高官。"太和四年，丁父忧免。七年三月，起为尚书左丞。其年宗闵罢相，德裕辅政。七月，以嗣复检校礼部尚书、梓州刺史、剑南东川节度观察等使。九年，宗闵复知政事。三月，以嗣复检校户部尚书、成都尹、剑南西川节度副大使知节度事、观察处置等使。开成二年十月，入为户部侍郎，领诸道盐铁转运使。三年正月，与同列李珏并以本官同平章事，领使如故，

---

① 《旧唐书》卷一二六《杨嗣复传》。

进阶金紫,弘农伯,食邑七百户……帝方委用,乃罢郑覃、夷行知政事。自是,政归嗣复,进加门下侍郎。明年正月,文宗崩。"

杨嗣复终文宗朝,官位不断升高,仕途颇为顺利。作为门生的柳璟,在座主兼亲戚的庇护下,仕途非常顺利,也非常理想。唐武宗即位后,"其年秋,李德裕自淮南入辅政。九月,出嗣复为湖南观察使。明年,诛枢密薛季稜、刘弘逸。中人言:'二人顷附嗣复、李珏,不利于陛下。'武宗性急,立命中使往湖南、桂管,杀嗣复与珏"。在大臣的劝说之下,没有杀掉二人,"再贬嗣复潮州刺史"。在这种情况下,柳璟被贬官。"会昌二年,再主贡部,坐其子招贿,贬信州司马,终郴州刺史。"

柳璟"性喜汲引,后进多出其门。以诚明待物,不妄然诺,士益附之"。柳璟不会因为其子受贿而在科举考试中有不公平的行为。柳璟主持科举考试,在一些小说中也有记载。《酉阳杂俎》记载:"柳璟知举年,有国子监明经,失姓名,昼梦依徙于监门。有一人,负衣囊,访明经姓氏,明经语之,其人笑曰:'君来春及第。'明经遂邀入长兴里毕罗店,常所过处。店外有犬竞,惊曰:'差矣。'梦觉,遽呼邻房数人,语其梦。忽见长兴店子入门曰:'郎君与客食毕罗,计二斤,何不计直而去也?'明经大骇,解衣质之,且随验所梦,相其榻器,省如梦中。乃谓店主曰:'我与客俱梦中至是,客岂食乎?'店主惊曰:'初怪客前毕罗悉完,疑其嫌置蒜也。'来春,明经与邻房三人中所访者,悉上第。"

《太平广记》卷一五五《郭八郎》中记载了会昌二年

(842)柳璟主持科举之事:"河中少尹郑复礼始应进士举,十上不第,困厄且甚。千福寺僧弘道者,人言昼闭关以寐,夕则视事于阴府。十祈叩者,八九拒之。复礼方蹇踬愤惋,乃择日斋沐候焉。道颇温容之,且曰:'某未尝妄泄于人。今茂才抱积薪之叹且久,不能忍耳。勉旃进取,终成美名。然其事类异,不可言也。'郑拜请其期,道曰:'唯君期,须四事相就,然后遂志。四缺其一,则复负冤。如是者骨肉相继三榜。三榜之前,犹梯天之难。三榜之后,则反掌之易也。'郑愕视不可喻,则又拜请四事之目。道持疑良久,则曰:'慎勿言于人,君之成名,其事有四,亦可以为异矣。其一,须国家改元元第二年;其二,须是礼部侍郎再知贡举;其三,须是第二人姓张;其四,同年须有郭八郎。四者阙一,则功亏一篑矣。如是者贤弟、侄三榜,率须依此。'郑虽大疑其说,郁郁不乐,以为无复望也,敬谢而退。长庆二年,人有导其名姓于主文者,郑以且非再知贡举,意甚疑之,果不中第。直至改元宝历二年,新昌杨公再司文柄,乃私喜其事,未敢泄言。来春果登第。第二人姓张,名知实,同年郭八郎,名言扬。郑奇叹且久,因纪于小书之抄。私自谓曰,道言三榜率须如此,一之已异,其可至于再乎?至于三乎?次至故尚书右丞韩宪应举。大和二年,颇有籍甚之誉。以主文非再知举,试日果有期周之恤。尔后应(原本作应后。据阙史改)大和九年举,败于垂成。直至改元开成二年,高锴再司文柄,右辖私异事,明年果登上第。二人姓张,名棠;同年郭八郎,名植。因又附于小书之末。三榜虽欠其一,两榜且无小差。闺门之内,私相谓曰:'岂其然乎?'时僧弘道已不知所往矣。次至故驸马都尉颢应举,时誉转洽。至改元会昌之二年,礼部柳侍郎璟再司文柄,都尉以状头及第。第二人姓张,名潜;同年郭八郎,名京。弘道所说无差焉。"《唐阙史》卷下《郑少尹及第》也有类似记载:"长安鼎甲之族,有荥阳郑氏,尝为愚言,其先相故河中少尹讳复礼,应进士举,十不中所司选,困厄且甚……阴骘驱驾,须及于斯,非兔楮可以尽述者。尔后荥阳之弟侄就试,如破竹之势,迎刃自解矣。"

柳璟主持了两次科举考试。一次是会昌元年(841),进士30人,可考有崔岘、薛逢、沈询、王铎、李蟠、康□、谢防等人。崔岘史书中其事迹少见,薛逢为蒲州人,沈询为吴人,王铎为太原人,其余均为南方人。会昌元年,柳璟主持科举取士多为山东士族与南方士族。会昌二年(842)进士及第者有30人,有郑颢、张潜、郑从谠、郑畋、郑诚、郭京、宋震、崔枢等人[1]。张潜及第后,为郑颢父亲郑祗德辟为同州同事,《全唐文》卷七七七有李商隐《为同州张评事谢辟启》及《为同州张评事谢聘钱启》,但此后就不见史书记载。郑畋为郑亚之子[2],郑亚与李德裕关系密切,可视为李党中人。其余郑氏、崔氏及郭氏等人,可视为山东士族代表。李浩先生指出,牛李党争中,牛党代表人物是关陇士族,李党代表人物是山东士族[3]。柳璟两次主持科举考试时,取士多为李党中人。柳璟的这种取士态度,或许受到李党的压力,但更多是一种个人独立行为。柳璟虽然受到牛党的提拔,但与

---

[1] 《登科记考》卷二二。
[2] 《旧唐书》卷一七八《郑畋传》。
[3] 李浩:《从士族郡望看牛李党争的分野》,《历史研究》1999年第4期。

李党成员交好。李党成员王茂元的女婿李商隐,就受到柳璟的支持。开成五年(840)左右,柳璟与李商隐之间有交集①。此外,柳璟的叔父柳冕与李德裕父亲是同僚,关系较好。李德裕在《次柳氏旧闻》中写道:"臣德裕,亡父先臣与芳子、吏部郎中冕,贞元初俱为尚书郎。后谪官,亦俱东出。"柳冕之子柳珵写过一篇小说《上清传》,其实质就是秉承李德裕旨意而作的,为一篇政治类小说,为李德裕父亲李吉甫开脱②。

正因为柳璟与牛李集团关系复杂,所以柳璟贬官之后,还得到一定升迁。

柳浑,原名柳载,是东眷柳氏代表,虽然定籍襄州,但实际居住在"汝州梁县梁城乡思义里"。《旧唐书·柳浑传》记载:"天宝初,举进士。"又《柳浑行状》记载:"礼部侍郎韦陟异而目之,一举上第。"韦陟为柳浑座主。中举后,《柳浑行状》记载:"宋州单父尉……加云骑尉。秩满,江南西道连帅闻其名,辟至公府。以信州都邑人罹凶害,靡弊残耗,假守永丰令。公于是用重典以威奸暴,溥太和以惠鳏嫠,殴除物害,消去人隐,吏无招权乾没之患,政无犯令龙茸之蠹,宰制听断,渐于讼息。耕夫复于封疆,商旅交于关市。既庶而富,廉耻兴焉;既富而教,庠塾列焉。里间大变,克有能称,遂表为洪州丰城令。到职,如永丰之政,而仁厚加焉。授衢州司马。"《柳浑行状》记载有诸多不明之处,《旧唐书·柳

---

① 傅璇琮:《李商隐研究中的一些问题》,《文学评论》1982年第3期。
② 卞孝萱:《唐传奇新探》,《卞孝萱文集》(第三卷),凤凰出版社,2010年版,第447—456页。

浑传》记载:"至德中,为江西采访使皇甫侁判官,累除衢州司马。未至,召拜监察御史。"安史之乱后,皇甫侁为江西采访使,召柳浑为其幕僚。皇甫侁出身安定皇甫氏①,柳氏家族长期与之有婚姻关系,皇甫侁招募柳浑,或许有这方面的考虑。但此后皇甫侁卷入到皇室纠纷中,《新唐书·十一宗诸子传》记载,唐玄宗子永王李璘在安史之乱后发动叛乱,与肃宗争夺帝位,"皇甫侁兵追及之,战大庾岭,璘中矢被执,侁杀之……璘未败时,上皇下诰:'降为庶人,徙置房陵。'及死,侁送妻子至蜀,上皇伤悼久之。肃宗以少所自鞠,不宣其罪。谓左右曰:'皇甫侁执吾弟,不送之蜀而擅杀之,何邪?'由是不复用。"受到皇甫侁的牵连,柳浑"弃官隐武宁山"②,《柳浑行状》:"公遂灭迹藏用,遁隐于武宁山。"

表面上看肃宗对皇甫侁不满,实际上在处死永王李璘的过程之中,若没有肃宗的默许,此时的皇甫侁也没有胆量。皇甫侁虽然不被任用,但死后被追赠工部尚书,皇甫侁的后裔也没有受到多大的牵连③。皇甫侁处死永王李璘风声过后,柳浑在路途中就被召回朝廷,任监察御史,虽然是八品官,但毕竟是京官,而且是朝廷耳目,有监察百官的权力。

柳浑不拘小节,在京城为官受到约束,"浑不乐,乞外

---

① 王洪军、韩涛:《中古皇甫氏家族世系考论》,《济南大学学报》(社会科学版)2010年第4期。

② 《新唐书》卷一四二《柳浑传》。

③ 《皇甫钰墓志》,吴钢主编:《全唐文补遗》(千唐志斋新藏专辑),三秦出版社,2006年版。

任,执政惜其才,奏为左补阙。明年,除殿中侍御史,知江西租庸院事"。据《唐将相大臣年表》记载,当时的执政是韦见素等人,肃宗也准备以韦陟为相。但好景不长,座主韦陟失宠,玄宗朝宰相被集体罢免,柳浑在朝中失去支持,长期在地方为官。直到代宗大历年间,"魏少游镇江西,奏署判官,累授检校司封郎中"。在此过程中,柳浑结识了同为魏少游幕府崔祐甫,并且一起办案,替人洗刷冤屈。此后,"路嗣恭代少游,浑迁团练副使。俄为袁州刺史"。建中元年(780)崔祐甫为宰相,柳浑被"荐为谏议大夫、浙江东西黜陟使"。但在这一年六月,崔祐甫病逝,柳浑在朝廷孤立无援。《柳浑行状》记载:"复命称职,加朝散大夫。又拜左庶子、集贤殿学士。奉翊储后,修其宫政,统理文籍,纪于秘府。拜尚书右丞。直而多容,简而有制,去苛削之文而吏皆率法,务宏大之道而政不失中。加银青光禄大夫,迁右散骑常侍。"

建中四年(783),泾原兵变,朱泚被哗变的士兵拥立为帝,唐德宗仓皇逃亡奉天(今陕西乾县)。柳浑隐于终南山。"贼素闻其名,以宰相召,执其子搒笞之,搜索所在。浑赢服步至奉天,改右散骑常侍。贞元元年,迁兵部侍郎,封宜城县伯。三年,以本官同中书门下平章事,仍判门下省。"

贞元三年(787)正月至八月,柳浑由兵部侍郎升为同中书门下平章事,是宰相一员。柳浑为相,与韩滉的推荐有关。"壬子……以兵部侍郎柳浑同平章事。韩滉性苛暴,方为上所任,言无不从,他相充位而已,百官群吏救过不赡。浑另为滉所引荐,正色让之曰:'先相公以褊察为相,不满岁而罢,今公又甚焉。奈何榜吏于省中,至有死者! 且作福作威,岂人臣所宜!'滉愧,为之少霁威严。"① 韩滉经营下的镇海军与浙江东西道,是当时经济实力和军事实力强大的藩镇,也是唐德宗依赖的削藩与消除兵变的重要力量②。柳浑曾任浙江东西黜陟使,二人有交集。此外,韩滉及其父韩休都娶河东柳氏,二人存在复杂的姻亲关系。在多重因素作用下,韩滉推荐了柳浑。

柳浑能任宰相,除了其品德与能力及韩滉的推荐外,还与当时的政局有关。朱泚之乱前,德宗朝宰相比较少,任期比较长,主要是德宗比较信任宰相;兵变之后,政事繁剧,需要大量人手处理政务,并且德宗不再信任宰相,故此时的宰相人数多,任期也比较短③。柳浑任宰相不足一年,也反映了德宗时期宰相权力与君臣关系的变迁。

柳浑任职时间很短,一方面柳浑自己身体不好,"浑疾间,遂乞骸骨,不许"。《柳浑行状》记载:"公竭诚尽忠,忧劳庶务,有耄忘之疾,恳迫陈让。"可能是年老记忆力衰退。另一方面,柳浑与同为宰相的张延赏政见不一。"初,兵部侍郎、同平章事柳浑与张延赏俱为相,浑议事数异同,延赏使所亲谓曰:'相公旧德,但节言于庙堂,则重位可久。'浑曰:'为吾谢张公,柳浑头可断,舌不可禁!'由是交恶。"更

---

① 《资治通鉴》卷二三二《唐纪四十八》。

② 李碧妍:《韩滉与唐德宗——兼论德宗削藩战争中的镇海军》,《中华文史论丛》2011年第2期。

③ 崔志华:《唐德宗朝宰相及相关问题研究》,天津师范大学,2006年硕士论文。

重要的是,唐德宗对柳浑并不欣赏:"上好文雅缊藉,而浑质直轻俶,无威仪,于上前时发俚语。上不悦,欲黜为王府长史,李泌言:'浑褊直无他。故事,罢相无为长史者。'又欲以为王傅,泌请以为常侍,上曰:'苟得罢之,无不可者。'己丑,浑罢为左散骑常侍。"①贞元五年(789),柳浑去世。

柳浑之兄柳识,虽然担任过屯田郎中,但此后长期隐居,不愿出仕。权德舆在《祭屯田柳郎中文》中写道:"南宫之拜,诏书三出。中朝虚左,公志不屈。优游化源,消息心术。"

柳公绰支系也于此时活跃在政治舞台。《旧唐书·柳公绰传》记载:"公绰幼聪敏。年十八,应制举,登贤良方正、直言极谏科,授秘书省校书郎,贞元元年也。贞元四年,复应制举,再登贤良方正科,时年二十一。制出,授渭南尉……为文不尚浮靡。慈隰观察使姚齐梧奏为判官,得殿中侍御史。冬,荐授开州刺史,入为侍御史,再迁吏部员外郎。武元衡罢相镇西蜀,与裴度俱为元衡判官,尤相善……元和初,宪宗颇出游败,锐意用兵;公绰欲因事讽谏。五年十一月,献《太医箴》一篇……宪宗深嘉之。翌日,降中使奖劳之……逾月,拜御史中丞……公绰素与裴垍厚,李吉甫出镇淮南,深怨垍。六年,吉甫复辅政,以公绰为潭州刺史,兼御史中丞,充湖南观察使。湖南地气卑湿,公绰以母在京师,不可迎侍,致书宰相,乞分司洛阳,以便奉养,久不许。八年,移为鄂州刺史、鄂岳观察使,乃迎母至江夏。九年,吴元济

---

① 《资治通鉴》卷二三二《唐纪四十八》。

据蔡州叛,王师讨伐。诏公绰以鄂岳兵五千隶安州刺史李听,率赴行营……其知权制变,甚为当时所称……十一年,入为给事中。李师道归朝,遣公绰往郓州宣谕。使还,拜京兆尹,以母忧免。十四年,起为刑部侍郎,领盐铁转运使。转兵部侍郎,兼御史大夫,领使如故。长庆元年,罢使,复为京兆尹,兼御史大夫……以言直为北司所恶,寻转吏部侍郎。二年九月,迁御史大夫……三年,改尚书左丞,又拜检校户部尚书、襄州刺史、山南东道节度使……牛僧孺罢相镇江夏,公绰具戎容,于邮舍候之。军吏自以汉上地高于鄂,礼太过。公绰曰:'奇章才离台席,方镇重宰相,是尊朝廷也。'竟以戎容见……敬宗即位,加检校左仆射。宝历元年,入为刑部尚书。二年,授邠州刺史、邠宁庆节度使……三年,入为刑部尚书……太和四年,复检校左仆射、太原尹、北都留守、河东节度观察等使……六年,以病求代。三月,授兵部尚书,征还京师。四月卒,赠太子太保,谥曰成。"①

柳公绰在贞元元年(785)被授予秘书省校书郎,在唐代属于正九品上阶的官职。贞元四年(788),被授予渭南尉,为从八品下阶官职②。柳公绰仕途关键一步是姚齐梧的辟署,贞元十一年(795),"以绛州刺史姚齐梧为晋慈隰都防御观察使"③。姚齐梧任晋慈隰都防御观察使的时间并不长,《唐会要》卷六〇记载:"贞元十六年十二月。以给事中姚齐梧。为御史中丞。仍东都留台。"贞元十六年为800

---

① 《旧唐书》卷一七六《柳公绰传》。
② 《旧唐书》卷四二《职官志一》。
③ 《新唐书》卷一三《德宗纪下》。

年,此前姚齐梧为给事中,则其离开地方更早。在姚齐梧的推荐下,柳公绰任殿中侍御史,为从七品上阶。唐朝官职一共有三十级,唐代前期规定:六品以下中低级官员的任期为四年,而五品以上高级官员的任期则一般为三年。唐后期宪宗时又重新规定:朝廷的三省官和台省官任期三年,诸州刺史为五年,其余官则四年至五年不等。柳公绰由正九品上阶到从八品下阶,用了四年时间。按照这个速度,他上升为从七品上阶还得花20年,但柳公绰只用了10年左右。此后被推荐为开州刺史,入为侍御史,再迁吏部员外郎,分别为从六品下阶和从六品上阶。这一过程用时也不长,"武元衡罢相镇西蜀"在元和二年即807年,即柳公绰用了8年左右的时间在官职上升了四个等级。

柳公绰为姚齐梧辟署,二人之间不仅存在上下级关系,而且成为宾主关系。中晚唐时期,方镇节使不少是宰相的回翔之处,他们之中不少能继续升迁。这些人拥有推荐用人与选择用人的机会。① 姚齐梧在贞元七年(791)时,已是太子左庶子。②《唐六典》卷二六记载:"太子左春坊:左庶子二人,正四品上……左庶子之职,掌侍从,赞相礼仪,驳正启奏,监省封题,中允为之贰。凡皇太子从大祀及朝会,出则版奏外办中严,入则解严焉。凡令书下于左春坊;则与中允、司议郎等覆启以画诺;及覆下,以皇太子所画者留为按,更写令书,印署,注令诺,送詹事府。若皇太子监国,事在尚

---

① 石云涛:《唐后期方镇使府宾主关系与牛李党争》,《许昌学院学报》2003年第1期。

② 《册府元龟》卷一○六《帝王部·惠民第二》。

书者,如令书之法。"姚齐梧为太子府中重要的成员,为未来皇帝政权中重要的人物。姚齐梧后为御史中丞,实际上是宰相的后备人选①。因此,姚齐梧在柳公绰的上升中起着重要的作用。

柳公绰此后又为武元衡辟署,在武元衡幕府中,柳公绰结识了裴度。"时武元衡节度剑南,与裴度俱为判官,尤相引重。召为吏部郎中。"②《全唐诗》卷三一七有武元衡《送柳郎中裴起居》一诗:"望乡台上秦人在,学射山中杜魄哀。落日河桥千骑别,春风寂寞旆旌回。"反映了柳公绰被提拔之事。吏部郎中为正五品下阶官员,自此,柳公绰正式迈入高级官员行列。柳公绰的这次升迁,与武元衡的推荐有关。但武元衡自蜀地回到朝廷后很快就被刺杀,故武元衡对此后柳公绰的仕途影响不大。

元和六年(811),柳公绰任御史中丞后,与宰相产生了矛盾。《旧唐书·柳公绰传》记载:"公绰素与裴垍厚,李吉甫出镇淮南,深怨垍。"《新唐书·柳公绰传》也记载:"公绰本与裴垍善,李吉甫复当国,出为湖南观察使。"李吉甫与裴垍交恶之事,《新唐书·裴垍传》及《唐会要·史馆》均有记载。不过,据考证,二人交恶均为晚唐牛党文人虚构附会③。《新唐书·李栖筠传附李吉甫传》记载:"裴均以尚书右仆射判度支,结党倾执政。会皇甫湜等对策,指斥权强,用事

---

① 汪仕辉:《从〈新唐书·宰相表〉看唐代御史中丞的入相》,《学习月刊》2009年第12期。

② 《新唐书》卷一六三《柳公绰传》。

③ 傅璇琮:《李德裕年谱》,河北教育出版社,2001年版,第70—71页。

者皆怒，帝亦不悦。均党因宣言：'殆执政使然。'右拾遗独孤郁、李正辞等陈述本末，帝乃解。吉甫本善窦群、羊士谔、吕温，荐群为御史中丞。群即奏士谔侍御史，温知杂事。吉甫恨不先白，持之，久不决，群等衔之。俄而吉甫病，医者夜宿其第，群捕医者，劾吉甫交通术士。帝大骇，讯之无状，群等皆贬。而吉甫亦固乞免，因荐裴垍自代，乃以检校兵部尚书，兼中书侍郎、同中书门下平章事，为淮南节度使。"可知构陷李吉甫的，为裴均。而裴均与柳氏有婚姻关系。《唐故杭州盐官县丞河东柳府君墓志铭（并序）》记载："有唐故杭州盐官县丞，河东柳寔，以元和十二年丁酉十二月景辰朔四日己未，归全于京兆府长安县崇贤里之私第。享龄廿有一，以其月十七日壬申，藁葬于高阳原，从瀛博之义也。曾王父处默，皇朝兖州士曹参军。兖府生皇朝渭南县尉循，渭南生皇朝大理评事著，著生秘书郎湮。盐官即秘书之长子……故江陵节度、右仆射裴公均，即君之外祖，嘉其惠敏，历以能政，奏授杭州盐官县丞。"虽然不知道柳寔的世系，但从葬在高阳原来看，应该是西眷柳氏后裔。此外，裴均侄子裴瑾，娶柳宗元之姊，柳宗元为他及其夫人柳氏写过墓志铭[①]。由此可知，裴均与西眷柳氏关系密切。柳公绰"素与裴垍厚，李吉甫出镇淮南，深怨垍"。此处裴垍，或为裴均。

柳公绰与宰相之间的矛盾，史书记载不多，有资料记载："前后朝臣裴武、柳公绰、白居易等，或为奸人所排陷，特

---

① 李文涛:《唐代裴氏中眷宗教信仰探析》,《五台山研究》2015年第2期。

加贬黜;绛每以密疏申论,皆获宽宥。"①李绛的相关奏折保存了部分资料:"御史中丞柳公绰与宰臣不协,为所阴中。宪宗因对学士李绛,忽云:'柳公绰逐突台中,公事不理。我与一远郡刺史,以励后人,何如?'绛遂奏曰:'自柳公绰为中丞,公议皆云称职。性素强直,不依附于人。众传掌权之人有忌者,辄欲去之。望圣意审详根繇。'上大悦曰:'诚如此,且任之。如有阙败,去之如何?'"②元和六年(811)时的宰相共有三位,即李吉甫、李绛和权德舆三人③。当时,"吉甫初为相,颇洽时情,及淮南再征,中外延望风采。秉政之后,视听时有所蔽,人心疑惮之,时负公望者虑为吉甫所忌,多避畏。宪宗潜知其事,未周岁,遂擢用李绛,大与绛不协;而绛性刚评,讦于上前,互有争论,人多直绛。然性畏慎,虽其不悦者,亦无所伤"④。而权德舆对政事纠纷表示沉默,"及李吉甫自淮南诏征,未一年,上又继用李绛。时上求理方切,军国无大小,一付中书。吉甫、绛议政颇有异同,或于上前论事,形于言色;其有诣于理者,德舆亦不能为发明,时人以此讥之。竟以循默而罢,复守本官"⑤。

因此,柳公绰与当时宰相之间的矛盾,只有可能是与李吉甫之间产生冲突。产生矛盾的原因,与柳公绰的职务与职责有关。柳公绰时任御史中丞,其职责,《唐六典·御史

---

① 《旧唐书》卷一六四《李绛传》。
② 《李相国论事集》卷二《论柳公绰事》。
③ 《唐将相大臣年表》。
④ 《旧唐书》卷一四八《李吉甫传》。
⑤ 《旧唐书》卷一四八《权德舆传》。

台》记载:"御史大夫之职,掌邦国刑宪、典章之政令,以肃正朝列;中丞为之贰。(其百僚有奸非隐伏,得专推劾。若中书门下五品已上、尚书省四品已上、诸司三品已上,则书而进之,并送中书门下。)凡天下之人有称冤而无告者,与三司诘之。(三司:御史大夫,中书,门下。大事奏裁、小事专达。)凡中外百僚主事应弹劾者,御史言于大夫,大事则方幅奏弹,小事则署名而已。(旧:弹奏,皇帝视事日,御史奏之。自景龙三年已来,皆先逸状,听进止。诈则奏之,不许则止。)若有制使覆囚徒,则与刑部尚书参择之。凡国有大礼,则乘辂车以为之导。(驾幸京都,大夫从行,则令中丞一人留在台,并殿中侍御史一人。若别敕留守,不在此限。)"御史台有监察百官的权力,而李吉甫想控制御史台,"视听时有所蔽",性格耿直的柳公绰不愿被李吉甫控制,二人产生矛盾,柳公绰被逐出御史台。

柳公绰外出为官,他的军事才能得到充分体现。早在任开州刺史时,柳公绰就击败了围城的强盗[①]。为潭州刺史时,柳公绰平息了黔蛮暴乱。柳宗元在《武冈铭并序》中写道:"元和七年四月,黔巫东鄙,蛮獠杂扰,盗弄库兵,贼胁守帅南钩,外诱西原,置魁立帅,杀牲盟誓,洞窟林麓,啸呼成群……时惟潭部戎帅御史中丞柳公绰、练立将校,提卒五百,屯于武冈,不震不骞,如山如林,告天子威命,明白信顺。乱人大恐,视公之师如百万,视公之令如风雷,怨号呻吟,喜有攸诉,投刃顿伏,愿完父子,卒为忠信,奉职输赋,进比华

[①]《新唐书》卷一六三《柳公绰传》。

人,无敢不龚。"对此事,史书缺少记载,柳宗元此文可弥补史料之阙。

柳公绰转任鄂州刺史后,参与讨伐吴元济的战争。在此过程中,治兵有方,"其知权制变,甚为当时所称"。元和九年(814),李吉甫去世。元和十一年(816),柳公绰"入为给事中",是正五品上阶。这一年的十一月,柳公绰被任命为京兆尹①,是从三品官职。不到一年,柳公绰官职跨越四级,其中有很多值得研究的地方。究其原因,是皇帝对柳公绰正直态度的欣赏,在京兆这个鱼龙混杂的地方,需要刚正不阿的人来管理。"元和十一年,拜监察御史,三迁为万年县令。当穆宗时,京邑号为难理,正雅抑强扶弱,政甚有声。会柳公绰为京兆尹,上前褒称,穆宗命以绯衣银章,就县宣赐。"②柳公绰的这次任命,是皇帝考虑到当时京兆地区治安问题而采取的措施。

柳公绰任京兆尹后,不畏强权,加强了京师的治安,受到皇帝的赏识。"公绰初赴府,有神策小将跃马横冲前导,公绰驻马,杖杀之。明日,入对延英,上色甚怒,诘其专杀之状。对曰:'陛下不以臣无似,使待罪京兆。京兆为辇毂师表,今视事之初,而小将敢尔唐突,此乃轻陛下诏命,非独慢臣也。臣知杖无礼之人,不知其为神策军将也。'上曰:'何不奏?'对曰:'臣职当杖之,不当奏。'上曰:'谁当奏者?'对曰:'本军当奏;若死于街衢,金吾街使当奏;在坊内,左右巡

---

① 《资治通鉴》卷二五九《唐纪五十五》。
② 《旧唐书》卷一六五《王正雅传》。

使当奏。'上无以罪之,退,谓左右曰:'汝曹须作意此人,朕亦畏之。'"①

此后,柳公绰仕途虽然有些反复,但一直上升为刑部尚书、兵部尚书,是正三品,达到权力顶峰。柳公绰的仕途升迁,一方面与自己的才能,尤其是军事才能及处理民族纠纷的能力有关,另一方面也与他在牛李党争中处于超然地位有一定关系。

柳公绰与牛党成员杨嗣复同为武元衡幕府。"(杨嗣复)八岁知属文,后擢进士、博学宏辞,与裴度、柳公绰皆为武元衡所知,表署剑南幕府。"②此外,杨嗣复与柳公绰还存在姻亲关系。柳公绰在牛僧孺被贬时还接待他,有这方面的因素。另外,柳公绰与李党中郑覃家族关系较好。郑覃弟郑朗,"始辟柳公绰山南幕府,入迁右拾遗"③。郑朗与柳公绰存在宾主关系,在其仕途起点上,柳公绰给予很大帮助。此外,柳公绰女儿还嫁给郑还古,《唐语林》卷一《德行》记载:"荥阳郑还古,俊才嗜学,性孝友。初家青、齐间,值李师道叛命,扶老亲归洛,与其弟自舁肩舆。晨暮奔追,两肩皆疮。妻柳氏,仆射元公之女,有妇道。弟齐古,好博戏赌钱。还古帑中恣其所用,齐古得之辄尽。还古每出行,必封管□付家人,曰:'留待二十九郎,傥博,勿使别取债息,为恶人所陷也。'弟感其言,为之稍节。"郑还古虽然世系不明,但还是荥阳郑氏中有教养和修为之人。正是由于有这

---

① 《资治通鉴》卷二三九《唐纪五十五》。
② 《新唐书》卷一七四《杨嗣复传》。
③ 《新唐书》卷一六五《郑覃传》。

种超然关系,柳公绰在仕途上受党争影响比较小。

柳公绰的儿子柳仲郢,"元和十三年进士擢第,释褐秘书省校书郎。牛僧孺镇江夏,辟为从事"。此后,迁侍御史,会昌年间,"三迁吏部郎中,李德裕颇知之"。在李德裕的推荐下,柳仲郢为京兆尹,但由于得罪宦官而"权知吏部尚书铨事"。李德裕被贬官后,柳仲郢也受到牵连,外出郑州刺史,受到周墀的赏识,在周墀为宰相后,升为河南尹,为东都洛阳地区长官。不到一个月,被任命为户部侍郎。此后周墀罢职,柳仲郢受到牵连,贬官为秘书监。几个月后,再次为河南尹。此后,柳仲郢为梓州刺史,剑南东川节度使,吏部侍郎,兵部侍郎,充诸道盐铁转运使等职。后来,"因决赃吏过当,以太子宾客分司东都。逾年,为虢州刺史。数月,检校尚书左仆射、东都留守。盗发先人墓,弃官归华原。除华州刺史,不拜。数月,以本官为郓州刺史、天平军节度观察等使,授节钺于华原别墅,卒于镇"。

柳仲郢官场起步阶段为牛僧孺征辟,有牛党的烙印。但李德裕对柳仲郢的才能非常欣赏。李德裕建议其担任京兆尹。拜谢宰相李德裕时,柳仲郢对李德裕说:"下官不期太尉恩奖及此,仰报厚德,敢不如奇章门馆?"牛僧孺为隋仆射奇章公牛弘的后裔,即柳仲郢不能忘记牛僧孺对自己的提拔,但"德裕不以为嫌"。不过,柳仲郢后来还是受到李德裕的牵连。"宣宗初,德裕罢政事,坐所厚善,出为郑州刺史。周墀镇滑,而郑为属郡,高其绩;及入相,荐授河南尹,召拜户部侍郎。墀罢,它宰相恶仲郢,左迁秘书监。""它宰相恶仲郢",它宰相,据《唐将相大臣年表》记载,这时的宰相是白敏中。白敏中虽然受到李德裕提拔，但李德裕罢宰相后，极力诋毁李德裕。《新唐书·白敏中传》记载："宣宗立，以兵部侍郎同中书门下平章事，迁中书侍郎，兼刑部尚书。德裕贬，敏中抵之甚力，议者訾恶。德裕著书亦言'惟以怨报德为不可测'，盖斥敏中云。"作为李德裕的同情者，柳仲郢也受到牵连。

柳公绰柳仲郢父子为官有自己的行为准则。他们为官清正廉洁，不依附于任何集团。因此，宦官集团因为他们秉公执法而对他们没有好感。《新唐书·柳公绰传》记载，柳公绰为京兆尹时，"宦官共恶疾之"。柳仲郢为京兆尹时，因为执法严厉，宦官集团对他也没有好感。此外，虽然与牛僧孺和李德裕等人关系都不错，但与他们在官场上没有私交，"在朝，非庆吊不至宰相第"。柳公绰与柳仲郢又不肯吹捧皇帝，"子更九镇，五为京兆，再为河南，皆不奏瑞，不度浮屠"。所以，他们虽然有能力，但没能在仕途上更进一步，上升至宰相。

柳公绰的弟弟柳公权，走上了另一种仕途。"元和初，进士擢第，释褐秘书省校书郎。李听镇夏州，辟为掌书记。穆宗即位，入奏事，帝召见，谓公权曰：'我于佛寺见卿笔迹，思之久矣。'即日拜右拾遗，充翰林侍书学士，迁右补阙、司封员外郎……历穆、敬、文三朝，侍书中禁。"此后，柳公权"迁右司郎中，累换司封、兵部二郎中、弘文馆学士。文尝思之，复召侍书，迁谏议大夫。俄改中书舍人，充翰林书诏学士……以谏议知制诰，学士如故……开成三年，转工部侍郎，充职……武宗即位，罢内职，授右散骑常侍。宰相崔珙用为集贤学士、判院事。李德裕素待公权厚,及为珙奏荐,颇不悦。左授太子詹事,改宾客。累迁金紫光禄大夫、上柱国、河东郡开国公、食邑二千户。复为左常侍、国子祭酒。历工部尚书。咸通初,改太子少傅,改少师,居三品、二品班三十年"。

自唐太宗后,唐朝皇帝文化素质得到很大提升,唐皇室注重书法教育,设有侍书一职,以在宫中教书法①。唐朝诸多皇帝都擅长书法,《宣和书谱》卷一《唐代宗》记载:"大抵有唐自太宗以还,世相祖袭,至代宗家学未坠。"同卷《唐宣宗》记载:"当时法书之盛,如裴休辈尚能追步颜柳。故诸宗承袭太宗之学,皆以翰墨流传,至宣宗复以行书称,盖其典刑犹在也。"柳公权由于擅长书法,皇帝让他长期任侍书,成为皇帝的近臣,但柳公权对这种职务一度比较排斥,认为这个职务和工匠等差不多,"颇偕工祝,心实耻之"。为此,他兄长柳公绰还写信给当时的掌权者李宗闵,请求他给柳公权安排一个闲职。柳公权此后虽然担任过工部尚书等职务,但没有多少政绩。柳公权能直言,在担任谏议大夫时有不少直谏之事。柳公权虽然没有他兄长柳公绰能力强,但凭借其是皇帝近臣,在中央为官三十多年,最后高居二品官,在官品上还超过了柳公绰。

这一时期活跃在政治舞台上的还有柳公济,但史书记载其事迹不多。《旧唐书·穆宗本纪》记载:"(宝历元年冬

---

① 李洁冰、李正庚:《论唐代侍书及其制度化》,《学术交流》2008年第4期。

十月)易州刺史柳公济奏于白石岭破燕军三千……(二年六月丁卯)以易州刺史柳公济为定州刺史、义武节度使。"又《旧唐书·敬宗本纪》记载:"(太和三年三月)壬辰,易定节度使柳公济卒。"《新唐书·敬宗本纪》则记载:"(太和二年)八月己巳,王廷凑反。壬申,义武军节度使柳公济及廷凑战于新乐,败之。己卯,刘从谏又败之于临城。辛巳,史宪诚及李同捷战于平原,败之。癸未,刘从谏及王廷凑战于昭庆,败之。九月癸卯,柳公济又败之于博野。"

柳公济比较彻底地解决了当地叛军问题,减轻了朝廷的负担。《资治通鉴》记载,宝历元年(825)"十一月,癸未朔,易定节度使柳公济奏攻李同捷坚固寨,拔之。又破其兵于寨东。时河南、北诸军讨同捷久未成功,每有小胜,则虚张首虏以邀厚赏,朝廷竭力奉之,江、淮为之耗弊"[①]。

柳公济因为军功,被封为上谷郡王。《柳延宗墓志》记载:"公讳延宗,字昌艺,河东人。曾祖茂春,扬州左司马,赠工部尚书。祖公济,易定节度使、检校司空、上谷郡王,赠司徒。"《柳正封墓志》也记载:"公祖讳济,以寇临燕赵,战敌有功,官至定州节度使,赠司徒。夫人清河张氏。"《柳正封墓志》未记载柳公济被封为"检校司空、上谷郡王",但《宣室志》中称柳公济为"尚书",故《柳延宗墓志》记载更全面些。

柳公济为节度使后,聘任了一批幕僚,其中包括李商

---

① 《资治通鉴》卷二四三《唐纪五十九》。

隐。《戏题枢言草阁三十二韵》是李商隐在柳公济幕府时所作①。大和三年(829),柳公济去世,《宣室志》记载:"柳公济尚书,唐大和中奉诏讨李同捷。既出师,无何,麾枪忽折。客有见者,叹曰:'夫大将军出师,其门旗及麾枪折者,军必败。不然,上将死。'后数月,公济果薨。"

柳公济有子柳当。《太平广记》卷一六八《郑还古》记载:"郑还古,东都闲居,与柳当将军者甚熟。柳宅在履信东街,有楼台水木之盛。家甚富,妓乐极多。郑往来宴饮,与诸妓笑语既熟,因调谑之。妓以告柳,怜郑文学,又贫,亦不之怪。郑将入京求官,柳开筵饯之。酒酣,与妓一章曰:'冶艳出神仙,歌声胜管弦。眼看白苎曲,欲上碧云天。未拟生裴秀,如何乞郑玄。莫教金谷水,横过坠楼前。'柳见诗甚喜,曰:'某不惜此妓,然吾子方求官,事力空困,将去固不易支持。专待见荣命,便发遣入京,充贺礼。'及郑入京,不半年,除国子博士。柳见除目,乃津置入京。妓行及嘉祥驿,郑已亡殁。旅榇寻到府界。柳闻之悲叹不已,遂放妓他适。"此"郑还古"即柳公绰之婿。

柳当先娶慕容氏,生柳正封。《柳正封墓志》记载:"公祖讳济……父当,任左龙武大将军。内为国朝之藩屏,外抑四夷之猛威,浦造□邪佞之奸,逐然守硖州司马。公即世最长。将军先夫人慕容氏,生公。后夫人高氏。公克谐忠孝,因心则友,天地之贵,人之为宝。"后娶渤海高氏,生柳延宗。

---

① 王达津:《李商隐诗杂考》,《古典文学论丛》(第一辑),齐鲁书社,1980年版。

《柳延宗墓志》记载:"公讳延宗,字昌艺,河东人……考当,左骁卫大将军、分司赠陕州都督。司徒出刺易州,幽蓟作叛。时练师坚壁,训卒牢城。贼果大至。司徒乃运神谋于不测,决妙略于回旋。将军挺匡君事父之心,忿拒命悖王之寇,亲临行阵,自冒矢石,永固金汤,以成功业。贼既大溃,诏加殊绝,建节义武郡。一帅巨藩,十换圭律。将军婚渤海高氏郡夫人,即邠□州节度使霞寓女。公即嫡子也。生知孝敬,天赋谦恭,允武允文,克忠克信,绍承徽令,勤奉晨昏。颜子曾参,今之是比。从舅淮南节度使燕公谓曰:璞玉浑金,子之所立。既有昔勋,可劲军职。乃署西川节度押衙,授殿中侍御史。宣武军节度使安公仰其材器,縻授节度押衙,转侍御史。上表乞官,用精二一行止,命奉使贺淮甸都统制。方熟英谋,亟成光大,何图天不福善,微恙忽遘。神医妙术,又何无徵。""高氏"即高霞寓之女。高霞寓,《旧唐书》卷一五一记载:"贞元中,徒步造长武城使高崇文,待以犹子之分,擢授军职,累奏宪宗,甚见委信……(元和)十三年,出为振武节度使,入为左武卫大将军。长庆元年,授邠宁节度使。三年,就加检校右仆射。四年,加检校司空,又加司徒。"宝历二年(826)去世。高崇文对高霞寓以侄子看待,这份情谊也延续到了下一代。柳延宗深受从舅淮南节度使燕公的器重。此时的淮南节度使燕公,即高崇文之孙高骈。《旧唐书·高骈传》记载:"乾符四年,进位检校司空、润州刺史、镇海军节度、浙江西道观察等使,进封燕国公。"高骈晚年昏庸,黄巢起义时为部将所杀,但柳延宗业已去世。

总之,柳公济这支,在唐朝中后期有一定的作为,但史书未为其立传,其原因有待探究。

这一阶段,活跃在政治舞台上的还有柳晟兄弟。柳晟之母为和政公主。柳晟父母早逝,"晟少无检操,代宗于诸甥之中,特加抚鞠,俾与太子、诸王同学,授诗书,恩宠罕比。累试太常卿"。德宗即位后,柳晟因为是亲信而为德宗信任,此后"迁将作少监。元和初,检校工部尚书、兴元尹、山南西道节度使……俄充入回鹘册立使,复命,迁左金吾卫大将军。元和十三年卒,赠太子少保"。柳晟事迹少见,与其长期在朝廷内任职有关。据《柳昱墓志》记载,柳晟大弟柳晕,曾任皇朝邕王傅。二弟柳杲,"皇朝秘书少监驸马都尉,尚义清公主"。三弟柳昱,"试殿中丞,赐绯鱼袋。贞元六年冬,拜舒王府司马。十二年冬,授银青光禄大夫,行殿中少监、驸马都尉。十四年夏六月,尚今皇帝四女宜都公主"。柳晟四兄弟中,有二人是驸马,可见这支柳氏深得皇帝的宠幸。

另外,娶穆宗之女淮阳公主的柳正元,虽然世系不明,但也应该是河东柳氏家族成员。开成四年(839),时任闲厩宫苑使的柳正元上书指出相关政事的弊端,但柳正元终于大理评事,仕途颇不顺。

此外,柳陟也娶宣宗之女。《新唐书·诸帝公主传》记载:"许昌庄肃公主,下嫁柳陟。薨中和时。"许昌庄肃公主为唐宣宗之女。光启二年(886)五月,"襄王熅即皇帝位……遣伪户部侍郎柳陟等十余人,分谕关东、河北诸道,纳伪命者甚众"①。

这一阶段活跃在政治舞台上的还有柳应规。柳应规曾任太常博士,《唐会要》卷八〇记载"太常博士柳应规谥(杜)佑忠简"。《唐语林》卷一《德行》又记载:"族子应规,为水部员外郎,求公为市宅,公不与。潜语所亲曰:'柳应规以儒素进身,始入省,便造新宅,殊不若且税居之为善也。'及水部没,公抚视孤幼,恩意加厚,特为置居处,诸子皆与身名。"可知柳应规外出地方为官,担任水部员外郎不久后去世。

德宗时,还有柳宗元的叔父柳缜,"改度支判官,转大理司直,迁殿中侍御史,加度支营田副使"。此外,还有担任过弘农令的柳府君。在宪宗时期,还有柳宽,"试大理评事,为岭南节度推官、荆南永安军判官"②。柳逊在这一阶段也中举,《唐摭言》卷八《通榜》:"贞元十八年,权德舆主文……三榜,裴公第一榜,拾遗卢参预之;第二、第三榜,谏议柳逊、起居舍人于竞佐之;钱紫微珝亦颇通矣。"

与柳公绰、柳公权等人辈分相同的柳氏家族人数颇多,柳公权在《伏审帖》中写道:"伏审姊姊八月定发。弟与廿八弟同从行,远闻不胜忡跃。今日元七来,望弟速到极也。愿在路谙闻,不停滞,幸甚。未即展豁,尚增恨恨。不一一。公权呈廿三弟、廿六弟、廿八弟、卅弟处。卅一弟意不殊。前要小楷,后使送往。空"由此可见,柳氏家族中与柳公权

---

① 《旧唐书》卷一九《僖宗纪下》。
② 《柳宗元集校注》卷一二《故叔父殿中侍御史府君墓版文》《故弘农令柳府君坟前石表辞》《故大理评事柳君墓志》。

辈分相同的男性族人至少有三十一人。由于史料有限,还不能确定他们的具体身份。

三、僖宗至昭宗时期的河东柳氏

僖宗至昭宗时期,黄巢起义爆发,唐王朝势力进一步削弱,唐中央能控制的地方范围进一步缩小,与此同时,地方势力进一步强大。柳氏的发展也出现了多元化的趋势。一方面,柳氏除了在中央为官,还为地方势力效力;另一方面,逐渐向各地迁徙,远离两京地区。随着中古士族逐渐瓦解与转型,柳氏家族也逐渐转型。这一时期,在政治舞台上比较活跃的是柳韬、柳玭和柳璨等人。

柳璟之子柳韬,仕途并没有受到其父亲贬官的影响。咸通年间,柳韬任水部郎中。"咸通中,左常侍李绾为浙东观察使,请玉霄峰叶尊师,修斋受箓,于使宅立坛,出此钟以击之。既而水部员外柳韬白,上京得老君夹戚像,高三四尺,圣相奇妙。"①乾符四年(877),柳韬已为右谏议大夫②。乾符六年(879),柳韬由给事中迁为浙东观察使③。《全唐诗》中有崔道融《献浙东柳大夫》:"属城甘雨几经春,圣主全分付越人。俗眼不知青琐贵,江头争看碧油新。"此"柳大夫"即柳韬。广明元年(880)柳韬以贿免官。《吴越备史》卷一记载:"会浙东观察使柳韬以贿免官,皆耻代之,议者以

---

① 《云笈七签》卷一二〇《灵验部四·天台山玉霄宫古钟僧偷而卒验》。
② 《新唐书》卷二二二《南蛮传中》。
③ 《唐方镇年表》卷五。

(刘)宏降将也,以降将代赃吏,宜矣,乃除之。"

柳仲郢后裔长期活跃在政治舞台上。柳仲郢长子柳珪,"大中中,与璧继擢进士,皆秀整而文,杜牧、李商隐称之。杜悰镇西川,表在幕府,久乃至。会悰徙淮南,归其积俸,珪不纳,悰举故事为言,卒辞之。以蓝田尉直弘文馆,迁右拾遗,而给事中萧仿、郑裔绰谓珪不能事父,封还其诏。仲郢诉其子'冒处谏职为不可,谓不孝则诬。请勒就养',诏可。始,公绰治家埒韩滉,及珪被废,士人愧怅"。被迫离职后,最后还得到起用,"终卫尉少卿"。

柳璧,"大中九年登进士第。文格高雅。尝为《马嵬诗》,诗人韩琮、李商隐嘉之。马植镇陈许,辟为掌书记,又从植汴州。李瓒镇桂管,奏为观察判官。军政不惬,璧极言不纳,拂衣而去。桂府寻乱,入为右补阙。僖宗幸蜀,召充翰林学士,累迁谏议大夫,充职"。

柳仲郢儿子中,仕途比较顺利的是柳玭。柳玭为明经出身,两次进士考试未第,"释褐秘书正字",为最低级官员,此后通过"书判拔萃科"考试。该科考试难度仅次于博学宏词科,重韵律,倾向文学,文津此科者多进士及第,其次为明经科出身。中此科是入幕使府的士人入仕中央官的一条重要途径,或者仕途艰难的士人通过此科后进入幕府,再转中央。[①] 柳玭中此科后,先后为高湜与李蔚幕府,此后在中央为官。"擢刑部员外郎……出为岭南节度副使……黄巢陷

[①] 金滢坤:《唐代书判拔萃科的设置、沿革及其影响》,《厦门大学学报》(哲学社会科学版)2016年第5期。

交、广，逃还，除起居郎。巢入京师，奔行在，再迁中书舍人、御史中丞。文德元年，以吏部侍郎修国史，拜御史大夫。直清有父风，昭宗欲倚以相，中官谮玼烦碎，非廊庙器，乃止。坐事贬泸州刺史，卒。光化初，帝自华还，诏复官爵。"昭宗一度试图任命柳玼为相，但宦官阻扰，故长期在外当官。《资治通鉴》记载："以渝州刺史柳玼为泸州刺史，柳氏自公绰以来，世以孝悌礼法为士大夫所宗。玼御史大夫，上欲以为相。宦官恶之，故久谪于外。"

柳仲郢族子柳璨，在唐末任宰相。但此人在历史上的评价颇低。《旧唐书·柳璨传》记载："柳璨，河东人。曾祖子华。祖公器，仆射公绰之再从弟也。父遵。璨少孤贫好学，僻居林泉。昼则采樵，夜则燃木叶以照书。性謇直，无缘饰。宗人璧、玼，贵仕于朝，鄙璨朴钝，不以诸宗齿之。"《新唐书·奸臣传下·柳璨传》记载："为人鄙野，其家不以诸柳齿。少孤贫，好学，昼采薪给费，夜然叶照书，强记，多所通涉。"

长期以来，学术界多关注柳璨的政治行为，但对柳璨与柳氏家族的关系探讨不多，这里对柳璨的政治主张不做深入研究。柳璨，"为人鄙野"，"不以诸宗齿之"，其原因学术界并未重视，但这却是了解柳璨思想及以后所作所为的关键。柳璨与柳珪等人关系疏远，与其主张有关。

柳璨精通史学，勤于著述，"光化中，登进士第。尤精《汉史》，鲁国颜荛深重之。荛为中书舍人，判史馆，引为直学士。璨以刘子玄所撰《史通》讥驳经史过当，璨纪子玄之失，别为十卷，号《柳氏释史》，学者伏其优赡。迁左拾遗。

公卿朝野,托为笺奏,时誉日洽。以其博奥,目为'柳箧子'"。《柳氏释史》在宋代犹存,但后世并不流传。晁公武《郡斋读书志》卷七记载:"璨以刘子玄《史通》妄诬圣哲,评汤之德为伪迹,论桀之恶为厚诬,谤周公云不臣,褒武庚以徇节,其甚至于弹劾仲尼,因讨论其舛谬,共成五十篇。萧统云:'论则析理精微。'故以为名。乾宁四年书成。"《柳氏释史》对《史通》相关章节的评论,一般认为是维护名教[①]。维护名教,要维护君臣关系。唐朝中后期,对君臣关系影响较大的除藩镇割据外,科举考试中的门生座主关系及节度使中的宾主关系,影响着君权。在这一点上,可能是柳璨最为不满的。柳璨学术上重视史学与文学,与柳玼等人有分歧。柳玼在《柳氏叙训》中记载:"夫坏名灾己,辱先丧家,其失有尤大者五,宜深记之:一是自求安逸,靡甘淡泊,苟便于己,不恤人言;二是不知儒术,不闲古道,懵前经而不耻,论当世而解顺,自无学业,恶人有学。"柳玼等人注重儒术,这与柳璨在学术上存在分歧。

柳璨对进士中形成的圈子文化非常不满。中晚唐后,由于皇帝重视科举取士,唐代门生、同年逐渐成为科举与官场中重要的关系网络,导致举子在官场中互相援引,并形成朋党。光化二年(899)柳璨及第后,与同年之间关系并不好,《唐摭言》卷三记载:"卢文焕,光化二年状元及第,颇以宴醵为急务。常府开宴,同年皆患贫,无以致之。一旦给以

---

① 王嘉川:《唐宋儒学复兴运动中的〈史通〉批评》,《天津社会科学》2015年第6期。

游齐国公亭子,既自皆解带从容。焕命团司牵驴。时柳璨告文焕,以驴从非己有。文焕曰:'药不瞑眩,厥疾弗瘳。'璨甚衔之。居四年,璨登庸,文焕忧戚日加。璨每遇之曰:'药不瞑眩,厥疾弗瘳。'"柳璨当宰相后,也重新任用了其座主赵光逢,《旧五代史·赵光逢传》记载:"光化中,王道浸衰,南北司为党,光逢素惟慎静,虑祸及己,因挂冠伊洛,屏绝交游,凡五六年。门人柳璨登庸,除吏部侍郎、太常卿。"此外,《唐摭言》也记载:"光化二年,赵光逢放柳璨及第。光逢后三年不迁。时璨自内庭大拜,光逢始以左丞征入。未几,璨坐罪诛死,光逢膺大用,居重地十余岁。上表乞骸,守司空致仕。二年,复征拜上相。"柳璨对赵光逢还是感恩的,但对赵光逢只是重新起用,并没有破格提拔。由此可见,柳璨针对当时的政局,要求加强皇权。但柳玭等人在某种意义上是维护门生、座主关系的,《柳氏叙训》记载:"先祖河东节度使公绰,在公卿间最名有家法。中门东有小斋,自非朝谒之日,每平旦辄出小斋,诸子皆束带晨省于中门之北。公绰决私事,接宾客,与弟公权及群从弟再会食,自旦至暮,不离小斋。烛至,则命子弟一人执经史,躬读一过讫,乃讲议居官治家之法,或论文听琴,至人定钟,然后归寝,诸子复昏定于中门之北。凡二十余年,未尝一日变易……先公居外藩,先公每入境,郡邑未尝知。既至,每出入,常于戟门外下马,呼幕宾为丈,皆许纳拜,未尝笑语款洽。牛相国辟为武昌从事,动遵礼法。"维持礼仪等级制度,是柳氏家训的核心。这种等级制度,既有君臣等级关系,也有门生座主及家庭等级关系。"柳仲郢者,唐时为天平节度使,敬奉叔太保柳公权如父。仲郑升为大京兆尹,沿市井见叔时,亦下马恭敬而立,叔过,然后乘马。每日晚夕时,端正服饰而往叔驾前敬问。叔常赞誉:'我侄官加一级,愈增恭敬,侍奉我如父。'夫古时贤人依父礼事叔者,礼也。"①柳璨与柳玭等人在维护君主权威上有着分歧。

总之,柳璨与以柳玭为代表的旧的家族集团之间在政治上存在分歧。这也是柳璨不为柳氏家族所喜欢的原因,也可理解为柳璨对晚唐旧家族不满的根源之一。

柳璨及第后,仅仅四年,就被提拔为宰相,"起布衣,至是不四岁,其暴贵近世所未有"。"任人之速,古无兹例。"柳璨被提拔的原因,史书记载:"昭宗好文,初宠待李谿颇学。洎谿不得其死,心常惜之,求文士似谿者。或荐璨高才,召见,试以诗什,甚喜。无几,召为翰林学士……翌日对学士,上谓之曰:'朕以柳璨奇特,似可奖任。若令预政事,宜授何官?'承旨张文蔚曰:'陛下拔用贤能,固不拘资级。恩命高下,出自圣怀。若循两省迁转,拾遗超等入起居郎,临大位,非宜也。'帝曰:'超至谏议大夫可乎?'文蔚曰:'此命甚惬。'即以谏议大夫平章事,改中书侍郎。"柳璨被迅速提拔为宰相,被认为是唐昭宗好文学之士而柳璨擅长文学所致。这种看法受到吕思勉的批判:"昭宗之任李谿,岂真以其能文?盖亦如其任马道殷、许岩士,特以是为名耳。其任璨亦犹是也。"②实际上分析唐昭宗时期的宰相群体,昭

---

① 聂鸿音:《西夏文〈新集慈孝传〉释读》,《宁夏大学学报》(哲学社会科学版)1999年第2期。

② 吕思勉:《隋唐五代史》,江苏人民出版社,2014年版,第384—385页。

宗任命宰相时还是希望宰相有能力的。① 柳璨除有文学外，其在加强皇权的思想上也是符合昭宗愿望的。

柳璨当宰相后，"裴枢、独孤损、崔远皆宿望旧臣，与同位，颇轻之，璨内以为怨"。柳璨拉拢朱温来作为自己的依靠，天复四年（904）朱全宗杀昭宗立哀帝；天复五年（905），裴枢等被罢免；不久，白马之祸发生，裴枢等三十人被杀。《新唐书》《旧唐书》《新五代史》《旧五代史》把白马之祸归于柳璨，这并不符合历史事实，没有朱温的同意，这些人不可能被杀。白马之祸，柳璨只不过是个旁观者而已，没有阻扰也无法阻扰朱温行事。这一年十一月，"时哀帝以此月十九日亲祠圆丘，中外百司礼仪法物已备。戊辰，宰相已下于南郊坛习仪，而裴迪自大梁回，言全忠怒蒋玄晖、张廷范、柳璨等谋延唐祚，而欲郊天改元。玄晖、柳璨大惧"。不久，蒋玄晖等被处死。"王殷、赵殷衡等又谮于全忠云：'内人相传，玄晖私侍积善宫，与柳璨、张廷范为盟誓之交，求兴唐祚。'"不久，柳璨被贬官，其理由是："太常卿张廷范，太常少卿裴磵、温銮，祠部郎中知制诰张茂枢等，蒋玄晖在枢密之时，与柳璨、张廷范共为朋扇，日相往来，假其游宴之名，别贮倾危之计。苟安重位，酷陷朝臣，既此阴谋，难宽大辟。柳璨已从别敕处分，廷范可责授莱州司户。"几天之后，柳璨被赐死，"责授登州刺史柳璨，素矜憸巧，每务回邪。幸以庸才，骤居重位，曾无显效，孤负明恩。诡谲多端，包藏莫测，

---

① 杨春蓉：《论唐朝末期的宰相群体》，《西南民族大学学报》（人文社科版）2007年第8期。

但结连于凶险,独陷害于贤良。罪既贯盈,理须窜殛。可贬密州司户,再贬长流崖州百姓,委御史台赐自尽"。是日斩于上东门外。又敕:"张廷范性唯庸妄,志在回邪,不能保慎宠荣,而乃包藏凶险。密交柳璨,深结玄晖,昼议宵行,欺天负地。神祇共怒,罪状难原。宜除名,委河南府于都市集众,以五车分裂。温銮、裴碣、张茂枢并除名,委于御史台所在赐自尽。柳璨弟瑀、瑊,送河南府决杀。"①

柳璨死前,"负国贼柳璨,死宜矣"!柳璨死时还说自己是负国贼,可见其想延长唐朝统治之事,或许有其理由。史书对柳璨的记载与评价,多有不足之处。一方面与以成败论英雄的史观有关;另一方面是历史书写者在撰写这段历史时,多借助朱梁时期的史料,而这段史料多掩饰朱温的罪行,而将朱温的罪行转嫁给他人。② 从柳璨的行动来看,柳璨的确想延续唐朝的统治,其种种努力,最后以失败告终。

柳璨被贬杀后,除了两个弟弟受到牵连,在朝中的亲属也受到牵连。"三年春正月乙卯朔,全忠以四镇之师七万,会河北诸军,屯于深州乐城。戊午,敕右拾遗柳瑷贬洺州鸡泽尉,璨疏属也。"

晚唐时期,受到时局的影响,河东柳氏除在中央为官外,逐渐向外迁徙。柳玭死后,并未葬于原籍,而是葬在铜梁(今重庆)。除了因为战乱,也有对时局的担忧。晚唐时期,还有诸多活跃在政治舞台上的柳氏,据《资治通鉴》记

---

① 《旧唐书》卷二〇《哀帝纪》。
② 姜维公、高文辉:《"白马之祸"考析》,《长春师范学院学报》1999年第3期。

载,884年,"是岁,余杭镇使陈晟逐睦州刺史柳超,颍州都知兵马使汝阴王敬荛逐其刺史,各领州事,朝廷因命为刺史"。896年,"宗播元从也目官柳修业,每劝宗播慎静以免祸。其后宗播为建将,遇强敌诸将所惮者,以身先之。及有功,辄称病,不自伐,由是得以功名终"。柳超与柳修业是否为河东柳氏,不得而知。这种情况也反映出大族效忠地方势力的趋势,河东柳氏也应该存在这种情况。由此,五代以后,河东柳氏在南方活跃,与中国历史发展趋势一致。

下篇

第五章　河东柳氏的婚姻圈

婚姻是家庭大事,《礼记·昏义》曰:"昏礼者,将合二姓之好,上以事宗庙而下以继后世也,故君子重之。"强调了婚姻在家庭祭祀和繁衍后代中的作用。在人类社会中,婚姻不仅能延续种族,还有多种社会功能。婚姻有一种重要的功能就是增进人群集团之间的联合。在原始社会,不同集团之间的联姻,不仅有利于解决冲突,而且产生了共荣共辱的行为。在阶级社会里,联姻更是密切国家、民族、政治派别之间关系的一种有效方式。联姻也使得不同集团之间形成世系群的关系。当一个世系群遇到困难时,可以得到其他群体的帮助,而且这种帮助会形成连锁反应,使卷入的力量越来越大。①

中古时期的河东柳氏,在不同历史阶段,其婚姻圈有不同特征。

---

①　童恩正:《人类与文化》,重庆出版社,1998年版,第146—149页、第229—230页。

一、隋以前河东柳氏婚姻圈

姓名	嫁/娶	对方姓名	时间段	资料来源
柳氏	嫁	崔浩	北魏太武帝时期	《宋书·柳元景传》
柳氏	嫁	陆定国	北魏显宗时期	《魏书·陆俟传附定国传》
柳丝	娶	徐氏	南朝宋时期	《柳桧墓志》[1]
柳缉	娶	崔氏	南朝宋梁时期	《柳桧墓志》[1]
柳僧习	娶	赵氏	南朝梁陈时期	《柳桧墓志》[1]
柳桧	娶	裴氏	北周时期	《柳桧墓志》[1]
柳鷟	娶	王令妫	北周时期	《王令妫墓志》[1]
柳氏（柳元章女）	嫁	韦夐子韦彪	西魏时期	《韦彪墓志》[2]
柳季和	娶	辛孟兰	北周时期	《辛祥墓志》[3]
柳机	娶	陇西李氏	北周时期	《柳机墓志》[4]
柳述	娶	兰陵公主（改嫁）	隋朝时期	《隋书·列女传》
柳氏女	嫁	裴伦	隋朝时期	《隋书·列女传》
柳旦女	嫁	襄城王恪	隋朝时期	《隋书·列女传》
柳虬子宇文逢恩	娶	陇西辛氏	北周时期	《宇文逢恩墓志》[1]
柳鷟女柳玉岫	嫁	陇西辛氏	北周时期	《王令妫墓志》[1]
柳鷟女柳千金	嫁	河东裴子元	北周时期	《王令妫墓志》[1]

(续表)

姓名	嫁/娶	对方姓名	时间段	资料来源
柳䚥	娶	隋义丰公主	隋朝时期	《柳惇墓志》[5]
柳凯	娶	裴氏(二人均属南来)	隋朝时期	《柳凯墓志》[6]
柳敬怜	嫁	韦彧	北周时期	《韦彧墓志》[2]
柳皓	娶	韦彧女韦季英	北周时期	《韦彧墓志》[2]
柳婉勤	嫁	杨氏	北周时期	《柳桧墓志》[1]
柳行满	娶	刘氏、乙弗氏	隋朝时期	《柳行满墓志》[7]
柳氏	娶	封氏	北周隋朝时期	《封氏墓志铭》[8]
柳氏	娶	萧嬺媄	隋朝时期	《萧嬺媄墓志》[8]
柳氏	嫁	陈察	隋朝时期	《陈察墓志》[8]
柳氏	嫁	郑乾意	隋朝时期	《郑乾意夫妇墓发掘简报》[9]
柳虬	娶	席氏	北周时期	《郑乾意夫妇墓发掘简报》[9]
柳宝积	娶	弘农杨氏	隋朝时期	《柳积墓志》[10]
柳辩	娶	裴令先	北周时期	《裴眺墓志铭》[11]
柳则	娶	贺若氏	隋朝时期	《柳则墓志》[12]
柳雄亮	娶	河南费氏	北周时期	《柳雄亮墓志铭》[13]
柳氏	嫁	天水赵仲懿	西魏时期	《赵宗超妻王氏墓志》[14]
柳师义	娶	天水赵氏	西魏时期	《赵宗超妻王氏墓志》[14]

（续表）

姓名	嫁/娶	对方姓名	时间段	资料来源
柳远	娶	天水赵氏	西魏时期	《赵宗超妻王氏墓志》[14]
柳氏（早亡）	嫁	裴良（续娶天水赵氏）	北魏末年	《裴良墓志》[2]
柳德师父	娶	西河田氏	隋朝时期	《唐故田夫人墓志》[15]
柳氏	嫁	裴谭	北魏时期	《裴谭墓志》[16]

注释：

[1]王连龙:《新见北朝墓志集释》,中国书籍出版社,2013年版。

[2]韩理洲等辑校编年:《全北齐北周文补遗》,三秦出版社,2008年版。

[3]韩理洲等辑校编年:《全北魏东魏西魏文补遗》,三秦出版社,2010年版。

[4]王其祎、周晓薇:《新见隋仁寿元年〈柳机墓志〉考释——兼为梳理西眷柳氏主支世系及其初入关中跻身"郡姓"之情形》,杜文玉编:《唐史论丛》(第十九辑),三秦出版社,2014年版。

[5]吴钢主编:《全唐文补遗》(千唐志斋新藏专辑),三秦出版社,2006年版。

[6]吴钢主编:《全唐文补遗》(第三辑),三秦出版社,1996年版。

[7]吴钢主编:《全唐文补遗》(第五辑),三秦出版社,1998

年版。

[8]吴钢主编:《全唐文补遗》(第二辑),三秦出版社,1995年版。

[9]西安市文物保护考古研究院:《郑乾意夫妇墓发掘简报》,《文博》2014年第4期。

[10]樊波、李举纲:《新出唐墓志所见西域史事二题》,《西域研究》2009年第4期。又见于赵文成、赵君平主编:《秦晋豫新出墓志蒐佚续编》,国家图书馆出版社,2015年版。

[11]魏秋萍:《长安新出唐武德八年〈裴眺墓志铭〉疏证》,《文博》2012年第3期。虽然不能直接判断柳辩属于河东柳氏,但其父亲柳爽为勋州刺史、定襄公,考虑到北周政局,柳爽应该是河东柳氏代表,并可能是南来柳氏。

[12]赵文成、赵君平主编:《秦晋豫新出墓志蒐佚续编》,国家图书馆出版社,2015年版。

[13]赵力光主编:《西安碑林博物馆新藏墓志续编》,陕西师范大学出版总社有限公司,2014年版。

[14]赵力光主编:《西安碑林博物馆新藏墓志汇编》,线装书局,2007年版。

[15]吴钢主编:《全唐文补遗》(第九辑),三秦出版社,2007年版。

[16]李钦善:《风骨峻峭　庄重典雅——释新出北魏〈裴谭墓志〉》,《青少年书法》2012年第18期。柳氏,为柳玄瑜之女,柳玄瑜事迹见《北史》卷四五《裴叔业传》、《魏书》卷七一《裴叔业传》。

隋朝之前,柳氏虽然为河东大族,但还只能算是区域的豪强,在北方中央权力体系中影响不大。为了进入中央权力体系,柳氏在北魏时期与清河崔氏联姻,但崔浩因为国史案被诛杀,连累了河东大族,尤其对柳氏影响极大。柳氏在进入中央权力过程中遇到重大挫折。

北魏后期,虽然柳氏还和当时的权臣陆氏联姻,但效果并不明显。西魏北周时期,柳氏与裴氏通婚比较频繁,二者通婚加强了裴柳二姓的联系,平衡与巩固了二者的地方势力。随着韦孝宽长期在河东地区进行军事活动,柳氏与韦氏之间通婚频繁,形成了世婚与表婚。西魏北周时柳氏移居关中地区后,柳氏与辛氏、赵氏、席氏等陇西大族之间频繁通婚,势力逐渐向关中发展。

到了隋朝时期,柳氏与杨氏之间联系密切,柳氏娶了二位公主,柳旦之女还嫁给隋朝宗室,这种联姻,有利于提升其在新政权中的影响力。当然,北朝之前,南来的柳氏在婚姻选择中,与同去南方的北方大族之间的通婚也是比较密切的,这是一种整体现象。

二、唐高祖至唐太宗时期河东柳氏婚姻圈

姓名	嫁/娶	对方姓名	时间段	资料来源
柳亨	娶	窦氏	隋末唐初	《隋书·柳亨传》
柳迹	娶	长孙氏	隋末唐初	《柳敬则墓志》[1]
柳子贡	娶	庞氏	唐初	《柳子贡墓志》[1]
柳冲	娶	长孙氏	太宗时期	《柳冲夫人长孙氏墓志》[2]

（续表）

姓名	嫁/娶	对方姓名	时间段	资料来源
柳子阳	娶	皇甫氏	太宗时期	《柳子阳妻皇甫氏墓志》[2]
柳敬则	娶	元氏	太宗时期	《柳敬则墓志》[1]
柳氏	嫁	袁氏	唐初	《大唐袁氏故柳夫人墓志》[3]
柳怀素	娶	元氏	唐初	《柳行满墓志》[4]
柳婆归	嫁	唐逊	唐初	《柳婆归墓志》[5]
柳元宏	娶	萧锐女	太宗时期	《钱府君妻柳氏墓志铭》[2]
柳子阳女	嫁	王氏	太宗时期	《柳子阳墓志》[2]
柳奭之妹	嫁	颜勤礼	太宗时期	《秘书省著作郎夔州都督长史上护军颜公神道碑》[6]
柳行满	娶	韦氏	太宗时期	《柳行满墓志》[4]
柳偘	娶	杜氏	太宗时期	《柳君(偘)故太夫人京兆杜氏墓志铭》[7]
柳氏	嫁	萧守规	太宗时期	《萧守归墓志铭》[8]
柳氏	嫁	朱延庆	太宗时期	《武周朱延庆夫人柳氏墓志》[9]
柳保隆	娶	韦氏	隋末唐初	《柳保隆墓志》[2]
柳氏	嫁	陈郡袁氏	太宗时期	《袁雄墓志》[9]
柳德师父	娶	西河田氏	隋朝	《唐故田夫人墓志》[8]

（续表）

姓名	嫁/娶	对方姓名	时间段	资料来源
柳宝林	嫁	唐高祖	唐初	《旧唐书·高祖诸子传》①
柳氏	嫁	薛仁贵	太宗时期	《旧唐书·薛仁贵传》②
柳奭之妹	嫁	王仁祐	唐初	《新唐书·后妃传》

注释：

[1]赵力光主编:《西安碑林博物馆新藏墓志续编》,陕西师范大学出版总社有限公司,2014年版。

[2]胡戟等主编:《大唐西市博物馆藏墓志》,北京大学出版社,2012年版。

[3]吴钢主编:《全唐文补遗》(第二辑),三秦出版社,1995年版。

[4]吴钢主编:《全唐文补遗》(第五辑),三秦出版社,1998年版。

[5]吴钢主编:《全唐文补遗》(第四辑),三秦出版社,1997年版。

[6]《全唐文》卷三四一。

[7]吴钢主编:《全唐文补遗》(第三辑),三秦出版社,1996年版。

---

① 柳宝林是不是河东柳氏支系,史书没有明确记载。但考虑到李渊的嫔妃中有郭氏、崔氏、薛氏、张氏、王氏、杨氏等人,这些都出自大族,基本可以判断柳宝林出自河东柳氏。

② 薛仁贵为薛安都后裔,出身龙门,虽然家境一般,其婚配也应门当户对,故柳氏应该为河东柳氏。

[8]吴钢主编:《全唐文补遗》(第九辑),三秦出版社,2007年版。

[9]赵文成、赵君平主编:《秦晋豫新出墓志蒐佚》,国家图书馆出版社,2011年版。

隋朝末年至唐太宗时期,河东柳氏婚姻资料比较少,但很有特点:一是与皇族联姻比较多,柳氏女柳宝林入宫为李渊嫔妃,生下皇子滕王李元婴;柳亨、柳逵联姻的对象是后族女子;此外,柳元宏所娶萧锐之女为唐太宗外孙女。在这一时期的22例婚姻关系中,5例与皇族有关,可见其与皇族联姻比例之高。二是河东柳氏与陇西集团联姻比较密切,除去窦氏与长孙氏,庞氏、皇甫氏都是陇西集团的代表人物。此外,与元氏、颜氏联姻也比较多,二者均为名族,与元氏形成了固定的婚姻圈。当然,与袁氏和唐氏联姻的,都是南来的柳氏,与南方大族联姻是其传统。

三、唐高宗至武后时期河东柳氏婚姻圈

姓名	嫁/娶	对方姓名	时间段	资料来源
柳秀诚	娶	崔知悌之女	高宗时期	《柳秀诚墓志》[1]
柳儒	娶	皇甫氏	高宗时期	《柳儒墓志》[2]
柳尚远	娶	宇文氏	高宗显庆年间	《大唐河东柳尚远妻宇文夫人墓志铭(并序)》[3]

（续表）

姓名	嫁/娶	对方姓名	时间段	资料来源
柳氏	嫁	钱氏	高宗时期	《钱府君妻柳氏墓志铭》[4]
柳庭诰	娶	李氏、薛氏	高宗武后时期	《柳庭诰及其夫人薛氏墓志》[4]
柳氏	嫁	河东薛锐	高宗武后时期	《薛锐墓志》[4]
柳府君	娶	长孙氏	高宗武后时期	《柳府君夫人长孙氏墓志》[4]
柳范女	嫁	河东薛氏	高宗时期	《唐故荣州长史薛府君夫人河东郡君柳墓志铭(并序)》[5]
柳彦初	娶	清河房氏	武后时期	《柳彦初墓志》[2]
柳逊曾孙女	嫁	宇文不争	武后时期	《前左勋卫宇文不争妻柳氏墓志》[2]
柳府君	娶	韦氏	武后时期	《大唐故常州无锡县令柳府君夫人韦氏墓志铭(并序)》[2]
柳氏	嫁	范哀	武后时期	《范哀夫人柳氏墓志铭》[6]
柳氏	嫁	平氏	高宗时期	《常州刺史平君神道碑》[7]
柳奭孙女	没入宫	李旦	武后时期	《右武卫将军柳公神道碑》[8]

（续表）

姓名	嫁/娶	对方姓名	时间段	资料来源
柳姬	嫁	不详	高宗武后时期	《柳姬墓志》[4]
柳尚真女	嫁	萧氏	高宗时期	《大唐朝散大夫行晋安县令萧府君故夫人柳氏墓志铭（并序）》[9]
柳明逸	娶	韦氏	高宗显庆年间	《柳明逸墓志》[10]
柳警微	娶	韦氏	武后时期	《唐柳警微妻韦氏墓志》[11]
柳氏	嫁	韩休	武后时期	《唐宰相韩休及夫人柳氏墓志考释》[12]
柳从俗	娶	长孙氏	高宗武后时期	《柳从俗墓志》
柳璧	娶	梁氏	高宗时期	《柳璧墓志》[4]
柳云彩	嫁	长孙氏	高宗初年	《柳云彩墓志》[13]
柳崇敬	娶	弘农杨氏	高宗后期	《柳崇敬墓志》[13]
柳氏	嫁	沈珣	高宗武后时期	《沈珣妻柳氏墓志》[11]
柳元贞	娶	李义府女	高宗初年	《新唐书·李义府传》①
柳泽	娶	琅琊王氏	武后时期	《柳泽墓志》[14]

---

① 柳元贞世系不明，考虑当时士族之间通婚情况，应是河东柳氏一支。

（续表）

姓名	嫁/娶	对方姓名	时间段	资料来源
柳氏	嫁	韩朝宗	武后晚期	《京兆尹韩公墓志铭》[15]
柳氏	嫁	东海于贲	高宗时期	《于贲墓志铭》[6]
柳氏	娶	司马慎微女	高宗时期	《司马慎微墓志》[16]

注释：

[1]毛阳光、余扶危主编：《洛阳流散唐代墓志汇编》，国家图书馆出版社，2013年版。

[2]吴钢主编：《全唐文补遗》（千唐志斋新藏专辑），三秦出版社，2006年版。

[3]吴钢主编：《全唐文补遗》（第四辑），三秦出版社，1997年版。

[4]胡戟等主编：《大唐西市博物馆藏墓志》，北京大学出版社，2012年版。

[5]吴钢主编：《全唐文补遗》（第二辑），三秦出版社，1995年版。

[6]吴钢主编：《全唐文补遗》（第三辑），三秦出版社，1996年版。

[7]《全唐文》卷二二九。

[8]《全唐文》卷三五一。

[9]吴钢主编：《全唐文补遗》（第六辑），三秦出版社，1999年版。

[10]吴钢主编：《全唐文补遗》（第七辑），三秦出版社，1999年版。

[11]赵文成、赵君平主编:《秦晋豫新出墓志蒐佚》,国家图书馆出版社,2011年版。

[12]杜文玉主编:《唐史论丛》(第二十三辑),三秦出版社,2016年版。

[13]赵文成、赵君平主编:《秦晋豫新出墓志蒐佚续编》,国家图书馆出版社,2015年版。

[14]齐运通主编:《洛阳新获七朝墓志》,中华书局,2012年版。

[15]《全唐文》卷三二七。

[16]张红军:《唐代司马慎微墓志考》,《中国国家博物馆馆刊》2012年第10期。

高宗初年,由于高宗王皇后父亲王仁祐早逝,加之王氏家族人单力薄,王皇后在诸多事情上与其舅舅柳奭商量,柳奭影响逐渐增大。同时为了制衡长孙无忌,柳奭逐获提拔,最终被任命为宰相。随着柳奭地位的上升,柳氏家族在朝中各个部门任官比较多,柳氏成为当时主要权力家族之一。在此阶段,与河东柳氏通婚的多为当时大族。高宗初年柳秀诚与清河崔氏通婚,正是柳氏政治地位较高的体现。高宗中后期至武后时期,柳氏在政治上受到打击,大族与之通婚的情况比较少见。这一时期,柳氏与受打击的家族通婚比较常见。长孙家族、薛氏家族、韦氏家族如韦安石等人都受到打击。宇文家族在唐高宗时期也受到打击,其代表人物宇文节在永徽四年(653)被"配流桂州"①。除与受打击家族通婚外,柳氏通婚的对象局限在次等家族,比如韩氏、

---

① 《旧唐书》卷四《高宗本纪》。

房氏等。这种通婚虽然一时之间对柳氏声誉有影响,但从长远来看,一方面扩大了柳氏的婚姻圈,另一方面有利于柳氏后期的发展,如韩朝宗、韩休此后身居高位,便有利于柳氏家族的发展。

四、唐中宗至唐玄宗时期河东柳氏婚姻圈

姓名	嫁/娶	对方姓名	时间段	资料来源
柳氏	嫁	韦璥	中宗睿宗时期	《韦璥墓志》[1]
柳府君	娶	渤海高氏	玄宗时期	《大唐故柳氏高夫人墓志铭》[2]
柳氏	嫁	韦氏	玄宗时期	《唐故河东柳夫人墓志铭(并序)》[3]
柳氏	嫁	令狐崇亮	玄宗时期	《东都留守令狐楚家庙碑》[4]
柳芳	娶	殷氏	玄宗时期	《杭州钱塘县丞殷府君夫人颜君神道碣铭》[5]
柳澄	娶	秦国夫人	玄宗时期	《旧唐书·后妃传上》
柳钧	娶	长清县主	玄宗时期	《旧唐书·后妃传上》
柳潭	娶	和政公主	玄宗时期	《新唐书·诸帝公主传》
柳范女	嫁	唐玄宗	玄宗时期	《因话录·宫部》
柳范女	嫁	赵氏	玄宗时期	《唐语林·贤媛》

(续表)

姓名	嫁/娶	对方姓名	时间段	资料来源
柳岳	娶	陇西李氏	玄宗时期	《唐文部常选柳氏字岳故陇西李夫人墓志铭(并序)》[6]
柳上□	嫁	河东裴氏	玄宗时期	《裴公妻河东郡柳氏墓志》[7]
柳嘉泰	娶	琅琊王氏	约中宗时期	《右武卫将军柳公神道碑》[8]
柳彦	娶	襄城县主	中宗初期	《李令晖墓志铭》[6]
柳氏	嫁	河东裴宜	约玄宗末期	《裴宜墓志铭》[6]
柳丰	娶	渤海封氏	玄宗时期	《柳丰墓志铭》[7]
柳氏	娶	赵郡李氏	玄宗时期	《伯祖妣赵郡李夫人墓志铭》[9]
柳镇	娶	卢氏	玄宗时期	《先太夫人河东县太君归祔志》[9]
柳氏	娶	韦氏	玄宗时期	《故宏农令柳府君坟前石表辞》[9]
柳均	娶	江夏李氏(李邕女)	玄宗时期	《柳均灵表》[10] 《因话录》
柳锐	娶	清河张氏	玄宗时期	《柳内则墓志铭》[6]
柳氏	嫁	卢寂	玄宗时期	《卢寂墓志铭》[11]
柳含德	娶	陇西李氏	约玄宗时期	《陇西李夫人墓志》[6]
柳若丝	娶	汝南梅氏	玄宗时期	《柳若丝墓志》[12]
柳氏	嫁	宇文曜	玄宗时期	《宇文曜墓志》[13]

（续表）

姓名	嫁/娶	对方姓名	时间段	资料来源
柳氏	嫁	皇甫氏	玄宗时期	《皇甫敖墓志》[14]
柳固	娶	博陵崔氏	玄宗时期	《柳铤墓志》[14]
柳瑗	嫁	崔氏	玄宗时期	《唐崔君夫人柳瑗墓志》[15]
柳氏	嫁	王季友	玄宗时期	《杜甫·可叹》
柳氏	嫁	渤海高氏	中宗睿宗时期	《柳氏墓志》[16]
柳绩	娶	杜良娣妹	玄宗时期	《新唐书·酷吏传》①
柳希隐	娶	河东薛郑宾女	玄宗时期	《薛郑宾墓志》[15]
柳氏	嫁（娶）	赵郡李氏	玄宗时期	《唐摭言·李固言》
柳氏（李邕外孙女）	嫁	赵氏	玄宗时期	《因话录》
柳震	娶	弘农杨氏	玄宗时期	《柳震墓志》[7]
柳氏	娶	荥阳郑氏	睿宗时期	《郑马儿墓志》[17]
柳喜	娶	赵氏	约玄宗时期	《因话录》
柳识	娶	崔氏、萧氏	约玄宗时期	《吕府君夫人柳氏墓志》[12]

---

① 柳绩世系不明，考虑当时士族之间通婚情况，应是河东柳氏一支。又《旧唐书·李邕传》记载："又尝与左骁卫兵曹柳绩马一匹，及绩下狱，吉温令绩引邕议及休咎，厚相赂遗，词状连引，敕刑部员外郎祁顺之、监察御史罗希奭驰往就郡决杀之，时年七十余。"柳绩知道李邕事迹，或许与柳氏与韩氏之间的联姻有关。柳均为西眷柳敏后裔，故柳绩也可能出自西眷。

注释：

[1]吴钢主编:《全唐文补遗》(第五辑),三秦出版社,1998年版。

[2]吴钢主编:《全唐文补遗》(千唐志斋新藏专辑),三秦出版社,2006年版。

[3]荣新江主编:《唐研究》(第七卷),北京大学出版社,2001年版。

[4]《全唐文》卷六〇八。

[5]《全唐文》卷三四四。

[6]吴钢主编:《全唐文补遗》(第八辑),三秦出版社,2005年版。

[7]齐运通主编:《洛阳新获七朝墓志》,中华书局,2012年版。

[8]《全唐文》卷三五一。

[9]柳宗元撰,尹占华、韩文奇校注:《柳宗元集校注》,中华书局,2013年版。

[10]吴钢主编:《全唐文补遗》(第一辑),三秦出版社,1994年版。

[11]吴钢主编:《全唐文补遗》(第七辑),三秦出版社,1999年版。

[12]吴钢主编:《全唐文补遗》(第四辑),三秦出版社,1997年版。

[13]赵力光主编:《西安碑林博物馆新藏墓志续编》,陕西师范大学出版总社有限公司,2014年版。

[14]赵文成、赵君平主编:《秦晋豫新出墓志蒐佚续编》,国家图书馆出版社,2015年版。又见于毛阳光、余扶危主编:《洛阳流散唐

代墓志汇编》，国家图书馆出版社，2013年版。

[15]赵君平、赵文成主编：《河洛墓刻拾零》，北京图书馆出版社，2007年版。又见于中国国家图书馆馆藏墓志：《唐故通议大夫守道州刺史上柱国河东薛府君（郑宾）墓志铭（并序）》，墓志7705。

[16]《从"定州柳氏墓志"看唐代书体风格》，原文称"夫人河东郡柳氏，疏姿允沼，毓态巫峰，女戒夙彰，母仪早着，岂谓风林透彻、逝水湍流、疾日臻、魂沉月魄、遂使香分、焉被影灭、龙池凤去、管而楼空、鸾别台而绝舞、夫人春秋七、开元廿四年，三月廿六日，大谢其年、四月五日葬于定州城西南一十里宣村庄北三百步，并以龟谋宅兆、马骥为村、北瞰中山，西瞻恒岳，感得青鸾应瑞、白兔呈祥、香风屡臻、庆云时集、呜呼哀哉，其生也荣、其死也哀，魂魄堕于月殿"。由于未见原版，"夫人春秋七"中"七"字疑为"卅"或"卌"字。

[17]赵文成、赵君平主编：《秦晋豫新出墓志蒐佚》，国家图书馆出版社，2011年版。

唐中宗唐玄宗时期，随着柳奭的平反，河东柳氏的政治地位逐渐恢复。柳氏婚姻对象也逐渐改变。柳氏与韦氏之间通婚比较频繁，柳氏与薛氏、裴氏之间通婚也逐渐增多，反映了关中士族相互联姻的现实。柳氏与赵氏、陇西李氏及杨氏之间的通婚逐渐增多，这些家族也是关陇家族的代表。这一阶段，柳氏婚姻圈也进一步扩大，渤海高氏、封氏也是其联姻对象；与关东士族之间通婚逐渐增多，与崔氏、赵郡李氏、清河张氏及荥阳郑氏之间亦有通婚。

五、唐肃宗至唐敬宗时期河东柳氏婚姻圈

姓名	嫁/娶	对方姓名	时间段	资料来源
柳氏	嫁	元氏	代宗时期	《河南兵曹元公墓志铭》[1]
柳氏	嫁	河间张氏	肃宗代宗时期	《河南令张君墓志铭》[2]
柳岘	娶	陇西李氏	代宗时期	《故莫州长丰县令李君墓志铭》[3]
柳氏	嫁	崔造	代宗时期	《崔公夫人河东县君柳氏祔葬墓志铭(并序)》[4]
柳并之女	嫁	吴郡陆氏	代宗时期	《陆君墓志铭(并序)》[5]
柳氏	嫁	刘氏	代宗德宗时期	《中山刘公神道碑铭》[6]
柳氏	娶	权氏	德宗时期	《权氏墓志铭(并序)》[4]
柳必	娶	河东薛氏	代宗时期	《柳公(必)夫人河东薛氏墓志》[7]
柳识之女崔氏(出)	嫁	吕渭	德宗时期	《吕府君夫人柳氏墓志》[8]
柳寥	娶	卢环	约肃宗代宗时期	《卢寂墓志》[7]

(续表)

姓名	嫁/娶	对方姓名	时间段	资料来源
柳丰女	嫁	太原郭迥	代宗时期	《柳丰墓志铭》[9]
柳氏	娶	李衮之女	德宗时期	《韦府君妻陇西李夫人墓志铭》[10]
柳宽	娶	琅琊王氏	代宗时期	《故大理评事柳君墓志》[11]
柳宗元	娶	宏农杨氏	代宗时期	《亡妻宏农杨氏志》[11]
柳宗元姊	嫁	清河崔氏	德宗时期	《亡姊崔氏夫人墓志盖石文》[11]
柳宗元姊	嫁	河东裴氏	德宗时期	《亡姊前京兆府参军裴君夫人墓志》[11]
柳宗元叔	娶	吴郡陆氏	代宗时期	《故叔父殿中侍御史府君墓版文》[11]
柳宗元姑	嫁	颍川陈氏	德宗时期	《亡姑渭南县尉陈君夫人权厝志》[11]
柳元方	娶	独孤氏、裴氏	代宗德宗时期	《万年县丞柳君墓志》[11]
柳宗一	娶	扶风马氏	代宗德宗时期	《唐故岭南经略副使御史马君墓志》[11]
柳子温	娶	崔氏、薛氏	肃宗时期	《因话录·商部》
柳中庸	娶	萧颖士女	肃宗代宗时期	《新唐书·文艺志中》[8]
柳公绰	娶	韩氏	德宗时期	《因话录·商部》

(续表)

姓名	嫁/娶	对方姓名	时间段	资料来源
柳仲郢	娶	韦贯之女	约宪宗时期	《旧唐书·韦贯之传》
柳公济	娶	清河张氏	约宪宗时期	《柳正封墓志铭》[12]
柳均女	嫁	李师稷父	代宗时期	《柳均灵表》[12]
柳杲	娶	义清公主	代宗时期	《旧唐书·诸公主传》
柳昱	娶	宜都公主	德宗时期	《旧唐书·诸公主传》
柳内则	嫁	裴氏	代宗时期	《柳内则墓志》[12]
柳汶实	娶	王虚明（改嫁）	约宪宗时期	《王炼师(虚明)墓志铭》[12]
柳耸	娶	河东薛氏	代宗时期	《柳耸墓志》[13]
柳从肇	娶	谭氏	约德宗时期	《永州司功参军谭随亡母毛氏志文》[11]
柳渨	娶	裴均女	德宗时期	《柳寔墓志》[14]
柳氏	嫁	长孙湛	代宗德宗时期	《唐故柳氏(均)江夏李夫人墓志》[8]
柳氏	嫁	李正臣	代宗德宗时期	同上
柳氏	嫁	韦适	代宗德宗时期	同上
柳氏	嫁	陈允初	代宗德宗时期	同上

(续表)

姓名	嫁/娶	对方姓名	时间段	资料来源
柳氏	嫁	郑怀古	宪宗时期	《因话录·商部下》
柳氏	嫁	昌黎韩述	代宗时期	《韩复墓志》[15]
柳氏	嫁	河东裴氏	代宗时期	《柳上元墓志》[16]
柳氏	娶	王通之后	宪宗穆宗时期	《柳频母王氏墓志》[16]
柳铤	娶	河东薛氏	肃宗代宗时期	《柳铤墓志》[16]
柳淳	娶	吕氏	德宗时期	《吕渭墓志》[8]
柳宗元	续娶	吕氏	宪宗时期	《柳宗元妻室子女考》[17]
柳氏	嫁	裴氏	约德宗时期	《裴琪墓志》[18]
柳氏	嫁	韩滉	宪宗时期	《司马光·家范》
柳氏	嫁	韦及	德宗时期	《韦府君夫人柳氏墓志》[19]
柳氏	嫁	李杆（皇室）	代宗时期	《李从易墓志》[14]
柳默然	嫁	赵氏	德宗时期	《柳遵师墓志》[8]
柳氏	嫁	陇西李伯和	肃宗代宗时期	《伯祖妣赵郡李夫人墓志铭》[11]
柳氏	嫁	太原王纡	肃宗代宗时期	同上
柳氏	嫁	颍川陈苌	肃宗代宗时期	同上

(续表)

姓名	嫁/娶	对方姓名	时间段	资料来源
柳震长女	嫁	陇西李沉	约肃宗时期	《柳震墓志》[9]
柳震次女	嫁	陇西李博雅	约肃宗时期	同上
柳震三女	嫁	荥阳郑损	约肃宗时期	同上
柳氏	娶	韩氏	代宗德宗时期	《柳廿五墓志》[20]
柳识女萧氏(出)	嫁	韦氏	约德宗时期	《吕府君夫人柳氏墓志》[8]
柳氏	嫁	裴鷸	代宗德宗时期	《裴鷸墓志》[21]
柳氏	嫁	李扞	代宗时期	《唐故李夫人墓志铭》[22]

注释：

[1]《全唐文》卷七八五。

[2]《全唐文》卷五六五。

[3]《全唐文》卷五二六。

[4]《全唐文》卷五〇四。

[5]《全唐文》卷五〇三。

[6]《全唐文》卷六三〇。

[7]吴钢主编:《全唐文补遗》(第六辑),三秦出版社,1999年版。

[8]吴钢主编:《全唐文补遗》(第四辑),三秦出版社,1997

年版。

[9]齐运通主编:《洛阳新获七朝墓志》,中华书局,2012年版。

[10]《唐文拾遗》卷三〇。

[11]柳宗元撰,尹占华、韩文奇校注:《柳宗元集校注》,中华书局,2013年版。

[12]吴钢主编:《全唐文补遗》(千唐志斋新藏专辑),三秦出版社,2006年版。

[13]吴钢主编:《全唐文补遗》(第三辑),三秦出版社,1996年版。

[14]胡戟等主编:《大唐西市博物馆藏墓志》,北京大学出版社,2012年版。

[15]赵力光:《新出柳公权撰〈韩复墓志〉考释》,《文物》2009年第11期。

[16]赵文成、赵君平主编:《秦晋豫新出墓志蒐佚续编》,国家图书馆出版社,2015年版。

[17]王辉斌:《唐代诗人婚姻研究》,群言出版社,2004年版。

[18]吴钢主编:《全唐文补遗》(第一辑),三秦出版社,1994年版。《裴琪墓志》为"外兄摄郑华馆驿巡官柳宗礼书"。柳宗礼与裴琪可能为广义上的表兄妹关系,不一定就是亲表兄妹。

[19]西安市长安博物馆编:《长安新出墓志》,文物出版社,2012年版。

[20]毛阳光、余扶危主编:《洛阳流散唐代墓志汇编》,国家图书馆出版社,2013年版。原题为"唐故建昌县令柳府君□□第廿五墓志铭(并序)","舅河南府河阳□□韩镇撰",疑为韩镇。

[21] http://book.kongfz.com/item_pic_78936_582495433/。2016年10月20日阅。

[22]岳连建、柯卓英:《唐京兆府功曹参军庾承欢夫人李氏墓志

考释》,《考古与文物》2005年第4期。李扞祖父为让皇帝李宪,其父为李宪第九子李琯。

唐代宗至唐敬宗时期,柳氏婚姻圈又发生了变化。即与大族之间通婚较多,与陇西李氏、太原王氏、荥阳郑氏、河东裴氏、薛氏及关中韦氏和弘农杨氏通婚比较普遍。此外,多见与权臣通婚的情况,主要是太原郭氏与韩氏。唐德宗之后,朝廷逐渐重视进士群体,柳氏与进士中新贵通婚例子也较多,比如马吕氏和陈氏。与皇族通婚频繁是这一时期的重要特征,主要原因是柳潭娶和政公主,和政公主在财力上帮助代宗与肃宗渡过难关,皇室对河东柳氏有感激之情,故柳氏与皇室联姻比较多。

六、唐文宗至唐昭宗时期河东柳氏婚姻圈

姓名	嫁/娶	对方姓名	时间段	资料来源
柳知微	娶	颍川陈兰英	文宗时期	《唐故颍川陈氏墓记》[1]
柳氏	娶	颍川陈氏	文宗时期	《唐故河东柳府君夫人颍川陈氏墓志铭(并序)》[2]
柳苏	娶	陇西李氏	懿宗时期	同上
柳悦	娶	琅琊倪氏	懿宗时期	同上
柳氏	嫁	陇西李氏	懿宗时期	同上

(续表)

姓名	嫁/娶	对方姓名	时间段	资料来源
柳楚之女	嫁	陈立行	文宗时期	《幽州大都督府兵曹参军陈君墓志铭(并序)》[1]
柳氏	娶	张氏	懿宗时期	《张府君墓志铭(并序)》[1]
柳延宗	娶	陇西李氏	懿宗时期	《柳延宗墓志》[3]
柳当	娶	慕容氏、高氏	文宗时期	同上
柳正封	娶	博陵崔氏	约文宗时期	《柳正封墓志》[3]
柳晟孙女	嫁	丘氏	文宗时期	《丘公夫人河东柳氏墓志铭》[4]
柳文素	娶	侯氏	约文宗时期	《唐故节院官柳府君墓志铭(并序)》[5]
柳频	娶	河东裴氏	武宗宣宗时期	《唐柳频母王氏墓志》[6]
柳陟	娶	许昌庄肃公主	宣宗时期	《新唐书·公主传》
柳氏	嫁	苗素祖父	约文宗时期	《苗素墓志》[1]
柳正元	娶	穆宗女淮阳公主	文宗时期	《新唐书·公主传》①
柳氏	嫁	唐宣宗	宣宗时期	《昭王李汭墓志》[7]
柳玭妹	嫁	弘农杨堪	宣宗时期	《戒子通录》《杨筹墓志》[8]

---

① 柳陟与柳正元世系不明,考虑当时士族之间通婚情况,应是河东柳氏一支。此外,柳陟世系可参考《唐柳频母王氏墓志》。

(续表)

姓名	嫁/娶	对方姓名	时间段	资料来源
柳氏	嫁	武威安玄朗	宣宗时期	《安玄朗墓志铭》[9]
柳氏	嫁	苏逢吉曾祖父	约僖宗时期	《苏逢吉墓志》[10]
柳氏	嫁	陶谷父	昭宗时期	《宋史·陶谷传》①

注释:

[1]《全唐文续拾》,《全唐文》(附拾遗、续拾、札记),上海古籍出版社,1990年版。

[2]柳哲:《馆藏唐代墓志铭》,《晚霞》2013年第13期。

[3]吴钢主编:《全唐文补遗》(千唐志斋新藏专辑),三秦出版社,2006年版。

[4]吴钢主编:《全唐文补遗》(第三辑),三秦出版社,1996年版。

[5]萧依:《某禅师塔铭 唐柳文素墓志铭》,《青少年书法》2011年第8期。又据中国国家图书馆馆藏墓志介绍,此墓志出土于山西长治。

[6]赵文成、赵君平主编:《秦晋豫新出墓志蒐佚续编》,国家图书馆出版社,2015年版。

[7]赵力光主编:《西安碑林博物馆新藏墓志汇编》,线装书局,

---

① 据《宋史·陶谷传》记载,陶谷"邠州新平人。本姓唐,避晋祖讳改焉。历北齐、隋、唐为名族。祖彦谦,历慈、绛、澧三州刺史,有诗名,自号鹿门先生。父涣,领夷州刺史,唐季之乱,为邠帅杨崇本所害。时谷尚幼,随母柳氏育崇本家"。陶谷出身名族,其婚配也应该是名门,故其母柳氏应该出身河东柳氏支系。

2007年版。

[8]西安市文物保护考古研究院:《西安曲江缪家寨唐代杨筹墓发掘简报》,《文物》2016年第7期。

[9]吴钢主编:《全唐文补遗》(第七辑),三秦出版社,1999年版。

[10]吴建华:《五代苏逢吉墓志考证及相关史实钩沉》,赵振华主编:《洛阳出土墓志研究文集》,朝华出版社,2002年版。

唐文宗之后,柳氏婚姻圈出现了转折。随着柳氏的迁徙,柳氏与当地大族通婚常见,以与留在关中地区与关中及其附近士族通婚为主。这一时期,与皇族的通婚仍然存在。总体而言,与非大族通婚是主流趋势,一方面是由于迁徙,另一方面科举制等因素导致新的力量出现。

中古时期,不同区域的士族,存在不同的婚姻圈。《隋唐嘉话》记载:"高宗朝,以太原王、范阳卢、荥阳郑、清河博陵二崔、陇西赵郡二李等七姓,恃其族望,耻与他姓为婚,乃禁其自姻娶。于是不敢复行婚礼,密装饰其女以送夫家。"可见当时七姓之间形成了狭小的婚姻圈,以至于当时的薛元超对人说:"吾不才,富贵过分,然平生有三恨:始不以进士擢第,不得娶五姓女,不得修国史。"薛元超出身于河东薛氏,又在朝中当大官,还不能与五姓联姻。

七姓之间相互的联姻,引起了唐太宗的不满。《贞观政要》卷七记载:"贞观六年,太宗谓尚书左仆射房玄龄曰:'比有山东崔、卢、李、郑四姓,虽累叶陵迟,犹恃其旧地,好自矜大，称为士大夫。每嫁女他族，必广索聘财，以多为贵，论数定约，同于市贾，甚损风俗，有紊礼经。既轻重失宜，理须改革。'"唐太宗要求高士廉撰写《氏族志》，"士廉等及进定氏族等第，遂以崔干为第一等"。这种情况引起了唐太宗的警惕："我与山东崔、卢、李、郑，旧既无嫌，为其世代衰微，全无官宦，犹自云士大夫，婚姻之际，则多索财物，或才识庸下，而偃仰自高，贩鬻松槚，依托富贵，我不解人间何为重之？且士大夫有能立功，爵位崇重，善事君父，忠孝可称，或道义清素，学艺通博，此亦足为门户，可谓天下士大夫。今崔、卢之属，惟矜远叶衣冠，宁比当朝之贵？公卿已下，何暇多输钱物，兼与他气势，向声背实，以得为荣。我今定氏族者，诚欲崇树今朝冠冕，何因崔干犹为第一等，只看卿等不贵我官爵耶？不论数代已前，只取今日官品、人才作等级，宜一量定，用为永则。"于是，"遂以崔干为第三等"。

但这种强制命令没有改变社会中固有的观点。《新唐书·柳芳传》记载："过江则为'侨姓'，王、谢、袁、萧为大；东南则为'吴姓'，朱、张、顾、陆为大；山东则为'郡姓'，王、崔、卢、李、郑为大；关中亦号'郡姓'，韦、裴、柳、薛、杨、杜首之；代北则为'虏姓'，元、长孙、宇文、于、陆、源、窦首之……今流俗独以崔、卢、李、郑为四姓，加太原王氏号五姓，盖不经也……山东之人质，故尚婚娅，其信可与也；江左之人文，故尚人物，其智可与也；关中之人雄，故尚冠冕，其达可与也；代北之人武，故尚贵戚，其泰可与也。及其弊，则尚婚娅者先外族、后本宗，尚人物者进庶孽、退嫡长，尚冠冕者略伉俪、慕荣华，尚贵戚者徇势利、亡礼教。四者俱弊，则失其所尚矣。"而据《唐会要》卷三六《氏族》记载："至贞元中，左司郎中柳芳论氏族、序四姓，则分甲乙丙丁，颁之四海，世族则先山东。"直到唐中后期，士族观念仍在社会中影响深远。

《柳内则墓志》也记载："大凡族氏之大，婚媾之贵，关外则曰李曰卢曰郑曰崔，关中则曰裴曰韦曰柳曰薛。国朝差叙则先后有别，品藻则轻重甚明。其有本仁义雍和之教，禀阀阅相承之重，深敬祖始，不忘吾耦，则必慕族类而婚，依族类而嫁，使男得其配，女适其归。法教无二途，疏戚无间言。缨绥纷纶，枝叶番昌。是为克家敬本之道，冀不失于百代也。其有舍族忘本，异尚封己，卑始族而尊他门，厚弊财而分甲乙，则必亲其所疏，疏其所亲。顾衣食而不知配耦之端，视步武而不知仁义之途。斯风俗之浇薄，保家之甚病。古人尚恭敬桑梓，行式乡里，示不忘本也。况族姓授受之间焉！"

李仲言在《唐故太原府祁县丞李公(士华)墓志铭(并序)》中也提及："故以我族与山东他族凡五为天下甲氏。其后婚姻，率俭德为常，故世世有令闻。大凡人物中，各世其家实。关中诸族懿声华富贵为实，山东五姓以俭德婚姻为实，苟能修其实，则无坠祖先之业也。"

作为关中郡姓，河东柳氏并不尚婚姻。唐高宗之前，柳氏与五姓七望之间联姻较少。唐中宗后，随着唐朝一系列限制山东的政策出台，加之社会发展变化，柳氏与五姓之间通婚逐渐增加，但并非主流。柳氏虽然与五姓之间通婚少见，但其通婚对象仍然是"侨姓"、关中"郡姓"及"虏姓"，体现了所谓"慕族类而婚，依族类而嫁"的婚姻圈特点。柳氏婚姻圈还有一个重要特征,即世代通婚现象比较常见,比如与长孙氏、韩氏及陈氏、杨氏、韦氏之间存在长期婚姻关系。与河东薛氏及裴氏之间通婚反而并不多见,特别是与薛氏通婚比较晚,而且比较少。此外,柳氏与皇族通婚比较多。隋朝时期与皇族杨氏通婚较多。唐朝时期,与皇族直接或间接联姻密切。唐朝初年,柳宝林为李渊的嫔妃,此外柳氏子弟先后与后族子女联姻。唐玄宗之后,柳氏女子入宫者逐渐增加,公主等皇族女子下嫁柳氏的也逐渐增多,表明柳氏与皇族之间关系密切。

第六章　柳氏的迁徙

家族的迁徙反映了家族的繁衍与扩大及未来的动向，也反映出社会与家族的变迁对家族造成的复杂影响。①

研究中古家族的迁徙，往往与墓地的变迁联系在一起②。陈寅恪先生指出："吾国中古士人，其祖坟住宅及田产皆有连带关系……故其家非万不得已，决无舍弃其祖茔旧宅并与茔宅有关之田产，而他徙之理。"③

河东柳氏墓葬的研究，毛汉光先生有所涉及，但所依据出土墓志有限，结论未必可靠。王其祎和周晓薇先生的相关文章也有探讨，但此并非讨论的重点。李红在研究中也提及墓葬问题，并做了统计，但墓志收集并不全面，影响了

---

① 韩昇：《南北朝隋唐士族向城市的迁徙与社会变迁》，《历史研究》2003年第4期。

② 李浩：《从碑志看唐代河东裴氏的迁徙流动》，《文献》2003年第4期；范兆飞：《从墓葬地看隋唐太原郭氏的迁徙》，上海社会科学院：《传统中国研究辑刊》，上海人民出版社，2006年版；李红：《河东柳氏的归葬与籍贯迁移——基于墓志资料的考察》，《史志学刊》2016年第5期。

③ 陈寅恪：《论李栖筠自赵徙卫事》，《中山大学学报》（社会科学版）1956年第4期。又见于《金明馆丛稿二编》，生活·读书·新知三联书店，2001年版，第2页。

对相关墓志的解读,主要是唐高宗至武后时期,部分原葬于关中的河东柳氏有迁葬到洛阳的过程。

一、关中地区

中古河东柳氏墓葬地在关中附近比较多,主要有:
1.长安少陵原

长安少陵原是河东柳氏主要墓葬地,主要是西眷柳僧习后裔墓葬所在地。柳僧习死后,墓葬在洛阳,其长子柳鷟早逝,墓葬也在洛阳一带。柳桧战死后,"书轨未通,旧营艰远。以二年岁次癸酉二月甲午十六日巳酉权窆小陵原,去长安卅里"。此后,柳虬子柳御天和宇文(柳)逢恩、柳鷟妻王令妡、柳僧习妻死后都葬在此地。① 北周建德六年(577),柳鷟墓由洛阳迁到少陵原。

此后,柳僧习墓也被迁到长安少陵原,《柳铤墓志》记载:"七代祖隋扬州刺史讳僧习,至曾祖王父皇徐州长史讳子夏五世兆于少陵原。"隋朝时期柳旦之子柳则也葬在少陵原,"君讳则,字成象,河东解人也。祖庆,魏尚书左右仆射,平齐公。考旦,随太常少卿、黄门侍郎、新城公。君即新城公第二子也……粤以贞观十年十一月十六日奉迎神柩归京,合葬于雍州万年县少陵乡颍川府君之墓次。"颍川府君即柳僧习。柳僧习墓迁入长安,标志着其后裔正式将长安

---

① 《柳桧墓志》《柳御天墓志》《王令妡墓志》《宇文逢恩墓志》,王连龙:《新见北朝墓志集释》,中国书籍出版社,2013年版,第116、114、177、180页。

作为新的家族墓葬所在地。

柳虬曾孙柳保隆,"大周长寿三年五月十九日,合葬于雍州明堂县高平乡凤栖原之大茔,礼也"①。柳保隆之子柳璧,"垂拱四年九月廿四日,寝疾于岐山庄敬道里地",其妻梁氏,"以长寿二年三月六日,终于明堂显国坊里地……即以其三年五月十九日,合窆于雍州明堂县高平乡凤栖原之大茔,礼也"。

柳桧子柳雄亮,也葬于少陵原。《柳雄亮墓志》记载:"君讳雄亮,字信诚,河东解人也……祖僧习……仕魏历北地、颍川二郡太守。父桧……开皇九年四月廿七日薨于位,春秋五十……大唐显庆三年岁次戊午十一月庚辰朔十七日景申子葬于雍州万年县高平乡平泉里少陵原,礼也……夫人河南费氏,隋晋州刺史孝远之第三女也……大唐武德三年薨,今迁合葬。"柳雄亮死于开皇九年(589),其妻费氏死于武德三年(620),显庆三年(658)二人迁葬,未言大茔等,或许由于某种原因另寻葬地。《柳雄亮墓志》未言其后裔,甚有可疑之处。显庆二年(657),柳奭已经失势,形势发展对柳氏不利,这样做或许是一种避祸措施。

柳奭的儿子柳嘉泰,葬于少陵原。《右武卫将军柳公神道碑》记载:"公讳嘉泰,字元亨……曾祖则,隋左卫骑曹参军,皇赠蒲州长史。埋厄卑位,有才无时,季叶荡而困于先号,圣人作而光于后命。祖奭,皇中书令、河东公。厚德载

---

① 《柳保隆墓志》,胡戟等主编:《大唐西市博物馆藏墓志》,北京大学出版社,2012年版,第282—283页。

庶物,直心尹天下,齐七政于玑衡,致一人于仁寿,虽子孺之周密、方进之通明,不是过也。父爽,皇赠朝散大夫、濮州司马……以十二月二日,归窆于万洪固之原,礼也。"柳嘉泰葬地"万洪固之原",即在少陵原附近。

此外,柳庆、柳旦等也葬于少陵原。《故大理评事柳君墓志》记载:"又五世曰庆,相魏。魏相之嗣曰旦,仕隋为黄门侍郎。其小宗曰楷,至于唐,刺济、房、兰、廓四州。楷生夏县令府君讳绎。绎生司议郎府君讳遗爱。皆葬长安少陵原。"

另外,《故殿中侍御史柳公墓表》记载:"唐贞元十二年二月庚寅,葬我殿中侍御史河东柳公于万年县之少陵原。"《伯祖妣赵郡李夫人墓志铭》记载:"八月二十四日,葬于万年县之少陵原,实栖凤原,介于我先府君仲父二兆之间,神心之所安也。"《叔妣吴郡陆氏夫人志文》记载:"遂以其年十二月十三日庚午,合祔于少陵原之墓。"

柳宗元死后也葬于少陵原。韩愈《柳子厚墓志铭》载:"子厚以元和十四年十一月八日卒,年四十七。以十五年七月十日,归葬万年先人墓侧。"

由此可见,少陵原是柳氏家族西眷的主要墓葬地。柳宗元在《故宏农令柳府君坟前石表辞》中记载:"少陵原柳氏之大墓,唐贞元十九年某月日,孤某奉其先府君泊夫人之丧祔于其位。由新墓而南若干步,曰高祖王父兰州府君讳某字某之墓。又东若干步,曰曾祖王父邠州府君讳某之墓。西若干步,曰祖王父司议郎府君讳某之墓。咸异兆而相望。昭穆之有位序,壤树之有丰杀,皆如律令。"这反映出葬于此地的族人很多。

2.京兆府始平县

柳敏孙柳怀素墓志中写道:"爰至唐朝,不能复始。府君起家唐任左领军府录事参军,寻转陵州贵平孙令。府君下车制锦,化以不言,伏□□琴,人歌来暮。年逾耳顺,遽从阅水……仪凤年,四子并任蜀中。夫人随室剑表。该任陵州录事,详任泸府户曹,询任梓州司法,谟任隆州参军事……今岁蓍龟袭吉,该、谟等兄弟二人,近奉恩敕,从雍州移贯属洛州洛阳县。旧墓田先在始平,兄弟所移,□神都坟墓不可更依,旧所亦□形胜。府君夫人并迁神改葬于洛阳县清风乡张方里。谟又见绾本部,相地卜田,并是神□名手,明器□帐,并出神都巧人。装饰财成,莫非纤丽。以大周延载元年岁次甲午七月癸未朔廿七日己酉,府君夫人合葬于野茔,礼也。"

始平,据《新唐书·地理志上》记载:"兴平,畿。本始平,景龙四年,中宗送金城公主降吐蕃至此,改曰金城,至德二载更名。"西眷柳敏支系将京兆府始平县作为新的祖墓所在地。

武后时期,由于家族变故,柳氏后人在洛阳地区新建家族墓地,始平地区的家族墓地逐渐放弃。武后统治结束后,未发现有葬于此地的柳氏后裔。

3.长安高阳原

高阳原是柳氏西眷的另一个祖墓所在地。柳敏的孙子柳敬则葬于高阳原。"君讳敬则,字□,河东闻喜人也。昔柳庄为社稷之……展禽即行……曾祖懿,后魏汾州刺史;祖敏……父逵,隋会宁公,通事舍人谒者台丞……君即文德圣皇后之甥也……即以其年□□五日,合葬于雍州乾封县之高阳原,礼也。"①乾封县,据《新唐书·地理志上》记载:"长安,赤。总章元年析置乾封县,长安二年省。有大安宫,本弘义,后更名。南五十里太和谷有太和宫,武德八年置,贞观十年废,二十一年复置,曰翠微宫,笼山为苑,元和中以为翠微寺。"乾封县存在于武则天统治时期,柳敬则没有葬在始平县,或许与时政有关。

此外,柳冲也葬在高阳原。《柳冲墓志》记载:"君讳冲,字冲,河东解人……曾祖庆,魏尚书左右仆射,周司会,平齐县公……粤以仪凤三年四月廿六日,终于长安县弘化里之私第,春秋五十一。以其年五月十七日,厝于乾封县福阳乡高阳原。礼也。"

柳虬七世孙柳元方,葬于高阳原。《万年县丞柳君墓志》记载:"惟贞元十二年龙集景子三月日,前万年县丞柳君终于长安升平里之私第,享年五十。长子宏礼,承家当位,次曰传礼,幼曰好礼,奉夫人洎仲父之命,考时定制,动合古道,三日而殡,三月而葬。粤五月十九日甲子,克开长安县高阳原,窆于先茔,礼也……君讳元方,字某,解人也。系自周鲁,后得柳姓。七代祖虬,后魏中书令,封美阳公。"

柳庆后裔柳崇敬葬于高阳原。《柳崇敬墓志》记载:"君讳崇敬,字崇敬……高祖庆……曾祖机……祖皇晋王友

---

① 《大唐故邵州诸军事邵州刺史柳府君墓志铭(并序)》,赵力光主编:《西安碑林博物馆新藏墓志续编》,陕西师范大学出版总社有限公司,2014年版,第678页。

逸;父越州剡县令嫣……孝廉甲科,年方未冠……历始州武连梓州铜山二县尉;果州南充县丞;梓州司兵参军……历苏州长洲同州河西二县令……遂于剡外终当乐死,竟尔忘归。开元廿三年冬十月终于临海,春秋八十有二。以廿六年五月廿九日归葬于长安之高阳原,礼也。"

《柳寔墓志》记载:"有唐故杭州盐官县丞,河东柳寔,以元和十二年丁酉十二月景辰朔四日己未,归全于京兆府长安县崇贤里之私第,享龄廿有一。以其月十七日壬申,藁葬于高阳原,从瀗博之义也。"

4.扶风原

柳庆后裔柳子贡葬于扶风原,《柳子贡墓志》记载:"君讳子贡,字子贡,河东解人……曾祖庆……祖旦……以调露元年二月廿二日终于县望仙里之别业,享年卌有四……以天宝七载五月廿七日迁窆于京兆府武功县扶风原,成先人志也。"据墓志可以推断,柳子贡父亲也可能葬于扶风原,柳子贡是葬于新的祖坟所在地。

5.万年县铜人原与新店原

柳潭之妻和政公主去世后,"窆公主于万年县义丰之铜人原,从理命也"①。此外,柳潭之子柳昱夫妇也葬在铜人原。"讳昱,字季昭。祖岑,皇朝通事舍人,赠秘书监。父潭,皇朝太仆卿、驸马都尉,赠尚书左仆射……十四年夏六月,尚今皇帝四女宜都公主。十九年春三月,主薨,葬万年县铜人原。二十年岁在甲申,秋八月二旬有一日,公终于永

---

① 《全唐文》卷四《颜真卿·和政公主神道碑》。

兴里第,享年四十有五。制赠工部尚书。以其年冬十月旬有九日合葬宜都茔,礼也。"

柳昱作为柳敏的后裔,并没有葬在祖茔,而是葬在长安近郊的铜人原,这里应该是一处新的家族墓葬所在地,这与公主身份有关,方便祭祀。

新店原也有柳氏家族墓地。《柳频母王氏墓志》记载:"咸通十二年……贡士柳频先太夫人河东王氏弃世于上都宣平里私第,享年七十……祔于京兆府万年县灞城乡新店原……犹子今左谏议大夫陟……""犹子"即侄子,柳陟与柳频为堂兄弟关系,柳陟娶许昌庄肃公主,以柳陟身份,可知新店原也是重要的家族墓地。

6.户县

《柳明逸墓志》记载:"公讳明逸,字豫,河东解人也。夫有盛德,子孙必受其赐。柳氏元祖,比迹惠齐,春秋匪懈,芝兰递袭。公之曾祖季茂,书勋王府,名高□册,为周荆州总管、定襄公。祖孝斌,秩秩德音,终于令长,为隋霍丘令。父宝积,明明秀质,光于刺举,为唐职方员外,怀岐二州长史、涪颍二州刺史……以天授二年八月廿五日,终于窦州之私第,春秋六十有五。以万岁通天二年二月五日,归窆于先君旧茔之外,礼也。"此墓志出土于陕西户县。但《柳积墓志》记载:"公讳积,字宝积,河东解东人。香大夫惠君之后也,食邑柳下,因以氏焉。大父道茂,周河北郡太守,赠陕州刺史、怀公。考孝斌,隋淮南郡霍丘县令。龙朔二年岁次壬戌二月朔定于万年县洪原乡黄果里大赵村西北一里。"这反映出柳积所葬地经过了迁徙,其迁徙的原因与武则天时期的政局有关。

7.鄜县

《柳耸墓志》记载:"公讳耸,字本立,其先河东人也。公曾祖讳崇礼,官至房州刺史。公之大父讳琬,官至同州朝邑县令。公之烈考讳□,官至邠州永寿县令……景命灾□□,六十有三,岁在癸巳八月己酉之辰,居闲大谢于坊州观俗里。识者闻而痛之,宜矣。嗣子宗本等以明年五月己酉之辰卜祔于鄜县珍藏乡先茔,礼也。"柳崇礼是东眷柳平后裔,但柳平很早就返回北方,柳崇礼本人也参加了隋末起义,这一支家族墓地在鄜县。

8.榆林

《柳均墓志》记载:"公系于西眷,至后魏车骑将军、汾州刺史懿。汾州生敏,周开府仪同三司,太子太傅。太傅则公之六代祖……谨以岁次壬午秋七月癸酉,迁公夫人之灵座,合祔于榆林北原,礼也。"

9.华原(今耀县)

《柳正勖墓志》记载:"公讳正勖,字自励,河东人也……高祖道茂,后魏河城、汝北、南阳三郡太守。材蔚人望,宠被于专城。曾祖孝斌,随霍丘县令。政刑惟靖,抚彼朔鸢。祖客尼,皇朝鄜州别驾。邦国不空,德夫绊骥。父明伟,皇朝青州千乘县丞、丹州义川县令……以开元廿六年七月一日遘疾终于相州司户之寓舍,享年六十五。薄游漳浦,望渭阳之归轩;旧业帝畿,惨长安之返旐。即以开元廿七年二月十日迁窆于华原县宜川乡高池原先茔,礼也。"①这反映出柳正勖死后,葬在华原祖坟地,从而可以判断华原作为柳氏新的祖茔地,至少始于柳明伟。

由于长期生活在此地,柳明伟后裔以华原作为籍贯所在地。史书记载柳公绰与柳公权为"京兆华原人"。《旧唐书·柳公绰传》记载"盗发先人墓,弃官归华原",而《新唐书·柳公绰传》记载"会盗发父墓,弃官归华原",可知柳公绰死后葬于华原,但很快其墓就被盗挖。

10.长安杜城村

《柳愔愔墓志》记载:"唐故检校左仆射兼兵部尚书赠太子太保柳公第四女讳愔愔,年一十有四。自大和八年冬得疾,至九年冬十二月十三日终于升平里之旧宅……以期二十三日葬于杜城庄之近地,与女兄道娘连接封域。"《柳老师墓志》记载:"会昌五年五月二十一日,夭于升平时在第,享年一十有六……城南别业,□地开径。临穴于此,保尔安静。"可知柳公绰家族有别业在杜城村,柳公绰早逝三女都葬于此地。赵力光先生认为此地为柳氏家族墓地。②但柳公绰墓地在华原,又考虑到此三女都是未嫁而亡,有可能是一个临时墓地,或者是由于禁忌而未入祖坟。

11.陕西商洛市

据《辅国将军柳□墓志》介绍,此墓位于陕西商洛市。

---

① 《大唐故朝议郎庆王府文学柳公墓志铭(并序)》,盛世收藏网源宝堂http://bbs.sssc.cn/forum.php?mod=viewthread&tid=7031721,2017年5月6日阅。此处还可见《大唐故庆王府文学柳公夫人崔氏墓志铭(并序)》。

② 赵力光:《唐柳公权撰〈柳愔愔墓志〉考》,《文博》2003年第3期。

此柳□应该为西眷,墓志记载:"君名□,字琮军;河东人……祖父景……蒙授别将;加辅国将军。"可知此辅国将军柳□非东眷柳□,可能是西眷柳崇支系后裔。但此地是否为新的家族墓地,目前尚未见其他材料。

12.西安白作原

《柳才墓志》记载:"君讳才,河东汾阴人也……支分四海,派满九州。曾意,隋泾州司马;祖义,隋任始州司法……君乃宿职善因,不贪荣位,遁迹乡间,加以养亲孝。事君忠,居财廉,与士信……上元二年终于本第……葬于白作原,礼也。"柳才世系不详,从籍贯来看,应是西眷支系。此墓志出土于西安,但白作原地址不详。此外,此地是否为家族墓地,也有待于其他材料印证。因为柳才葬于上元二年(675),正是河东柳氏墓葬变动时期,故不能确定是否为正常安葬。

二、河南地区

1.焦作孟州

《柳从俗墓志》记载:"君讳从俗,字从俗,河东解人也……曾大父旦,随黄门侍郎、新城县开国公。大父楷,皇殿中丞、济房二州刺史。父子夏,皇朝请大夫、阆州长史……夫以天宝七载二月十日恒化于河内郡河内县之里第,春秋七十九。以其载七月己巳朔十四日壬午合葬于河南府河阳县汦梁乡之原,侍先茔,礼也。"则柳子夏及其子柳从俗墓地都在今焦作孟州。《柳铤墓志》记载柳子夏墓葬在长安少陵原,应该是有迁葬。

2. 洛阳龙门

《柳泽墓志》记载:"高祖旦……祖亨……父子阳……开元廿有三载……终于洛阳会节里私第,春秋六十四……开元廿四年岁次丙子正月十七日迁窆于河南府河南县龙门乡清河原,祔于旧茔之西,礼也。"而《柳子阳妻皇甫氏墓志》记载:"河东柳夫人,安定皇甫氏之长女也……仪凤二年六月遘疾,八月八日卒于万年县崇义里之私第,时年五十七。粤三年五月十七日,葬于雍州明堂县洪原乡少陵原,夫之大父旦随黄门侍郎新城县开国公茔兆之侧。"《柳子阳墓志》记载:"永隆二年八月十五日去世;开耀二年正月十二日,与夫人皇甫氏合葬于雍州明堂县少陵原。"可知柳子阳墓是在此后迁到河南龙门的,这可能与武则天统治时期的政局有关。

武则天时期,死于非命的柳偘与其子柳永锡葬在洛阳,《柳偘墓志》记载:"君讳偘,字承茂,河东解人也……曾祖庆,后魏骠骑大将军,开府仪同三司,兼司会尚书、左右仆射,后周万宜二州刺史、京兆尹、大冢宰、平齐公,谥曰景……祖柳机,后周内史、车骑大将军,隋少宗伯、纳言、太子宫尹、开府仪同三司、建安公,谥曰简……父逊,皇朝屯田、职方二郎中、散骑常侍、泉州刺史、上柱国、乐平县开国公……两兄未仕,让公府之辟书;二子无愆,感齐王之赦令,此有君之雍睦也……春秋六十有七,奄灾终于南阳穰县里也。梁鸿至士,死矣何归。高凤时贤,悲哉无及。妻杜氏,即抚州刺史奖之长女也……第二息始州黄安县丞崇约等……以垂拱元年七月廿一日,迁窆于洛州北邙之原,礼也。"《柳永锡墓志》记载:"君讳永锡,河东人也……曾祖机,后周内史、车骑大将军,隋少宗伯、纳言、太子宫尹、开府仪同三司、建安公,谥曰简。父逊,皇朝屯田、职方二郎中、散骑常侍、泉州刺史、上柱国、乐平县开国公……父偘……君则公第三子也……春秋廿有四,奄灾终于南阳穰县里也。即以垂拱元年七月廿一日,葬于洛州北邙之原,礼也。"柳偘夫人杜氏死后,与柳偘合葬。

武则天时期去世的柳惇,也葬于龙门。《柳惇墓志》记载:"君讳惇,字依仁,河东解人也……曾祖止戈,随□仪同散骑常侍、平南将军、洺昌通和四州刺史、平凉公……祖艮,冀州别驾、锦州长史。隋尚义丰公主循良之化,道屈于□舆;通德之门,荣加于筑馆。父寔,绵州昌隆令、湖州长史……以长寿二年七月二日,终□长安武功之里第,春秋五十五。呜呼哀哉!粤以长安二年岁次壬寅五月丁卯朔廿九日乙未,迁窆于河南龙门乡清河原,礼也。"由此可以判断,柳惇可能先葬于长安地区,后迁到龙门乡,由于不言"旧茔"或"大茔"等,可知柳惇墓地为新葬地。此后,柳惇子孙将洛阳当作新的祖墓所在地。《柳彦初墓志》记载:"公讳彦初,河东解人也……曾祖止戈,随上仪同三司、通和昌洺四州诸军事、四州刺史。祖寔,皇朝湖州长史。父惇,皇朝资州资阳县令……春秋四十有六,以大唐开元二年九月十一日,终于河南府河南县积善里之私第。悲夫!以其月十七日,葬于河南县龙门山之南岗,礼也。"

柳氏西眷自开元后,葬于洛阳龙门的逐渐增多。柳带韦曾孙柳儒,死后葬在洛阳龙门。《柳儒墓志铭》记载:"皇朝工部员外郎、太庙令、赠石州刺史……以开元十九年七月卅日,遘疾终于东都章善里之私第,春秋八十……即以开元廿年十一月廿一日,迁窆于河南府河南县龙门乡之西山,礼也。"此处未言"旧茔"等,大概是新墓地。柳儒去世时为八十岁,经历了唐高宗至武后统治时期,而且在洛阳也有"私第",其墓地选择,估计与家族墓地选择有关。柳儒孙媳陇西李氏去世后,葬在龙门柳氏大茔,《柳岳夫人李氏墓志铭》记载:"夫人夫之祖讳儒,皇仓部员外、户部郎中、北海等六郡太守、银青光禄大夫、河东县开国男。夫之考讳含德,皇中散大夫、东阳等三郡别驾。夫有光国登科,调选文部……分诞之间,母子俱逝……以天宝十二载,奄忽终于本家里仁之里第,礼也……春秋廿有四。以今载七月廿六日,陪瘗于龙门北川夫之先茔域也。"

柳机后裔柳丰,葬于龙门地区。《柳丰墓志》记载:"公讳丰,字博物,河东人也。曾祖胤……祖浩……父光裕……以贞元元年十一月廿一日终于唐林县廨署,春秋五十有九……夫人渤海封氏……年十九先公而亡,生一女,适鄑州司马郭迥……以贞元六年十一月四日归祔于河南县毕圭乡之先祖大茔,从古制也。"

而据柳丰堂兄弟柳震墓志记载:"曾祖胤,皇朝散大夫,膳部员外郎;祖浩,皇朝散大夫,晋州叶氏县令;父光道,皇德州将陵县尉……潜蓄禄俸,眷言窀穸,誓愿迁祔……贞元七年改卜先茔于龙门……贞元十一年三月十七日终于洛阳私第,享年八十有六……其年四月廿三日,葬于龙门,祔先茔。"这一支柳氏至少从柳浩开始,已经将龙门作为新的家族墓葬所在地。

《大唐故柳氏高夫人墓志铭》记载:"夫人渤海人也,适河东柳氏……以天宝十载三月卅日,终于洛阳县履道坊之私第,春秋卌……以其年七月廿九日,合葬于河南县龙门乡之原,礼也。"

《柳庭诰夫人河东薛氏志》记载:"君讳庭诰,字茂庄,河东解人也。曾祖世驹,隋琅琊太守;祖公矩,皇右卫长史;父元贞,皇少府监丞……开元六年九月十日,终河南宽政里之私第,春秋五十有六。夫人同郡薛氏,父绘,绵州刺史……大唐天宝元年四月卅日终于陈留郡尉氏县之馆舍,春秋五十有八。即以其年十一月八日合葬于河南县龙门乡北原也。"

《柳延宗墓志》记载:"公河东人,讳延宗,字昌艺……曾祖茂春……祖公济……考当……夫人渤海高氏……广明元年七月十三日,终于宿州平山公御,享年卅一。婚陇西李氏……有子三人,谏儿、豹儿、安儿。女二人,曰珍,曰僧……广明元年十月十四日,归祔于河南府河南县平乐乡伯乐村之大茔,礼也。"柳延宗同父异母兄弟柳正封,也葬于此。《柳正封墓志》记载:"公讳正封,字静略,河东人也……公生于定陵之乡,长于京兆之域……公祖讳济……父当……先夫人慕容氏……后夫人高氏……以开成三年五月廿七日,横终于许州长社县庄舍。以明年己未岁十月廿三日,归葬于河南府河南县之先茔。春秋卅有一矣。娶博陵崔氏。有子二人,长曰吒,次曰都。女一人。"由《柳正封墓志》可知,柳正封出生于唐中宗定陵所在地,今陕西渭南富平县一带,成长在长安,可以判断在富平县一带有柳氏别业存在。

《唐故洪州建昌县令柳府君□□第廿五墓志铭》记载:"柳府君,河东虞乡人也。父承□,曹州□城令。府君□凡二女,□男。男曰□晕,皆余姊所生也□……以贞元十五年八月八日遘疾殁于河南府河南县温柔里官舍……粤以贞元十五年八月壬寅朔廿六日□亥权窆于河南府河南县龙门乡午桥村方苑里□□……"

唐末的《柳崇墓志》记载:"试太常寺奉礼郎河东柳公讳崇,享年七十,大中十二年戊寅六月十六日终于东都归仁里之私第。其年八月八日安厝于洛阳县平阴乡积闰村,祔先大夫之茔,礼也。"

此外,万安山周边地区也有柳氏家族墓地。《柳山涛墓志》记载:"公讳山涛,字广侯,河东人也……景业遂寓居襄阳,又为襄阳人也。晋宋齐梁,代载□美;并详之国史,可得略诸。曾祖素,梁举秀才,尚书功论郎,本州、襄州别驾,太子洗马。祖朗,梁本州主簿,州都新阳郡守。父续,梁举孝廉,荆州法曹参军,征西武陵王府内兵参军,开远将军,梁亡归周,为冀州刺史;周禅隋,为徐州刺史……春秋七十有四,粤以麟德二年十一月十七日,遘疾卒于私第。以乾封元年三月廿二日,窆于洛州伊阙县归善乡集贤里万安山之原,礼也。"此墓志出土于洛阳市伊川县彭婆乡许营村北万安山南原。

《柳秀诚墓志》记载:"君讳秀诚,字守信,河东解人也……曾祖绪……父行满,字无溢……春秋七十有三,终于申州官舍,即以景云二年正月廿六日归窆于洛州万安山南皇堆南之原,礼也。"《新唐书·地理志》记载:"寿安,畿。初隶谷州,贞观七年来属。西二十九里有连昌宫,显庆三年置。西南四十里万安山有兴泰宫,长安四年置,并析置兴泰县,神龙元年省。"寿安县与洛阳接壤,柳秀诚父亲柳行满葬于永济,但柳秀诚葬于寿县,可能是回到家族墓地安葬的。

邙山附近也有柳氏家族墓地。东眷柳□之子柳逊最早安葬在邙山。据《大唐故隋屯田侍郎柳府君夫人萧氏(嬹姝)墓志铭》记载:"以永徽七年正月一日,遘疾终于河南县之私第。嗣子前泽州长史尚德、殿中丞尚真等,痛结寒泉,悲缠陟屺,即以显庆元年岁次景辰二月乙未朔廿六日庚申,敬祔于北邙山汉南公之旧域,礼也。"柳□初封汉南公,其子柳逊继封汉南公,则萧氏与柳逊合葬邙山,可视为东眷柳氏墓葬在邙山的开端。《柳凯墓志》(有文献为《柳鼓墓志》)记载:"祖仲礼,梁左仆射、南充、司二州刺史,魏侍中,开府仪同三司、襄阳侯……父玄,魏黄门侍郎、穰县开国伯,周除昌城、盐亭二郡守,晋爵为侯,增邑千户,隋除魏郡太守,迁州刺史,晋爵为公……武德九年寝疾,终于县邸,春秋六十有七……粤以麟德元年十一月廿八日,奉迁灵窆,合葬于偃师县亳邑乡邙山之南。"

东眷柳□后裔柳顺,其墓葬也在邙山,《柳顺墓志》记载:"公讳顺,字良奴,自幼以字行,河东解人也……高祖顾言……曾祖约……祖尚寂,右金吾引驾……父善宝,皇任幽州司……景龙四年五月二日暴疾终于时邕里第,春秋卌有

□……即以其月辛亥朔廿一日壬申窆于邙山之南,礼也。"

西眷柳道茂后裔柳正确,开元年间葬于洛阳附近的邙山。《柳正确墓志》记载:"柳君讳正确,字隐之,河东解人也……郦州别驾讳客尼,君之王父也,人推展骥之才。洪州丰城县令讳明杰,君主皇考也……以开元廿二年二月廿六日,寝疾终于洛阳县丰财里,春秋六十有六。呜呼哀哉!以其年三月九日,殡于邙山北原,礼也。"不言大茔或旧茔等,反映出柳正确为葬于洛阳的开端。

柳僧习后裔柳铤及其祖父柳固、父柳从心也葬在邙山,《柳铤墓志》记载:"维唐贞元十九年四月二日,前同州司户参军事柳府君违世于新安县龙渊乡之别业,享龄六十有四。孤子方附、方贞、方明、方义……闰十月廿六日,克窆于邙山之平乐原。府君讳铤,河东解人也……父皇苏州常熟县丞讳从心,卜适于兹。烈考皇荆府仓曹参军讳固,安于其右。"

此外,柳尚真之孙柳识,也安葬在邙山。吕温在《郡君夫人柳氏墓志》中记载:"外祖母之丧,夫人□王□在洛,讣自江左,不勺饮者三日,礼不敢过而哀有余。□□前亦寓殡于丹扬,外叔祖至宰□而未克归葬。至是夫人始诉于先公而假力焉。且刺指□血,寄誓家老俾偕启兼护,归伊□旧茔。"可知此地为柳识家族墓地。

柳必家族墓地也在邙山附近。《柳必夫人河东薛氏墓志》记载:"大历五年正月廿一日,葬于偃师县首阳原之先茔,礼也。"首阳原也属于邙山山脉。

《柳尚远妻宇文氏墓志》记载:"夫人宇文氏,河南洛阳人也。以麟德二年八月六日,遘疾卒于洛阳清化坊之私第,春秋十九。即以其年八月十五日,葬于邙山金谷里,礼也。"但宇文氏所葬之地不能判断是权葬之地还是家族墓葬之地。

3.南阳

《柳若丝墓志》记载:"公远祖彧,字幼文,隋为屯田侍郎,迁治书侍御史。当朝正色,为百僚所敬惮……呜嘻!以贞元八年,岁次涒滩十一月二十一日壬申,迁葬于新野县延寿乡宜新里白水之右平原,礼也……夫人汝南梅氏祔焉……春秋七十有一。以建中初,正月十九日,终于新野县私第。"柳若丝为东眷后裔,葬于新野,不言旧茔等,估计是新的葬地。

《故大理评事柳君墓志》记载,柳庆后裔柳开,葬于南阳,"遗爱生御史府君讳开,葬南阳"。柳开的儿子柳宽,"圹于邓邦",也是葬于柳开墓附近。看来南阳成为柳庆后裔柳开支系的新的家族墓葬所在地。

4.阌乡(今河南灵宝)

柳庆的另一支,以阌乡为家族墓地所在地。《潞州兵马曹柳君墓志》记载:"贞元二十一年,始葬于虢之阌乡,窆墨遇食,乃贻书其族尚书礼部员外郎宗元,使为其志。且曰:'吾之先,自魏已来,为宰相者累世。我高祖讳万齿,为伊阙令,袭其先河间郡公曾祖讳某,浙州刺史,咸有懿德……我曾祖、王父葬于颍阳,我伯祖、叔祖洎伯父皆葬阌乡皇天原望寿里。颍阳北临涧,其他阴狭,岸又数坏,大惧不克久安神居。是以从他兆于兹,卜用七月六日甲子,将以具于玄堂之下,固故有望乎尔也。'于是删其书为文,置于邮中,俾移于石上。"可知这支柳氏,以颍阳为家族墓地,但此后迁葬于阌乡。

三、山西地区

在山西也有柳氏墓葬,但并不多见。

1. 运城

《柳行满墓志》记载:"君讳行满,字无溢,河东解人也……五代祖文明,魏冀州刺史,谥曰简。高祖元章,魏安西府长史、司徒从事中郎、相州长史……粤以久视元年岁次庚子十月乙巳朔廿八日壬申,合葬于蒲州永贵原,礼也。"柳行满为东眷后裔,死后与其妻刘氏、乙弗氏合葬于蒲州,但其子柳秀诚却葬于洛阳一带。此墓地并非祖茔,葬于蒲州的原因与柳奭事件有关。

2. 忻州

《柳真召墓志》记载:"君讳真召,字真召,其先河东人也。曾祖慈□□银青光禄大夫、贝州刺史。祖仁秀,唐朝散大夫、睦州司马。父慤,朝请大夫、辰周都督……以乾元二年十二月廿三日,终于公馆,春秋六十有五。以其月廿九日权殡于州西南三礼九原岗,礼也。"据《元和姓纂》记载,柳真召是柳虬子柳蔡年后裔,柳真召死于乾元二年,这时唐朝经历安史之乱后,局势相对稳定,柳真召并没有葬于祖墓,其原因待考。

3. 长治

《柳文素墓志》记载:"府君讳文素,茂族河东……因居潞番,皇祖讳倩,皇考节院官讳华,府君于伯仲第五也。学艺周孔……春秋卅有四。呜呼,以会昌六年九月十一日终于私第。"据中国国家图书馆馆藏墓志介绍,此墓志出土于长治地区。在长治地区还出土了《柳季华及其妻孟氏墓志》及《柳光倩妻柳氏墓志》,由此可知在长治地区河东柳氏活动时间比较长。

四、重庆铜梁

柳玭死后未葬于祖茔。刘让玙《安居祠柳公碑》记载:"安居邑之太平里有唐刺史柳公讳玭之墓焉。安居为重庆支邑,重庆古渝州之地,公始谪于渝而迁于泸,二州邻壤也,岂遂殁于泸而返葬于渝,抑岂尝因官于是,遂家焉。而今乃其后无传者欤……公之墓在是,其不可无祠庙者。盖亦天理人心之终不可诬者也。"[①]柳玭死于895年,这一年,凤翔节度使李茂贞等人入长安,谋废昭宗,朝廷局势不稳定,故柳玭死后葬于安居(今重庆铜梁)。

五、浙江兰溪

《唐故河东柳府君夫人颍川陈氏墓志铭(并序)》记载:"祖茔与夫君各愁砖文,同为丙向,全一周回,礼也。"此地为

---

① 《续补全蜀艺文志》,《续修四库全书》,上海古籍出版社,2002年版,第453—454页。

南方柳氏重要居住地。此支柳氏为东眷柳氏后裔抑或西眷柳氏南迁,待考。

毛汉光先生认为墓葬的变化反映出中古士族的官僚化与中央化,士族"设籍或归葬于两京地区,表示其重心已迁移至中央而疏离了原籍"①。但这结论还有待商榷。河东家族特别是柳氏家族离开原籍,情况比较复杂。柳氏家族离开河东,但并没有疏离河东,因为柳氏在河东有大量利益特别是盐利,如果疏离原籍,柳氏就失去了财源,反而不利于其发展。关于这点,将在后文中论述。在河东还有别业存在,《故殿中侍御史柳公墓表》中说他叔父"邑居于虞乡"。贞元十三年(797)立盐池,《灵庆公神堂碑阴记》有:"下封场官、儒林郎、试右威卫兵曹参军柳翊。"柳翊为柳喜之子,是西眷后裔,柳翊在此地任职,或许与平衡各大家族利益有关②。柳行满葬于河东地区,也应该还有柳氏家族后人在此地活动,其葬于河东才有正当理由③。

因此,柳氏家族墓地在两京等地及柳氏墓葬变化(主要是武后时期部分柳氏原先葬于关中地区,后迁葬洛阳地区)与赐姓定籍有关。西魏北周时期西眷被赐姓宇文氏,定籍

---

① 毛汉光:《中国中古政治史论》,上海书店出版社,2002年版,第330页。

② 《灵庆公神堂碑阴记》中记载的场官基本上都是当时大姓,如韦氏等。场官官品虽低,但河东地区的场官大多为大姓,其原因尚待深究。

③ 柳行满墓在今永济虞乡镇东源头村,在虞乡镇东阳朝村还有柳宗元祖墓。国家文物局主编:《中国文物地图集》(山西分册),中国地图出版社,2006年版,第1042页。两个墓葬距离不远,可知该地可能为柳氏遗留在当地的后裔集中分布区。

关中,故墓葬脱离了原籍。中古时期河东柳氏墓葬中,关中地区基本上分布的是西眷,东眷只有柳平一支,但柳平很早就回到北方,并不能算严格意义上的东眷。东眷分布主要集中在邙山周边地区。西眷在邙山周边地区安葬,则以柳奭事件为起点,高宗武后时期,大量的西眷被迫安葬在洛阳附近,可能与移籍有关,西眷柳敏支系就被移籍洛阳,故墓葬在邙山附近。武则天死后,西眷籍贯又回到长安,西眷部分后裔死后在关中地区安葬,另一部分人的后裔则继续在邙山附近安葬。

此外,唐高宗时期的柳奭事件,对西眷墓葬的影响极大。有一部分死者原本下葬在少陵原等祖茔,但受到柳奭事件的影响,被迫迁葬,比如柳子夏墓葬与柳积墓葬,通过墓志可以判断有迁葬的情况。唐玄宗之后,西眷在邙山附近安葬的越来越多,在关中的逐渐减少。可能与洛阳地区的经济地位上升有关。此外唐中后期,柳氏在东南为官较多,葬于洛阳地区,费用也比较经济。

返葬故土,葬于祖茔是死者乃至死者后裔完成前人意愿的表现,所以别业与墓葬并不一致。《柳铤墓志》记载,其别业在新安,死后葬于邙山附近的祖茔。《柳正封墓志》记载其"以开成三年五月廿七日,薨终于许州长社县庄舍。以明年己未岁十月廿三日,归葬于河南府河南县之先茔",仍然返葬于祖茔。返葬祖茔需要大量的财力,从唐代中后期开始,有些柳氏死后,由于财力限制,返葬祖茔比较困难,需要后代积累财富,才能实现遗愿。比如《柳震墓志》中记载:"开元末,假名军功求于仕进,天宝九载,诏集署婺州武义县尉,秩满转汝州龙兴县丞,后选授晋州神山县令,次授洛州平恩县令……潜蓄禄俸,眷言窀穸,誓愿迁祔……贞元七年改卜先茔于龙门。"柳震长期担任低级官员,俸禄微薄,依靠长期积累,将上一代墓葬迁到祖茔。《故宏农令柳府君坟前石表辞》记载:"以其素廉,家之蓄不足以充凶事,遂殡于是邑。仍会危难,至于今乃克返葬。孤某,尝为黔州录事参军,今无禄仕,而志不敢缓。初,公娶司农少卿京兆韦山之孙泾阳主簿回智之女,德容温良,大历二年某月日,卒于越而假葬焉。孤某,徒行自越,举夫人之丧至于虢,举宏农君之丧,咸至于墓,窆焉。既窆,立石表于坟前,示后之人以无忘孝敬。"可见返回祖坟安葬需要很大花费。柳识夫妻去世后,由其女资助才葬于洛阳祖墓。《吕府君夫人柳氏墓志》记载:"外祖母之丧,夫人□王□在洛,讣自江左,不勺饮者三日。礼不敢过而哀有余。□□前亦寓殡于丹扬,外叔祖至宰□而未克归葬。至是夫人始诉于先公而假力焉。且刺指□血,寄誓家老俾偕启兼护,归伊□旧茔。"

墓葬在一定程度上的确能反映家族的迁徙,但要强调的是,这个判断只适合于新的家族墓地的确定。在唐代中后期,返回家族墓地安葬成为一种文化、一种信仰[1]。故而

---

[1] 裴恒涛:《唐代的家族、地域与国家认同——唐代"归葬"现象考察》,《河南科技大学学报》(社会科学版)2011年第6期;吴丽娱:《孤立四十年后的怨家回归——从新出墓志看唐代官员的归葬问题》,《隋唐辽宋金元史论丛》2014年;刘先维:《墓志资料所见唐代归葬习俗研究》,华东师范大学,2010年硕士论文;穆荷怡:《前"中央化"时代的双家制形态——以北朝后期士人家族的归葬行为为中心》,复旦大学,2014年硕士论文。

墓葬与中央化之间关系逐渐减弱,通过墓葬来判断家族的迁徙与移动,还存在很大的局限。

柳氏家族分东西两眷,柳宗元在《故大理评事柳君墓志》中写道:"柳族之分,在北为高。"史书中记载的西眷柳氏柳敏、柳道茂支系及柳僧习支系活动比较多,但柳崇支系记载比较少。东眷虽然有柳浑、柳芳等人,但其他人相对较少。文献上的这种缺陷,导致我们对柳氏的迁徙不能做出准确的判断。

河东柳氏在安史之乱前,的确有中央化的过程。西眷很早移居关中,此后有部分移居洛阳周边地区。东眷移居洛阳及其附近,《柳浑行状》记载:"汝州梁县梁城乡思义里柳浑年七十四状……开元中,举汝州进士,计偕百数,公为之冠。"这反映了东眷柳氏逐渐脱离籍贯襄州,向洛阳地区移动。安史之乱后,河东柳氏逐渐朝南方迁徙。

除了墓志可以判断迁徙之地,还有一些证据也可表明柳氏在唐玄宗之后,逐渐向江南等地迁徙。有家谱记载,在今宜春市洪塘镇江村有柳浑墓①。柳浑之兄柳识夫妇去世后,其女与女婿花费大量人力物力,安葬二人于祖墓。柳浑去世后,其家属有条件将其安葬在祖墓。《柳浑行状》记载:"贞元五年二月五日,薨于昌化里。终于散地,故褒赠不及。"柳浑去世后,很快就下葬了,顾况有诗《送柳宜城葬》:"鸣笳已逐春风咽,匹马犹依旧路嘶。遥望柳

---

① 《400年家谱解开唐宰相柳浑墓葬之谜,其葬于宜春市洪塘镇江村》,《江西新闻网》,2014年8月16日。

家门外树,恐闻黄鸟向人啼。"顾况的生平,《旧唐书·李泌传》有记载:"初,泌流放江南,与柳浑、顾况为人外之交,吟咏自适。而浑先达,故泌复得入官于朝。顾况者,苏州人。能为歌诗,性诙谐,虽王公之贵与之交者,必戏侮之,然以嘲诮能文,人多狎之。柳浑辅政,以校书郎征。复遇李泌继入,自谓己知秉枢要。当得达官,久之方迁著作郎。况心不乐,求归于吴。而班列群官,咸有侮玩之目,皆恶嫉之。及泌卒,不哭,而有调笑之言,为宪司所劾,贬饶州司户。有文集二十卷。其《赠柳宜城》辞句,率多戏剧,文体皆此类也。"而据《旧唐书·德宗纪下》记载:"(贞元五年)三月甲辰,中书侍郎、同平章事李泌卒。"《全唐文》卷五二九《顾况·宋州刺史厅壁记》记载:"大历之后,继声躅者,宜司徒公为首,遂刊于座右。贞元五年四月十九日记。"顾况被贬为饶州司户,离开长安在三月底四月初。其撰写《送柳宜城葬》的时间在贞元五年(789)二三月之间,可知柳浑去世后,很快就下葬了。其下葬地点,在洛阳附近。柳浑在长安有居处,顾况在《柳宜城鹊巢歌》中写道:"相公宅前杨柳树,野鹊飞来复飞去。东家斫树枝,西家斫树枝。东家西家斫树枝,发遣野鹊巢何枝。相君处分留野鹊,一月生得三个儿。相君长命复富贵,口舌贫穷徒尔为。"但柳浑在长安可能没有产业,因为柳浑的居处可能是租赁的。《旧唐书·柳浑传》记载:"浑警辩,好谐谑放达,与人交,豁然无隐。性节俭,不治产业,官至丞相,假宅而居。罢相数日,则命亲族寻胜,宴醉方归,陶陶然忘其黜免。"《柳浑行状》也记载:"公累更重任,禄秩之厚,布于宗姻，无一廛之土以处其子孙，无一亩之宫以聚其族属。待禄而饱，佣室而安，终身坦荡，而细故不入，其达生知足，落落如此。"所以，柳浑返回洛阳附近安葬，是比较可能的。族谱中记载柳浑墓在宜春，或许是后人的附会。

不过，不能排除河东柳氏有迁徙或者生活在宜春周边地区者。《柳浑行状》记载："授衢州司马。夫器宏者，耻效以圭撮之任；足逸者，难局以寻常之地。公遂灭迹藏用，遁隐于武宁山。"《武宁县志》记载，在今武宁石渡乡境内，有柳山，乃柳浑读书处。此外，柳浑在今江西活动时间比较长，《柳浑行状》记载："除殿中侍御史，赐绯鱼袋，赴江西，与租庸使议复榷铁及常平仓，便宜制置，得以专任。和钧关石之绪，出纳平准之宜，国利人逸，得其要道。迁侍御史，充江南西路都团练判官。时属支郡，不知连帅之职，公请出巡尽征之地。大诘奸谬，所至风动。其有非常之政裕于人者，必举其课绩，归之使府。又以文采殷勤歌咏之，俾其风谣颂声，闻于他部，达于京师而后已。改祠部员外郎，转司勋郎中，余如故。就拜袁州刺史。公于是酌古良牧之政宜于今者，宗而奉之；考诸理国之说称于人者，承而守之。均利器用，以致其富；昭明物则，以教之礼。示优裕之德以周惠，利缓九赋；推广厚之心以固和，慈保万人。明其制量，临长群吏，示之法禁，考中备败，无不得其极。理行高第，朝廷休之，召拜谏议大夫，充浙江东西道黜陟使，将举其能政端于外邦也。"柳浑长期在今江西地区活动，其在江西可能有别业之类的产业，其后代可能生活在今江西地区。

柳浑兄柳识在茅山一带活动。《全唐诗》卷三二六有权德舆《题柳郎中茅山故居》："下马荒阶日欲曛，潺潺石溜静中闻。鸟啼花落人声绝，寂寞山窗掩白云。"此诗中柳郎中为柳识。权德舆郡望秦州，但迁徙到润州丹徒（今江苏镇江），《新唐书·卓行传·权皋传》记载："权皋，字士繇，秦州略阳人，徙润州丹徒，晋安丘公翼十二世孙……自中原乱，士人率渡江，李华、柳识、韩洄、王定皆仰皋节，与友善。"权德舆为权皋之子。《新唐书·地理志五》记载："润州丹杨郡，望……丹徒，望。本延陵县地……延陵。紧。故治丹徒，武德三年别置，隶茅州，后隶蒋州，九年来属。有茅山。"柳识在安史之乱后迁徙至丹徒，受到权皋照顾。而自己可能定居在距离丹徒较近的茅山附近。《全唐文》卷七一二《李渤·茅山元静李先生传》也记载："时柳识又颂先生云：'古有强名，元精希夷。黄帝遗之，先生得之。纵心而往，与一相随。真性所容，太元同规。日行仙路，不语到时。人言万龄，我见常姿。明皇仰止，征就京师。紫极徒贵，白云不知。遐方后学，来往怡怡。空有多门，真精自持。顺化而去，人焉能窥。玄科秘诀，本有冥期。'"由此可见，柳识南渡后，在茅山一带定居，有产业，与当地名人交往，其族人生活在附近可能性比较大。柳识没有直系男性继承人，《吕府君夫人柳氏墓志》中记载："考识，屯田郎中，集贤殿学士……屯田府君以贤而无后，寓美于夫人。"柳识及其夫人死后，都权殡丹杨，而外嫁的女儿在洛阳生活，可知丹杨有柳识族人生活。

此外，权德舆在《睦州桐庐县丞柳君故夫人天水权氏墓志铭(并序)》中提到他堂妹嫁给河东柳氏后,不久就疫病去世,"柳君奉其丧,以某月日权厝于丹杨县某原窦氏伯娣之茔次,从遗旨也"。权德舆家族定居丹杨,其堂妹去世后与早逝的堂姐葬在一起,可能是这位河东柳君其家族就在丹杨附近定居。

安史之乱后,柳范之孙柳喜也移居江南。《柳尊师墓志》记载:"曾祖齐物,莱、睦二州刺史。祖喜,冀州武邑主簿。避燕寇江南,因自绝禄仕。父淡,幼善属文学,通百氏,诏授洪州户曹掾,不就,高□于贤侯之座以终世。"柳喜移居江南后,应该在江南定居。柳喜有六个儿子,柳贲、柳并、柳弈、柳诩、柳中庸和柳中行。柳中庸即柳淡,《全唐诗》卷二八五李端《江上别柳中庸》:"秦人江上见,握手便沾衣。近日相知少,往年亲故稀。远游何处去,旧业几时归。更向巴陵宿,堪闻雁北飞。"《全唐诗》卷二八六李端《江上逢柳中庸》:"旧住衡山曾夜归,见君江客忆荆扉。星沉岭上人行早,月过湖西鹤唳稀。弱竹万株频碍幰,新泉数步一褰衣。今来唯有禅心在,乡路翻成向翠微。"《全唐诗》卷二五八有柳中庸的《江行》及《扬子途中》等反映南方生活的诗歌。通过分析诗文,我们可以发现柳中庸应该生活在江南。柳并也可能生活在江南。《全唐诗》卷八五三吴筠《舟中遇柳伯存归潜山,因有此赠》:"浇风久成俗,真隐不可求。何悟非所冀,得君在扁舟。目击道已存,一笑遂忘言。况观绝交书,兼睹箴隐文。见君浩然心,视世如浮空。君归潜山曲,我复庐山中。形间心不隔,谁能嗟异同。他日或相访,无辞驭冷风。"又《意林序》记载:"予扁舟途水,留滞庐陵……贞元丁卯岁夏之晦,文废瞍河东柳伯存重述。"《新唐书·文艺传中》记载:"柳并者,字伯存。大历中,辟河东府掌书记,迁殿中侍御史。丧明,终于家。"又柳宗元在《先君石表阴先友记》中记载:"柳氏兄弟者,先君族兄弟也。最大并,字伯存。为文学,至御史。病瞽遂废。次中庸、中行,皆名有文。咸为官,早死。"柳氏兄弟与柳宗元父柳镇交好,可能与安史之乱迁往南方时有交集有关,柳镇在安史之乱时,"乱有间,举族如吴,无以为食"。由上可知,柳喜一族迁往南方后,其后裔在南方生活的可能性比较大。

唐中后期,藩镇割据发展,唐政府直接控制的地区逐渐缩小,江淮地区及陕蜀受到中央节制,因此,在京城周边地区为官越来越难。因此,柳氏家族成员大多远离京师,去江淮等地为官,这些地区发展空间较大,社会比较安定。一部分柳氏开始向外地迁徙。柳宗元《送从弟谋归江陵序》:"吾与谋,由高祖王父而异。谋少吾二岁,往时在长安,居相迩也。与谋皆甚少,独见谋在众少言,好经书,心异之。其后吾为京兆从事,谋来举进士,复相得,益知谋盛为文辞,通外家书。一再不胜,惧禄养之缓,弃去,为广州从事。复佐邕州,连得荐举至御史,后以智免,归家江陵。有宅一区,环之以桑,有僮指三百,有田五百亩,树之谷,蓺之麻,养有牲,出有车,无求于人。日率诸弟具滑甘丰柔,视寒暖之宜,其隙则读书,讲古人所谓求其道之至者以相励也。过永州,为吾留信次,具道其所为者。"表明柳氏有一支已经在江陵发展。《唐语林》卷一《德行》记载:"(柳公绰)族孙立疾病,以儿女托;公廉察鄂州,嫁其孤女,虽箱箧刀尺微物,悉手自阅视以付之。"可见柳公绰族孙柳立一支,已经迁徙到鄂州(今湖北武昌)附近定居。王禹偁《小畜集》卷三十《建溪处士赠大理评事柳府君墓碣铭(并序)》载:"公讳崇,字子高,五代祖奥从季父冕廉问闽川,因奏暑署福州司马,改建州长史,遂家焉。"柳氏已有迁往福建的。此外,据《明赠征士郎中书舍人柳公合葬墓志铭》记载:"本河东著姓,唐乾符末,避乱迁于福州。"①这支柳氏后又迁往浙江。另外,《北梦琐言》卷一二记载:"(柳仲郢)仆亲家柳坤即亚台疏房也,侨寓阳安郡。"表明柳氏已有迁徙四川的。《柳崇敬墓志》中说:"剡外终当乐死,竟尔忘归。开元廿三年东十月终于临海,春秋八十有二。"柳崇敬以高龄去世,在江浙一带有产业与后裔。此外,据前文墓志记载,柳氏迁徙到南阳的也有不少。

随着效力藩镇及经济条件恶化,返回原籍安葬成为奢侈之事。《唐前滑州白马县尉柳公夫人河东薛氏墓志》记载:"必属国家多难,遂与公蓬居河朔,客于赵州。以大历三年遘疾,终于柏乡县之私第,春秋廿。有子一人,年将始龀,未能及礼,凡有丧事,即柳公主大。恐陵谷之推迁,遂刻石于泉户。以大历五年正月廿一日葬于偃师县首阳原之先茔,礼也。时尚节难,家途壁立,多不备礼,乃记年月而已。"柳必在北方定居,其夫人返葬祖墓,已经感到经济压力。柳必没有与夫人合葬,可能其去世后,家庭经济条件已经不能

---

① 王进:《明赠征士郎中书舍人柳公合葬墓志铭考释》,《东方博物》2010年第2期。

支持其返葬祖墓,故而柳必后裔生活在北方的可能性就比较大了。北宋时期的柳开,号称"邺中大族我家也",实际上柳开家族还在馆陶等地生活①,从而反映了唐后期柳氏家族在北方的迁徙。

---

① 祝尚书:《柳开年谱》,《宋代文化研究》(第3辑),四川大学出版社,1993年版。

第七章　柳氏家族的文化

一、宗教信仰

中古时期,是佛教与道教大力发展的时期。这一时期,在地方上出现了大量的"义邑"等组织,地方精英通过造像等方式控制"义邑",不仅增加了凝聚力,还扩大了自己的影响[①]。家族的宗教信仰研究,不仅有利于宗教史研究的深化,也有利于家族史研究的深入。因为宗教与家族之间的关系,除涉及家族的信仰外,还涉及家族的声望、财富、婚姻、交往等,甚至影响到家族在官僚体系中的地位,乃至社会结构与社会风气的变化[②]。中古时期,柳氏除信仰佛教者外,信仰道教者也比较多,而且出现了佛道信仰合流的趋势。

[①] 刘淑芬:《北魏时期的河东蜀薛》,黄宽重、刘增贵主编:《台湾学者中国史研究论丛·家族与社会卷》,中国大百科全书出版社,2005年版,第280—281页。

[②] 葛兆光:《宗教史研究中的文献学与历史学思路——读吉川忠夫〈六朝道教の研究〉》,《书品》1998年第5期。

(一)佛教信仰

佛教自从传入中国之后,在魏晋时期即获得长足发展,河东地区是早期佛教重要传播地区[①]。北朝时期,蒲坂等地是河东地区重要的佛教信仰与传播地区。在这种情况下,河东地区大族信仰佛教也是比较常见的。就河东柳氏而言,北朝时期柳氏佛教信仰比较普遍,永济市虞乡镇石佛寺柏梯寺柏树坡遗址出土造像残石,被初步认定是北魏时期河东柳氏名仕捐银造像佛石。在北魏时期,河东柳氏族人在柳隐山修建柏梯寺善绿宝塔,河东柳氏后裔在朝为官的忠贤名仕柳遵庆等十余人募捐银两,修建佛塔以树功德而留得千古芳名[②]。

北魏末年的柳崇支系,也信奉佛教。史书虽然没有明确的记载,但从名字中能看出端倪。柳崇,字僧生;柳永,字神护;柳崇还有族子柳达摩[③]。从这些名字可以看出柳崇这一支是信奉佛教的。

东眷柳氏移居南方后,受当地文化的影响,大都信奉佛教。《弘明集》卷十《答释法云书难范缜〈神灭论〉》:"辱告,惠示敕所答臣下《神灭论》。夫指归无二,宗致本一。续故不断,释训之弘规,入室容声,孔经之深旨。中外两圣,影响

---

① 严耕望:《魏晋南北朝佛教地理稿》,上海古籍出版社,2007年版,第10—12页。
② 《北魏时期河东柳氏诸名仕募捐造像碑今现柳隐山》,culture.china.com.cn,2010年6月3日。
③ 《魏书》卷四五《柳崇传》。

相符。虽理在固然,而疑执相半。伏奉渊旨,照若发蒙,顾会玄趣,穷神知寂,测情尽状,天地相似。千载阙疑,从春冰而俱泮;一世颠倒,与浮云而俱开。祇诵环徊,永用悬解,存及之顾,良以悲戢,弟子柳恽顿首白。"可见,柳恽信奉佛教。柳憕也信奉佛教,《弘明集》卷十《答释法云书难范缜〈神灭论〉》:"辱告,惠示敕答臣下审《神灭论》。渊旨冲邈,理穷几奥。窃以修因趣果,神无两识,由道得灭,佛惟一性。殷人示民有知,孔子祭则神在,或理传妙觉,或义阐生知,而杨墨纷纶,徒然穿凿,凝滞逐往,将掩名教。圣情玄鉴,理证无间。振领持纲,舒张毛目。抑扬三代,汲引同归……柳憕顿首白。"《国清百录》卷四《与释智顗书》记载:"弟子柳正善具成就稽首和南:暄和,不审尊体起居何如?伏愿禅法喜悦。去岁经蒙一旨,至今保持。奉赍十卷,玄义往仁寿宫,服读八遍。粗疑略尽,细开难除。新治六卷,并入文八轴,为庄染未竟,少日钻研。大王今遣使人萧通国参承书意,自当仰简。频被顾问,奉答必来。伏愿夏竟,便待舟楫。冀此残生,尽心听受。忏悔往日懈惰昏沉。谨启。"柳正性即东眷柳誉。《隋书·柳誉传》记载:"以其好内典,令撰《法华玄宗》,为二十卷,奏之。太子览而大悦,赏赐优洽,侪辈莫与为比。"

唐朝时期,河东柳氏家族的佛教信仰比较常见。柳仲礼后裔柳凯武德九年(626)逝世,其妻裴氏贞观廿三年(649)去世,二人合葬在麟德元年(664)十一月廿八日,墓葬中发现四件镇墓兽、二件武士俑、二件天王俑,显然带有佛教色彩。①

隋末唐初的柳俭,也是佛教徒。《法苑珠林》卷一八记载:"唐邢州司马柳俭,隋大业十年任岐州岐阳宫监。义宁元年,坐诬枉系大理寺。俭至心诵金刚般若经,有两纸未通,不觉眠睡。梦一婆罗门僧报云:'檀越宜诵经令遍,即应得出。'俭忽寤,勤诵不懈经二日,忽有敕唤,就朝堂放免。又俭别时,夜诵经至三更,忽闻有异香,散漫满宅,至晓不绝,盖感应所致也。俭至终,计诵经得五千余遍。"可见其日常念经比较频繁。

《冥报录》记载:"唐河东柳智感,以贞观初为长举县令。一夜暴死,明旦而苏。说云:始忽为冥官所追。大官府使者以智感见,谓感曰:今有一官阙,故枉君任之。智感辞以亲老,且自陈福业,未应便死。王使勘籍,信然……智感今存,任慈州司法。光禄卿柳亨说之。亨为邛州刺史,见智感,亲问之。"从陈福业记载来看,柳智感应该是虔诚的佛教徒。

《柳子阳妻皇甫氏墓志》记载:"第八女佛娘,年十六。"《大唐护军魏王府主簿唐逊故夫人柳氏(婆归)墓志》记载:"夫人讳婆归,字尼子,河东解人也。"从名字来看,柳子房等信奉佛教。

韦璲妻柳氏在丈夫去世后,也皈依佛教。"韦公丧亡,年未卅,誓志难夺,守养遗孤。撤去鲜华,归依释氏。长诵金刚波若,兼持维摩法华。与善无徵,降年不永。春秋卅

---

① 李献奇:《河南偃师唐柳凯墓》,《文物》1992年第12期。

七,以开元十八载十一月廿日,婴疾终于陆浑县勤戒寺之西院。"

中晚唐以后,河东柳氏信奉佛教的现象更常见。柳齐物之子柳喜,与僧皎然交好,还获得嵩山法门法号。《全唐诗》卷八一五有皎然诗《赠柳喜得嵩山法门自号嵩山老》:"一见嵩山老,吾生恨太迟。问君年几许,曾出上皇时。"

柳潭之妻和政公主,也是虔诚的佛教徒。《和政公主神道碑》记载:"至若左右图史,开示佛经,金石丝竹之音,缋画工巧之事,耳目之所闻见,心灵之所领略,莫不一览悬解,终身不忘。"

柳宗元的母亲,"元和元年,岁次丙戌,五月十五日,弃代于永州零陵佛寺"。在寺院去世,足见信奉佛教比较虔诚。

柳宗元叔母一家,信奉佛教。《叔妣吴郡陆氏夫人志文》记载:"夫人生男一人,曰曹婆。"

柳宗元的堂兄柳元方,也信奉佛教。《万年县丞柳君墓志》记载:"端靖守贞,处剧不挠。秩满,居养,素食贫,常好竺乾之道,自摈尘昏之外,泊如也。既而婴被沉疾,不克永寿。姻戚动怀,朋友道伤,佥曰:'天之报施善人,何如哉!'"

嫁给裴氏的柳宗元的姐姐,也是佛教信仰者。柳宗元给姐姐柳氏写的墓志,其中隐含有诸多宗教信仰因素。墓志记载:"以夫人之德行,宜贵寿,宜康宁,然而年始三十,不克至于寿。良人官为参军事,不及偕其贵。骨髓之疾,实钟于身,以贞元十六年三月十三日甲子,终于光德里第。痛矣！夫……始夫人之疾也，夫人之族视之如己，其家老、长妾、臧获之微，皆以其私奔谒于道路，祷鬼神、问人筮者相及也，既病，太夫人在侧，尚虑和忧伤于尊怀，犹持形立气，绐以少间。凡生三子，幼曰崔七，先夫人八月而殡，魂气无不之也。次曰崔六，后夫人五旬而夭，因祔焉。今其存者曰崔五，幸无恙，托于乳媪，以虞水火。哀哉！其年八月十八日甲子，安厝于长安县之神禾原，从于先茔，祔于皇姑，宜也。"①柳氏死后，按照传统的丧葬礼仪，她不能直接进入丈夫家的祖坟，要等她丈夫去世后，才能以合葬或者其他方式进入丈夫家的祖坟②。这种信仰与传统有关，传统认为，人死后灵魂会进入地下世界，阴间世界与人间世界多少是一致的，死后世界是人间世界的延伸③。这种观点为道教所吸收，道教兴起与流行后又强化了这种观点。妻子死在丈夫之前，没有丈夫灵魂的引领，地下的祖先不会接受这个陌生者，所以要等到丈夫死后才能埋入祖坟。但佛教中没有这种观点，妻子死后可以直接进入祖坟，也可以分葬远离祖坟。④ 未成年人死亡后，一般不能进入祖坟。东汉时期，未成年人死后，可以进入祖坟，但墓葬中要使用镇墓文之类的

---

① 《全唐文》卷五九〇《柳宗元·亡姊前京兆府参军裴君夫人墓志》。
② 黄景春：《西北地区买地券、镇墓文使用现状调查与研究》，《民俗研究》2006年第2期。
③ 余英时著，侯旭东译：《东汉生死观》，上海古籍出版社，2005年版，第84—95页。
④ 刘琴丽：《唐代夫妻分葬现象论析——以墓志铭为中心》，《中华文化论坛》2008年第2期。刘琴丽的文章讨论了夫妻分葬问题，但对分葬地点没有进一步探讨，因为可以在祖坟中分葬，也可以在祖坟之外分葬。

道教用品①。随着道教的扩展,唐代未成年人死后一般都不进入祖坟,会单独下葬或者与其他家族中早逝者葬在一起。当然,如果是佛教徒,则没有这种禁忌。

在柳宗元给姐姐柳氏写的墓志铭中透露了诸多宗教信仰的信息。柳氏死后"祔于皇姑",根据墓志来判断,"皇姑"当是她丈夫裴瑾的祖母,即裴积的夫人,也就是郑夫人。郑夫人在天宝十四载(755)三月去世后并没有立即与裴积合葬于祖坟,主要因为"岁月未通,合祔非古",也就是没有吉日下葬。此后爆发了安史之乱,二人合葬便没有实现。葬在郑夫人墓葬边的柳氏,死后不到两个月,她的二儿子死了。柳氏死时三十岁。因此,这个儿子死亡时没有成年,可以归为夭折。夭折者葬在母亲和曾祖母的身旁,对于佛教徒来说,是允许的,因为佛教中没有这些禁忌。由此也可看出,柳氏也是信奉佛教的。

柳宗元的妻子杨氏,也深受佛教的影响。《亡妻宏农杨氏志》记载:"五岁,属先妣之忌,饭僧于仁祠,就问其故,保傅以告,遂号泣不食。后每及是日,必遑遑涕慕,抱终身之戚焉。"至于柳宗元本人,其佛教信仰比较虔诚,柳宗元在《送巽上人赴中丞叔父召序》中写道:"吾自幼好佛,求其道,积三十年。世之言者罕能通其说,于零陵,吾独有得焉。且佛之言,吾不可得而闻之矣。"柳宗元是当时研习天台宗义确有心得的少数文人之一。柳宗元吸收、借鉴天台宗提

---

① 黄景春:《"许阿瞿墓志铭"实是一篇镇墓文》,《中国文物报》2003年7月16日,第8版。

供的理论资源,针对宇宙观、历史观、人性论诸范畴的课题进行发挥,取得一系列具有重要理论价值的思想成果。他的诗文创作深受佛教思想影响,对天台教典的思想观念、思维方式和文体、事典等亦多有借鉴①。

《柳浑行状》记载:"(柳浑)年十余岁,有称神巫来告曰:'若相法当夭且贱,幸而为释,可以缓而死耳,位禄非若事也。'公诸父素加抚爱,尤所信异,遽命夺去其业,从巫之言也。"虽然柳浑没有接受家族的做法,但从中也可看到佛教对柳浑家族的影响。

崔造夫人柳氏,也信奉佛教。"既婴未亡之痛,深惟出世之法,受微言于顺禅师,以莲华普门,为方寸津筏,宜其永锡眉寿,而为大家。"

柳公绰支系,也深受佛教的影响。《旧唐书·柳仲郢传》记载,柳仲郢"又精释典,《瑜伽》《智度大论》皆再钞;自余佛书,多手记要义。小楷精谨,无一字肆笔"。虽然没有直接资料证明柳公权有佛教信仰,但他抄写多部佛经,对佛教并不排斥。

此外,《宋高僧传·唐洛阳香山寺鉴空传》记载:"大和元年诣洛阳,于龙门天竺寺遇河东柳理。亲说厥由向理,理闻空之说事皆不常,且甚奇之。"《庐山记·兀兀禅师》也记载:"中书舍人赵郡李讷文,金紫光禄大夫行同州刺史上柱国范阳县开国男张廷圭书,江州刺史河东柳贞望树。"可见柳理与柳贞望也信奉佛教。

---

① 孙昌武:《柳宗元与佛教》,《文学遗产》2015年第3期。

(二)道教信仰

河东柳氏的道教信仰,并不普遍。史书中记载比较早的道教信仰者是柳并。"柳并者,字伯存。大历中,辟河东府掌书记,迁殿中侍御史。丧明,终于家。初,并与刘太真、尹征、阎士和受业于颖士,而并好黄老。颖士常曰:'太真,吾入室者也,斯文不坠,寄是子云。征博闻强识,士和钩深致远,吾弗逮已。并不受命而尚黄、老,予亦何诛?'"①可知柳并信奉道教,并不为萧颖士所喜。

柳并兄柳淡即柳中庸之女柳默然,为萧颖士外孙,是道教徒。《大唐王屋山上清大洞三景女道士柳尊师(默然)真宫志铭》记载:"曹掾娶扬府萧功曹颖士女,生遵师……未几,复罹同气之祸,抱终鲜之戚,乃栖心佛乘,一旦解缚,由是嗟阅水,修长存,奉至尊无始之教。初授正一明威录明宝法于天台,又进上清打洞三景毕录于衡岳。遂居王屋山中岩曰阳台贞一先生司马子微之故居。台接天坛,琼绝人境。心既冥□,地忘幽遐。凡于山上奉见真君像十余事,其精勤斋戒,洁严操履,虽有弱龄至暮齿,探玄存心于五岳洞府者,俯仰瞻敬,莫敢忘比。遵师学道既久,门人尝造而问曰,师始以法得无生理,既臻其极,而今出入盖其户焉?尊师答曰:否。夫假法以明道,其若工之利器尔。栋梁已就,斧斤何施。吾道既达,法亦何有?遵师其外虽犹畏若邻、俨若客。至于微妙玄通,深不可识者,洞洞乎其中矣。享年六十

---

① 《新唐书》卷一二七《萧颖士传附柳并传》。

八……女子二人,皆早从玄志,列位上清。长曰右素,先解化。次曰景玄,今居王屋山。于惟尊师,在室以明淑,为妇而宜顺。成家之德,光焯诗礼。卒复脱去尘网,追从灵仙,天之报施,则亦显显如是矣。"

柳浑兄柳识,安史之乱后迁徙茅山,与道人交好,虽不能说信奉道教,但也深受道教影响。

柳汶实的妻子王虚明信奉道教。《故东都安国观大洞王炼师(虚明)墓铭(并序)》记载:"长男孝让,登明经第,调补并州文学。次曰孝谦。皆方图远大,无何二继以殂殒。炼师夙慕无为之教,因是深悲浮生,顿悟真理。遽捐俗累,归于道门。乃投师于玄无观道士韩君贞璀披度,授正一明威实录,遂构道室与安国观居之。修奉勤精,不懈夙夜,凡四稔。韩君既殁,复与同志者诣嵩山太一观法师邢君归一,求进法焉。邢君乃揣其前修,曰可以益矣。遂传洞神、洞玄等箓。佩服资高,朝修益秘。冲和自保,清虚养神。汲汲为后进宗师,非志坚操励者,不得及门焉。厥有麻姑山三洞师邓君延康,尝居禁密,暂换家山,由洛而东。爰于太微道宫,大建坛场,广其传度。而夙钦炼师之德,因首请毕,授上清三景大洞等诀,殊科秘戒尽于是矣。玄关洞开,真契自得。每三元六甲之晨,岁星冠,秉金简,紫服逶迤,绛节徘徊,真清都紫府之人也。是宜为教门之梯航、后学之领袖。蹑景丹宵,羽化白日……以大中十三年十二月八日,迁化于安国观精思殿西隅道院,享龄六十八……弟子柳妙音、柳太霞,皆实犹子,而奉师之教,得道之旨。洎孝让之子曰图,业进士事,咸克科仪,靡有遗阙。以明年二月二十一日,葬于河南县平乐乡景业村,不祔于柳氏,盖从教也。"在王虚明的影响下,河东柳氏家族中的柳妙音、柳太霞等人也信奉道教。从柳妙音、柳太霞二人名字看,二人应该是女性信奉者。

在道教信仰者中,河东柳氏女性比较多见,而且多是信仰于发生家庭变故后,反映出道教对女性的心理安慰作用。

中国人的信仰具有多元性与实用性,又受传统因素的影响,在丧葬方面,影响很大。这种信仰不一定是属于道教范围,但它至少属于民生宗教范围①。有时在丧葬方面,甚至同时出现佛教、道教乃至民生宗教因素。比如郑乾意及其妻柳氏的墓中出土有镇墓俑、镇墓兽,此外还有陶牛、陶马、陶鸡等,还发现了铜镜,铜镜"上段为高浮雕端坐的东王公与西王母,有两瑞兽分列两边;中段钮座两边分别列坐东王公及西王母,身边各有一侍者;下段中间部位为执杖的东王公与一羽人,两旁各有一瑞兽。主纹外一周隶书铭文:'惟汉始兴,世□久长,东父西母,九子显章,幽冻铜锡耳金精,保守福禄,□父宜兄,男尊女贵,外内璜璜。'"②镇墓俑与镇墓兽具有佛教因素,而铜镜又有道教因素,陶牛、陶马、陶鸡等又是传统宗教中视死如生的表现。故而在丧葬中,各种信仰常常混在一起。

---

① 余欣:《神道人心——唐宋之际敦煌民生宗教社会史研究》,中华书局,2006年版,第17—26页。

② 西安市文物保护考古研究院:《郑乾意夫妇墓发掘简报》,《文博》2014年第4期。

二、中古河东柳氏家族女性素质研究

中古时期,由于社会相对开放,女性在政治、文学上取得了突出的成就。① 对于宦门女性来说,其素质不仅决定婚姻圈,甚至影响家族的荣辱兴衰。因此,在女儿的教育及儿媳的选择上,各家族有一定的标准。

《颜氏家训·治家》中反映了对社会女性的要求及南北地区妇女的不同。"妇主中馈,惟事酒食衣服之礼耳,国不可使预政,家不可使干蛊。如有聪明才智,识达古今,正当辅佐君子,助其不足。必无此鸡晨鸣,以致祸也。江东妇女,略无交游,其婚姻之家,或十数年间未相识者,惟以信命赠遗,致殷勤焉。邺下风俗,专以妇持门户,争讼曲直,造请逢迎,车乘填街衢,绮罗盈府寺,代子求官,为夫诉屈,此乃恒代之遗风乎?南间贫素,皆事外饰,车乘衣服,必贵整齐,家人妻子,不免饥寒。河北人事,多由内政,绮罗金翠,不可废阙,羸马悴奴,仅充而已,倡和之礼,或尔汝之。河北妇人,织任组紃之事,黼黻锦绣罗绮之工,大优于江东也……妇人之性,率宠子婿而虐儿妇,宠婿则兄弟之怨生焉,虐妇则姊妹之谗行焉。然则女之行留,皆得罪于其家者,母实为之。至有谚曰:'落索阿姑餐。'此其相报也。家之常弊,可不诫哉。婚姻素对,靖候成规。近世嫁娶,遂有卖女纳财,

---

① 岑静雯:《唐代宦门妇女研究》,(台北)文津出版社,1995年版,第1页。

买妇输绢,比量父祖,计较锱铢,责多还少,市井无异。或猥婿在门,或傲妇擅室,贪荣求利,反招羞耻,可不慎欤?"总的来说,在南北朝时期,北方女性在家庭关系中地位比较高,有强烈的自我意识,南方女性在家庭中社会地位比较低,处于良母的地位;北方女性手工业技艺比较高,南方女性相对较低;北方多财婚,南方则少见。

柳氏西眷与东眷,除了柳敏与柳道茂这一支系,其余支系在江东或长或短生活了一段时间。因此,河东柳氏在女儿的教育及择婿、择媳上,在保留北方优良风俗的同时,或多或少受到南方的影响。

(一)柳氏在女儿教育上的特色

在女儿的教育上,柳氏有自己的特色:

1.重视女红

河东柳氏在女儿的教育上,非常重视女红的训练。《唐语林》卷四《贤媛》:"玄宗柳婕妤有才学,上甚重之。婕妤妹适赵氏,性巧慧,因使工镂板为杂花,象之而为夹结。因婕妤生日,献王皇后一匹。上见而赏之,因敕宫中依样制之。当时甚秘,后渐出,遍于天下,乃为至贱所服。"可知柳婕妤妹妹擅长纺织,技艺高超,发明了一种新式的纺织工艺。作为官宦之家的柳氏女儿能有如此成就,或许与柳氏重视对女儿的女红训练有关。

《柳瑗墓志》记载:"其余镂刻、针缕之巧,药物巾箱之事,所向则适,乌足道哉。开元七年,时方初笄,归我良匹,闺门式叙,宗族以和,既而恭伯早甘,孟轲方小,泛舟自话,徙宅以居,孤贫相圊垂廿载。"

柳宗元《亡姊崔氏夫人墓志盖石文》记载其姐"工足以致美于服而不为异"。《故唐河东柳夫人墓志铭(并序)》记载:"其钏组之工,苹蘩之则,宗庙以奉敬,娣姒以率和,实可以标格嫔仪昭宣壸训者矣。"《唐试左武卫仓曹参军丘公夫人河东柳氏墓志》记载柳氏:"性□柔淑,智识妙敏。开成二年归于丘氏。妇德克著,女工兼备。"

这些事例可见柳氏注重对女儿女红的培训。中古时期,是社会变革时期,家族政治地位的变化,导致经济地位变化,如果家族中女主人没有一定的谋生手段,在家庭出现变故后,很有可能陷于穷困,甚至逐渐没落,而有一技之长的女主人,则可以通过技艺来使家庭生计得以维持,获得东山再起的机会。到了唐代后期,随着科举的推行,女主人在家庭中的经济地位和文化教育方面的作用越来越重要。因此,有一技之长的女性,在婚姻选择上,有更大的选择权与选择范围。

2.文化水平比较高

柳氏女子文化水平颇高,有利于后代的教育。《王令妫墓志》记载:"次女玉岫,适虞部郎中陇西辛季庆。"而据《北史·辛公义传》记载:"辛公义,陇西狄道人也。祖徽,魏徐州刺史。父季庆,青州刺史。公义早孤,为母氏所养,亲授《书》《传》。周天和中,选良家子任太学生。武帝时,召入露门学,令受道义,每月集御前,令与大儒讲论。上数嗟异,时辈慕之。"可知辛季庆早逝,其妻柳玉岫教授辛季庆,可见柳玉岫在娘家受到良好的教育。

《柳瑗墓志》记载:"生而慧心,幼则知孝,言必合雅,性惟专精。故七岁,诗书皆讽诵矣。十年,好词赋,能比兴矣。十三,学图画,穷墨妙矣。十四,善音律,中琴心矣。"

《柳婆归墓志》记载:"夫人承教义之余风,禀端庄之美操,三星比耀,四德连华,每发永于春书,亦摘文于秋菊。循列图以著行,鉴女史以成规。十九之年,言归君子,躬俭节用,内位克修,孝敬以闻,言容以度,怡声奉帚,事姑之礼尽焉,举案齐眉,为妻之仪见矣。"

《柳尊师墓志》也记载:"(尊师)及长,而其聪明善行,窈窕淑质,虽资教诫,动若生禀。"

此外,柳宗元几个姐姐都受到良好的教育。柳宗元在《先太夫人河东县太君归志》中写道:"以诗礼图史及剪制缕结授诸女,及长,皆为名妇。"故柳宗元姐姐崔夫人"善隶书,为雅琴,以自娱乐,隐而不耀"。

柳氏女子受到良好的教育,在嫁入夫家后,一方面可以协助夫家处理相关事务,另一方面在丈夫外出为官时可以教育子弟。随着政局的变化及科举的推行,一方面在两京地区为官越来越不易,另一方面科举也使得子弟大量远离家乡。在这种情况下,女主人在处理并承担家务之外,也在很大程度上承担起子女教育的重任。故在中唐后期,女性在家庭教育中的地位越来越重要。柳氏长期重视女子教育,有利于柳氏婚姻的选择。

3.孝顺、持家、重妇德

柳氏女子为人妻为人母后,大多能持家,对待婆家也比较孝顺。柳旦女嫁给襄城王杨恪,"未几而恪被废,妃修妇道,事之愈敬。炀帝嗣位,复徙边,帝令使者杀之于道。恪与辞决,妃曰:'若王死,妾誓不独生。'于是相对恸哭。恪死,棺敛讫,妃谓使者曰:'妾誓与杨氏同穴,若身死得不别埋,君之惠也。'遂抚棺号恸,自经而卒。见者莫不流涕"。此外,隋末裴伦妻河东柳氏,"少有风训。大业末,伦为渭源令,为贼薛举所陷,伦遇害。柳氏时年四十,有二女及儿妇三人,皆有美色。柳氏谓曰:'我辈遭逢祸乱,汝父已死,我自念不能全汝。我门风有素,义不受辱于群贼。我将与汝等同死,如何?'女等垂泣曰:'唯母所命。'柳氏遂自投于井,其女及妇相继而下,皆死井中"①。《韦璇墓志》记载,韦璇去世后,其夫人河东柳氏,"年未廿,誓志难夺,守养遗孤"。《范哀夫人柳氏墓志》记载柳氏:"惟君夫人降天地之德,含阴阳之秀。忠义甄性,贞顺载怀。未尝以善恶加人士吾愠形色。璁珩匪重,以言行为珪璋;黼黻可轻,以道德为冠冕。而西山灵药,不传秘于煎金;束岱游魂,竟结矽于沦玉。"《柳姬墓志》记载:"夫人即嘉兴府君第七女,幼有令德,归于我府君。"

《柳尊师墓志》记载:"尊师既承迎法度,从容敬顺。凡妇道之难处而咸宜,大适六亲之望。时府君始筮仕,伯姑叔盈室未宦嫁。尊师率敬躬俭均寡,上奉下抚,怡然其色,致少长嘻嘻,皆霭若享丰厚而服礼节。"

《柳内则墓志》记载:"夫人在家,以孝友淑惠洽于宗族,既笄,以德言容功著于族类。是当配君子、奉德门,乃归

---

① 《北史》卷九一《列女传》。

于裴氏。裴公丞相之犹子,士林之秀气,以善行而当娶,夫人以淑问当来归。克和家风,绰有余裕。裴氏高门大姓,枝叶昌茂。尊卑疏戚,繁广他族。夫人深从夫尽志之礼,修奉上接下之情。惟诚腑而道五不谐,奉阴教而事皆礼理顺。六姻二姓,曾靡间言。雍雍和鸣,锡类攸重。诗著好仇之美,傅垂嘉耦之文。庆集一门,名流百代。"

柳宗元在《亡姊崔氏夫人墓志盖石文》记载其姐"孝之至,敬之备,仁之大,又以配君子"。在《亡姊前京兆府参军裴君夫人墓志》中,柳宗元又记载另一位姐姐:"每怵惕之感至焉,则又移其孝于裴氏之门,而以睦于冢妇介妇,必敬必亲,下以不失其赤子之心,姻族归厚,率由是也。"可见两位柳氏女子嫁后能持家,深受夫家的好评与尊重。

《唐语林》卷一《德行》记载:"(郑怀古)妻柳氏,仆射元公之女,有妇道。"郑怀古妻柳氏为柳公绰之女。这一时期,郑怀古家族中衰,但柳氏仍然有妇道,可见柳氏在教育女子方面还是有自己的独到之处的。

《柳氏序训》记载:"余(指柳玭)季妹适弘农杨堪,在蒋相国幕,清刻自持。属吏有馈献,皆不纳。尝言:'不唯自清,抑亦内助焉。'"柳玭之妹为柳公绰孙女,即柳仲郢之女,柳公绰与柳仲郢都身居高位,弘农杨堪没落,但柳氏嫁人后,要求杨堪"清刻自持",不能追求蝇头小利,可见其识大体。

《安玄郎墓志》记载:"夫人河东柳氏。簪裾茂族,珪璋贞姿。德口礼经,言契诗教。居室亟闻其义让,宜家将极其显荣。妇道既敦,母仪且励。"

《吕府君夫人柳氏墓志》记载："夫人柔色肃气，奉威承颜，虔盥洁馈之勤，寒燠匪懈，和灰纫缄之事，□指而具。备修妇顺，动以诚格，旁感母道，益无间言。王氏姑尚礼而毅，尝言：吾嫂敬我，使我□□……□氏姑好仁而廉，尝言：吾嫂知我，使我加感。刘氏姑与先公异出，尝言：吾嫂信我，使我加□。其余则循分制义，亲疏各得其所，有初克终，中外咸归于睦。夫人以恭既有誉，处每戒曰：文□政事，汝有父师，非吾所急。吾唯厚尔孝悌之望。"

（二）柳氏儿媳的特点

柳氏儿媳中，文化水平颇高者也较多。

《司马慎微墓志》记载："嗣维一女，学综古今，才逾蔡、谢。适河东柳氏，捃拾公遗文，勒成五卷。"可见司马慎微女儿文化水平很高，在司马慎微死后，将其文章编辑成册。

权德舆在《睦州桐庐县丞柳君故夫人天水权氏墓志铭》中指出他的堂妹文化水平很高："夫人生而敏异，姿性端明，懿行全识，发于天授。而和敬以事长，慈惠以拊下，窈窕德象，动成仪度，同鉴精辩，而深自晦默。伯仲甥侄等，每有疑理滞义，多所谘访夫人不得已而后言，言必中伦。诚顺之道，自中形外，外内族姻之中，瞻其仪型，刚戾者顺，不仁者化。"权氏除文化水平高外，对长辈恭顺，对亲戚真诚。可惜她嫁给河东柳氏后，得疫去世。

柳宗元在《先太夫人河东县太君归志》中记载其母亲："闻其称太夫人之行以教曰：'汝宜知之，七岁通《毛诗》及刘氏《列女传》，斟酌而行，不坠其旨。汝宗大家也，既事舅姑,周睦姻族,柳氏之孝仁益闻。岁恶少食,不自足而饱孤幼,是良难也。'又尝侍先君,有闻如舅氏之谓,且曰:'吾所读旧史及诸子书,夫人闻而尽知之无遗者。'某始四岁,居京城西田庐中,先君在吴,家无书,太夫人教古赋十四首,皆讽传之。以诗礼图史及剪制缕结授诸女,及长,皆为名妇。"可见柳宗元母亲文化水平比较高,在柳宗元父亲外出为官时,能教育柳宗元姐弟等人。

柳氏在儿媳的选择上,最重要的特点在于看对方的持家与妇德。

柳氏儿媳大多能持家。《王令妫墓志》记载:"夫人优柔之性禀于自然,贞闲之操无假因习。塞渊闻于笄岁,温润著于弱龄。行合礼仪,言遵法度。年十有八,归于先君。上奉舅姑,曲尽妇礼。旁接娣姒,芬若椒兰。闺门斯睦,家攸宜。"《柳则墓志》记载:"妻贺若氏,海陵公谊之孙,大都督祥之长女也。姿质婉丽,礼度可师。敬甚梁鸿之妻,悲深杞梁之妇。"《柳彦初墓志》记载其夫人房氏,"柔明有裕,贞淑凝姿"。

《柳府君夫人长孙氏墓志》记载:"夫人长孙氏,河南洛阳人。隋太中大夫曜之玄孙,唐□州刺史峤之次女。其胄绪勋华。史谍详矣。夫人贞范天生,柔容玉立,有师氏之训。"

《柳行满墓志》记载其夫人乙弗氏:"夫人松鹤中孤,镜鸾无匹,母仪内则,师范一时……先府君薨背之后,夫人年德愈高,抚育前子,超瑜己育。王家昆季,不觉异生,张氏弟兄,连枝若一。曹大家之法度,守而无失,鲁敬姜之制节,遵而不渝。"可见乙弗氏能持家。

《柳耸墓志》记载其夫人河东薛氏："贤淑贞慎,婉而有程,光备女德,贻训妇道,九族以睦,夫党以和,善弘而庆锺,胤系昌炽。"

《柳若丝墓志》记载其夫人梅氏："外柔内敏,和疏睦亲,敬若待宾,义则逾阈。礼施于室内,德闻于上帝。"

《柳岳故陇西李夫人墓志铭》记载李氏："内承父母,出事舅姑。蕴美含光,传芳袭庆。作闺门之令则,为宗族之徽猷。"

柳宗元在《先太夫人河东县太君归志》中记载,其母亲除识字外,还持家,除照顾自己子女外,还照顾其他人。"太夫人之承之也:尊己者,敬之如臣事君;下己者,慈之如母畜子;敌己者,友之如兄弟。无不得志者也。诸姑之有归,必废寝食,礼既备,尝有劳疾。先君将改葬王父母,太夫人泣以莅事。事既具,而大故及焉,不得成礼。"

此外,柳宗元在《亡妻宏农杨氏志》中也记载其妻子有妇德,能持家。"夫人既归,事太夫人,备敬养之道,敦睦夫党,致肃雍之美。主中馈,佐蒸尝,怵惕之义,表于宗门。太夫人尝曰:'自吾得新妇,增一孝女。'况又通家,爱之如己子,崔氏、裴氏姊视之如兄弟。故二族之好,异于他门。"

柳宗元的伯祖母能持家。《伯祖妣赵郡李夫人墓志铭》记载:"夫人生于良族,嶷然殊异。及笄,德充于容,行践于言,高朗而不伤其柔,严恪而不害其和。特善女工剪制之事,又能为雅琴素声操缦之具。妇道既备,宜为君子之配偶焉……夫人以族属清显而修其礼范。"

柳宗元的叔母陆夫人也有妇德,《叔妣吴郡陆氏夫人志文》记载:"夫人之志也,温顺以承上,冲厚以字下,不敢逾于冢归,不敢侮于臣妾。是宜允膺福寿,集成母仪。"

柳宗元《万年县丞柳君墓志》记载:"继室以裴夫人,谏议大夫虬之女,阴教内则,著于闺闱,有女三人焉。"可见裴夫人也有女德。

即便是与权贵联姻,也看中其妇德。《柳氏序训》记载:"先妣韦夫人外王父相国文公贯之,奕世以贞谅峻鲠称。先夫人事君舅君姑凡十一年,晨省于鸡鸣,昏定于初夕,未尝阙。梁国夫人有疾,先夫人一月不下堂,早夜奉养,疾愈始归院。"此外,柳公绰的夫人韩氏:"相国休之曾孙,相国滉之孙,仆射贞公皋之长女。家法严肃俭约,为搢绅家楷范。归我家三年,无少长,未尝见启齿。贞公在省为仆射,先公于襄阳加端揆,常衣绢素,不用绫罗锦绣。贞公亲仁里有宅,每归觐,不乘金碧舆,祗乘竹兜子,二青衣步屣以随,贞公叹乃御下之俭也。常命粉苦参、黄连、熊胆,和为丸,赐先公及诸叔,每永夜习学含之,以资勤苦。"

柳玭的母亲与祖母都出身名门,其母家在朝中都掌握大权,她们嫁给柳氏之后,能有妇德,一方面说明其家教良好,另一方面说明柳氏在儿媳的选择上,看中对方妇德。

此外,下嫁柳氏的公主,也是文化水平高和有妇德者居多。嫁给柳述的隋兰陵公主,"诸姊并骄踞,主独折节遵妇道,事舅姑甚谨,遇疾必亲奉汤药。帝闻之大悦,由是述渐见宠遇……主忧愤卒,时年三十二。临终上表:生不得从夫死,乞葬柳氏。帝览表愈怒,竟不哭,葬主于洪渎川,资送甚薄。朝野伤之"。

下嫁柳潭的和政公主，"公主三岁而孤，即能孺慕，育于储妃韦氏。纯孝过人，幼而聪惠，长而韶敏。秾华秀整，令德芬馨，婉意发于天姿，肃雍形于鉴寐。奉今上以悌道，事韦妃如所生，繇是特为肃宗之所赏爱。至若左右图史，开示佛经，金石丝竹之音，缋画工巧之事，耳目之所闻见，心灵之所领略，莫不一览悬解，终身不忘……而公主率履由衷，每抗古人之节。故宗族胥睦，不独亲其亲；先后大同，莫敢私其子。伯姒宏农杨氏，太真姊，务华采。公主服无金翠之饰，居有冰雪之容。每至朔月六参，朝天旅进，嫣然班叙之内，迥出神仙之表，亦非希企之所及也。凶羯乱常，潼关不守，元宗幸蜀，妃后骏奔。姊曰宁国公主，孀嫠屏居，谁或讦告，乃弃其三子，取其夫之乘以乘之。柳侯徒行，公主愧焉，下而同趋者日且百里。每臻坎险，必先济宁国，而后从之"。和政公主对柳氏家族也比较照顾。柳潭之兄柳澄夫妇去世后，和政公主悉心抚育其遗孤成人。"悉力营赡，男登服冕之位，女获乘龙之匹。出入存恤，过于己子，虽其密亲，罔或能辨。"她对于宗族中其他人，也照顾有加。"纠逖疏属，抚循茕嫠，繇内及外，终始如一。孤穷满目，荣翠殊伦，居薄推厚，未尝懈倦。衣服饮食等，无有差互，或未周婴孩罔及。"

嫁给柳潭之子柳昱的宜都公主，"既而车服有章，锡命加等。礼崇宗戚，荣被族姻。至于谦顺正家，端诚接下。不恃天人之贵，必循士庶之礼。饬躬以奉于蘋藻，降志以成于肃雍。可以轨范人伦，光昭妇道者已"。

柳氏女儿教育比较成功，所谓"柳家多奇女子"。在儿媳的选择上,多重视妇德。这两者对柳氏发展都有深远的影响,柳氏女儿素质高,在婚姻的选择上处于有利地位。儿媳看中妇德,一方面有利于家庭乃至家族的稳定与发展,另一方面也表明,柳氏的婚姻圈比较广,能和门第不高但文化素质较高,处于上升阶段的家族联姻,从而巩固自己的文化与政治地位。

第八章　柳氏家族延续的经济基础

目前史学界对中古士族的研究,成果颇多,但出现士族研究"内卷化"的趋势①。近年,随着大量隋唐士族墓志的出土,学术界对士族的研究有了新的视野②。笔者认为,对中古士族的研究,要回到中古时期的语境,才能探讨中古时期士族的特征。本部分以河东柳氏为例,探讨以柳氏为代表的关中型士族的某些特点。

一、唐代河东柳氏财利总述

中古士族的分类与特征,唐人柳芳在《氏族论》中提及:"过江则为'侨姓',王、谢、袁、萧为大;东南则为'吴姓',朱、张、顾、陆为大;山东则为'郡姓',王、崔、卢、李、郑为大;关中亦号'郡姓',韦、裴、柳、薛、杨、杜首之;代北则为'虏姓',元、长孙、宇文、于、陆、源、窦首之……山东之人质,故

---

① 范兆飞:《权力之源:中古士族研究的理论分野》,《学术月刊》2014年第3期。

② Nicolas Tackett.The Destruction of the Medieval Chinese Aristocracy, Harvard University Press,2014.

尚婚娅,其信可与也;江左之人文,故尚人物,其智可与也;关中之人雄,故尚冠冕,其达可与也;代北之人武,故尚贵戚,其泰可与也。及其弊,则尚婚娅者先外族、后本宗,尚人物者进庶孽、退嫡长,尚冠冕者略伉俪、慕荣华,尚贵戚者徇势利、亡礼教。"①李仲言在《唐故太原府祁县丞李公(士华)墓志铭(并序)》中也提及:"故以我族与山东他族凡五为天下甲氏。其后婚姻,率俭德为常,故世世有令闻。大凡人物中,各世其家实。关中诸族懿声华富贵为实,山东五姓以俭德婚姻为实,苟能修其实,则无坠祖先之业也。"②由此可见,关中氏族除重视冠冕外,富贵也是其中重要特征。富贵除要贵外,还表现有富的特征。

河东柳氏富裕,从柳敏传中大致能推断出来。《周书·柳敏传》记载:"敏九岁而孤,事母以孝闻。性好学,涉猎经史,阴阳卜筮之术,靡不习焉。年未弱冠,起家员外散骑侍郎。累迁河东郡丞。朝议以敏之本邑,故有此授。敏虽统御乡里,而处物平允,甚得时誉……迁礼部郎中,封武城县子,加帅都督,领本乡兵。"柳敏"加帅都督",有乡兵是其上升的资本。而在西魏北周时期,能率领乡兵的,基本上都是当地豪右③。乡兵的武器供应等依靠统帅,可见柳敏家族财力的雄厚。

---

① 《新唐书》卷一二四《柳芳传》。
② 吴钢主编:《全唐文补遗》(第八辑),三秦出版社,2007年版,第125页。
③ 高敏:《魏晋南北朝兵制研究》,大象出版社,2000年版,第337—339页。

柳敏之后,从柳述的表现也可看出其家族比较富裕。《隋书·柳机传附柳述传》记载:"述虽职务修理,为当时所称,然不达大体,暴于驭下,又怙宠骄豪,无所降屈。杨素时称贵幸,朝臣莫不詟惮,述每陵侮之,数于上前面折素短。"柳述生活比较奢侈,虽然有俸禄,但似乎不足以支撑其奢侈的生活。柳述的经济来源,不可能是贪污所得——柳述与杨素素来不和,如果涉及贪腐问题,肯定会被其抓住把柄。此外,《旧唐书·韦云起传》记载:"尝因奏事,文帝问曰:'外间有不便事,汝可言之。'时兵部侍郎柳述在帝侧,云起应声奏曰:'柳述骄豪,未尝经事,兵机要重,非其所堪,徒以公主之婿,遂居要职。臣恐物议以陛下官不择贤,滥以天秩加于私爱,斯亦不便之大者。'帝甚然其言,顾谓述曰:'云起之言,汝药石也,可师友之。'仁寿初,诏在朝文武举人,述乃举云起,进授通事舍人。"韦云起只是说了柳述生活奢侈,并未提及其有贪腐问题。另外,隋炀帝上台后,也未抓住柳述的把柄,只好把其发配到瘴疠之地,任其自生自灭。

唐代,河东柳氏财力仍然很雄厚。《旧唐书·柳亨传》记载:"亨性好射猎,有饕餮之名。此后颇自勖励,杜绝宾客,约身节俭,勤于职事。太宗亦以此称之。"柳亨曾经过着奢侈的生活,经过唐太宗教导后,生活节俭,受到唐太宗的称赞。《唐语林》卷四《贤媛》记载:"睦州俊迈,风格特异。自隋之后,家富于财。尝因调集至京师,有名娼曰娇陈者,姿艺俱美,为士子之所奔走。睦州一见,因求纳焉。娇陈曰:'第中设锦帐三十重,则奉事终身矣。'本易其少年,乃戏之也。翌日,遂如言,载锦而张之以行。娇陈大惊,且赏其奇特,竟如约,入柳氏之家,执仆媵之礼,节操为中表所推。"睦州,即柳范的儿子柳齐物。柳齐物主要活动于唐玄宗时期,距离柳氏家族受打击不久,在给名伎的礼物中,"第中设锦帐三十重",足见其家族经济条件的丰裕。此事大致发生在唐玄宗初年,柳氏重新任官不久,其财富来源,还在于家族的积累。

安史之乱后,唐朝中央财政空虚,柳氏在关键时刻从财力上支持了唐代宗与唐德宗。《新唐书》卷八三《公主传·和政公主》记载:"和政公主,章敬太后所生。生三岁,后崩,养于韦妃。性敏惠,事妃有孝称。下嫁柳潭。安禄山陷京师,宁国公主方釐居,主弃三子,夺潭马以载宁国,身与潭步,日百里,潭躬水薪,主射爨,以奉宁国……自兵兴,财用耗,主以贸易取奇赢千万澹军。及帝山陵,又进邑入千万。代宗初立,屡陈人间利病、国家盛衰事,天子乡纳。吐蕃犯京师,主避地南奔,次商于,遇群盗,主谕以祸福,皆稽颡愿为奴。代宗以主贫,诏诸节度饷亿,主一不取。亲纫绽裳衣,诸子不服纨绮。广德时,吐蕃再入寇,主方妊,入语备边计,潭固止,主曰:'君独无兄乎?'入见内殿。翌日,免乳而甍。""自兵兴,财用耗,主以贸易取奇赢千万澹军。及帝山陵,又进邑入千万"看似是和政公主的功劳,实际上,其商业网络与人才、货源的组织,应该与河东柳氏有关。《全唐文》卷三四四《颜真卿·和政公主神道碑》也提及:"劳旋方及,帑藏其空。公主贸迁有无,亿则屡中,(阙)赢优而数逾千里。惧不给,悉畀县官,论者难之。肃宗弥留,众皆迭侍,主独赡奉,不已于旁……遂赉庄一区,帝爱季女曰宝真,公主因奏曰：'八妹未有，请以赐之。'泣而谏焉，哀动左右。西陵迁窆，上戒主曰：'凡厥亲身之物，必诚必信，勿之悔焉。'主罄家有无，以邑入千万潜羡经费，上深感叹焉。上既宅亮阴，未忍临政。人之疾苦，事之得失，岂尝私谒，动必以闻，上敬异之，朝廷赖焉……尉荐诸将，方隅载谧，职贡以修，主有力焉，上之在陕，忧主匮乏，乃命中使屡敕节度及转运使，随主所须，务令肃给。主以国用空罄，退而叹曰：'吾方竭家财以资战士，其能饕餮，首冒国经？'唯请名香数斤，赋于佛寺，为主祈福而已。王公戚属，相携而至者，蓝缕腻囊，褴负鳞次，竭其（阙）斧，亲自赡恤，聚而泣之，悲感行路。"可见和政公主拿出大量金钱来支援李氏王朝。而这其中，柳氏家族在经济上提供了很大帮助。

和政公主死后，随着唐朝财政的好转，李氏王朝也对柳氏赐予大量钱财，和政公主之子柳昱墓志记载："天伦其四，伯曰晟，时任将作少监；仲曰晕，皇朝邠王傅；叔曰杲，皇朝秘书少监驸马都尉，尚义清公主；公其季也……公备所求，遂膺嘉命。锡以华第沃野，车舆器服、竹栗亩树、羊蹄僮指，赀巨万计。"[①]

此外，随着局势的好转，柳氏财力得到一定程度上的恢复。史书记载："初，诸道长吏罢还者，取本道钱为进奉，帝因敕令一切禁止，而山南节度使柳晟、浙西观察使阎济美格诏输献，（卢）坦劾奏，晟、济美白衣待罪。帝谕坦曰：'二人

---

① 《柳昱墓志》，吴钢主编：《全唐文补遗》（第三辑），三秦出版社，2007年版，第138页。

所献皆家财,朕已许原,不可失信。'坦曰:'所以布大信者,赦令也。今二臣违诏,陛下奈何以小信失大信乎!'帝曰:'朕既受之,奈何?'坦曰:'出归有司,以明陛下之德。'帝纳之。"①柳晟是和政公主长子,幼年生活在皇宫,以家财来进奉,可见柳氏财力已经有所恢复。

唐朝后期的柳当,也比较富裕。"郑还古,东都闲居,与柳当将军者甚熟。柳宅在履信东街,有楼台水木之盛。家甚富,妓乐极多。郑往来宴饮,与诸妓笑语既熟,因调谑之。妓以告柳,怜郑文学,又贫,亦不之怪。郑将入京求官,柳开筵饯之。酒酣,与妓一章曰:'冶艳出神仙,歌声胜管弦。眼看白苎曲,欲上碧云天。未拟生裴秀,如何乞郑玄。莫教金谷水,横过坠楼前。'柳见诗甚喜。曰:'某不惜此妓,然吾子方求官,事力空困,将去固不易支持。专待见荣命,便发遣入京,充贺礼。'及郑入京,不半年,除国子博士。柳见除目,乃津置入京。妓行及嘉祥驿,郑已亡殁。旅榇寻到府界。柳闻之悲叹不已,遂放妓他适。"②柳当任左骁卫大将军,职位比较低,其父亲柳公济为易州刺史、定州刺史、义武节度使③,因为有功,官至检校司空、上谷郡王④,但时间比较短。财物之富应该与家族长期积累有关。

---

① 《新唐书》卷九四《卢坦传》。
② 《太平广记》卷一六八《郑怀古》。
③ 《旧唐书》卷一六《穆宗纪》。
④ 《柳延宗墓志》,吴钢主编:《全唐文补遗》(第一辑),三秦出版社,2007年版,第426页。

二、河东柳氏财富之源：盐利

柳氏家族的财富积累，与其控制河东盐池及朝廷的盐政有关。河东柳氏在北朝时期受到多次打击，但仍然有大量柳氏居住在原籍。柳氏居住在盐池地区。柳行满死后，葬于蒲州永贵原，在今永济市虞乡镇源头村。在虞乡镇东阳朝村，还有所谓的柳宗元祖墓①。虞乡镇靠近盐池，由此可知柳氏牢牢控制了盐池周边的地区。

北魏中后期在河东盐池实施的盐政，有利于盐池周边地区豪强的发展。"河东郡有盐池，旧立官司以收税利，是时罢之，而民有富强者专擅其用，贫弱者不得资益。延兴末，复立监司，量其贵贱，节其赋入，于是公私兼利。世宗即位，政存宽简，复罢其禁，与百姓共之。其国用所需，别为条制，取足而已。自后豪贵之家复乘势占夺，近池之民，又辄障吝。强弱相陵，闻于远近……其后更罢更立，以至于永熙。"②盐池周边地区出现了大大小小的盐利集团，这些盐利集团在东魏、西魏争夺中扮演了重要的角色，直到宇文泰占领弘农，切断河东盐的销路后，河东大族才投靠西魏朝廷③。

---

① 国家文物局主编：《中国文物地图集》（山西分册），中国地图出版社，2006年版，第1042页。

② 《魏书》卷一一〇《食货志》。

③ 李文涛：《东西魏时期河东大族的政治选择——以盐利为中心的讨论》，《盐业史研究》2015年第4期。

西魏北周时期,继续实行有利于河东大族的盐政。"掌盐掌四盐之政令。一曰散盐,煮海以成之;二曰盬盐,引池以化之;三曰形盐,物地以出之;四曰饴盐,于戎以取之。凡盬盐形盐,每地为之禁,百姓取之,皆税焉。"[1]盬盐主要指河东盐池所产之盐。河东盐在唐朝之前,由于技术原因,含有杂质比较多,味道不好,故称盬盐。形盐,主要出产于河东与西北。河东盐在结晶过程中,能形成特殊形状,"其出形盐也,状雄虎之蹲于长野,攫拏兮布濩;其吐精光也,如白日之升旸谷,照烂兮燏艳"[2]。西北凉州等地,也出产一些形盐[3]。因此,西魏北周时期实行的盐政,实质上是维护河东大族与陇西集团的利益。国家只是收税,开采与销售等皆掌握在当地豪强手中。

隋朝时期,对河东大族及关陇集团在盐利上并没有破坏,"先是尚依周末之弊,官置酒坊收利,盐池盐井,皆禁百姓采用。至是罢酒坊,通盐池盐井与百姓共之,远近大悦"[4]。盐池主要指河东盐池及西北盐池,盐井主要位于巴蜀地区。巴蜀地区为蜀王杨秀控制,基本上可视之为关陇集团利益维护者。隋朝时期对盐池与盐井采取放任民间开采的措施,使河东大族的财力进一步增强。

唐朝开元之前,官府只对河东盐池收税,开采与销售并

---

[1] 《隋书》卷二四《食货志》。
[2] 《全唐文》卷三九五《阎伯兴·盐池赋》。
[3] 夏国强、王继如:《盐与中国礼仪文化》,《光明日报》2009年12月14日。
[4] 《隋书》卷二四《食货志》。

没有涉及。"皇家不赋,百三十载。"①河东盐池主要供应给长安。"蒲州安邑、解县有池五,总曰'两池',岁得盐万斛,以供京师。"②这时期的两池盐政,事实上是有利于河东大族的。唐玄宗时期,官府逐渐插手盐池的盐业生产,"玄宗徙(姜师度)营州治柳城,拜营田支度修筑使。进为河中尹。安邑盐池涸废,师度大发卒,洫引其流,置盐屯,公私收利不赀"③。表面上看是"公私收利不赀",实际上是剥夺了部分河东大族的利益。安史之乱后,"盐铁、铸钱使第五琦初变盐法,就山海井灶近利之地置监院,游民业盐者为亭户,免杂徭。盗鬻者论以法。及琦为诸州榷盐铁使,尽榷天下盐,斗加时价百钱而出之,为钱一百一十"④。这种办法导致官府控制了盐的销售,当地大族只负责盐的生产,其利益进一步受到削弱。

此后刘晏进一步改革盐政。"自兵起,流庸未复,税赋不足供费,盐铁使刘晏以为因民所急而税之,则国足用。于是上盐法轻重之宜,以盐吏多则州县扰,出盐乡因旧监置吏,亭户粜商人,纵其所之……晏之始至也,盐利岁才四十万缗,至大历末,六百余万缗。天下之赋,盐利居半,宫闱服御、军饷、百官禄俸皆仰给焉。明年而晏罢。"⑤刘晏采取民制、官收、商销的办法来改革盐政。一方面提高了政府的收

---

① 《全唐文》卷六九五《崔敖·大唐河东盐池灵庆公神祠碑》。
② 《新唐书》卷五四《食货志四》。
③ 《新唐书》卷一〇〇《姜师度传》。
④ 《新唐书》卷五四《食货志四》。
⑤ 《新唐书》卷五四《食货志四》。

入,但另一方面由于盐价过高,河东大族虽然有销售权,获利多少却无法推算。

唐中晚期,政府对盐税越来越依赖,对河东盐池控制也逐渐加强。第一,扩大了河东盐的销售范围。"(元和)六年闰十二月,度支卢坦奏:'河中两池颗盐,敕文只许于京畿、凤翔、陕、虢、河中泽潞、河南许汝等十五州界粜货。比来因循,兼越兴、凤、文、成等六州。臣移牒勘责,得山南西道观察使报,其果、阆两州盐,本土户人及巴南诸郡市籴,又供当军士马,尚有悬欠,若兼数州,自然阙绝。又得兴元府诸耆老状申诉。臣今商量,河中盐请放入六州界粜货。'从之。"①第二,在行政上加强控制。"安邑、解县两池,旧置榷盐使,仍各别置院官。元和三年七月,复以安邑、解县两池留后为榷盐使。先是,两池盐务隶度支,其职视诸道巡院。"②第三,不断提高池盐盐价。"(贞元四年)河中两池盐每斗为钱三百七十……(顺宗时)河中两池盐斗钱三百……两池盐利,岁收百五十余万缗。"第四,对私采池盐者处以酷刑。"贞元中,盗鬻两池盐一石者死,至元和中,减死流天德五城,镈奏论死如初。一斗以上杖背,没其车驴,能捕斗盐者赏千钱;节度观察使以判官、州以司录录事参军察私盐,漏一石以上罚课料;鬻两池盐者,坊市居邸主人、市侩皆论坐;盗刮碱土一斗,比盐一升。州县团保相察,比于贞元加酷矣。"③

---

① 《旧唐书》卷四八《食货志》。
② 《新唐书》卷五四《食货志四》。
③ 《新唐书》卷五四《食货志四》。

但由于允许商人参与销售,故河东大族利益还是有一定保证的。"蒲盐田居解邑,下岁出利流给雍洛二都三十郡,其所会贸,皆天下豪商猾贾,而奸吏踵起,则解之为县益不能等于他县矣。"①"四方豪商猾贾、杂处解县,主以郎官,其佐贰皆御史。盐民田园籍于县,而令不得以县民治之。"②在这些商人中,河东大族应该有参与其中。

唐晚期,两河节度使逐渐控制盐业生产,河东大族利益逐渐被排挤。"其后兵遍天下,诸镇擅利,两池为河中节度使王重荣所有,岁贡盐三千车。中官田令孜募新军五十四都,饷转不足,乃倡议两池复归盐铁使,而重荣不奉诏,至举兵反,僖宗为再出,然而卒不能夺。"③乾符以后,盐池的归属问题不仅引起朝廷内部朝官和宦官的矛盾,也进一步引发中央与藩镇和藩镇之间的战争与拼杀。对于两池盐利及其所在地的占有,在一定程度上决定了朝廷的存亡,也决定了中原政权之争最终鹿死谁手④。在这种情况下,河东大族的盐利逐渐丧失。

三、河东柳氏财富之源:酒利

以柳氏为代表的河东大族,还享受有酒利。北朝时期,

---

① 《文苑英华》卷八〇五《沈亚之·解县令厅壁记》。
② 《新唐书》卷五四《食货志四》。
③ 《新唐书》卷五四《食货志四》。
④ 吴丽娱:《唐末五代的河东盐池与政权移替》,《春史卞麟锡教授停年纪念论丛》,(釜山)图书出版公司,2000年版。

河东地区酒业获得了突破性发展,出现了以桑落酒和河东酒(即白堕酒)为代表的名酒①。《水经注》卷四《河水四》记载:"置河东郡,郡多流杂,谓之徙民。民有姓刘名堕者,宿擅工酿,采挹河流,酝成芳酎,悬食同枯枝之年,排于桑落之辰,故酒得其名矣。然香醲之色,清白若滫浆焉,别调氛氲,不与他同,兰薰麝越,自成馨逸,方土之贡,选最佳酌矣。自王公庶友,牵拂相招者,每云:索郎有顾,思同旅语。索郎反语为桑落也,更为籍征之隽句,中书之英谈。"此外,又据《洛阳伽蓝记》卷四记载:"市西有退酤、治觞二里,里内之人,多酝酒为业。河东人刘白堕,善能酿酒。季夏六月,时暑赫晞,以瓮贮酒,暴于日中。经一旬,其酒味不动,饮之香美而醉,经月不醒。京师朝贵,出郡登藩,远相饷馈,逾于千里。以其远至,号曰'鹤觞',亦名'骑驴酒'。永熙年中,南青州刺史毛鸿宾斋酒之藩,逢路贼,盗饮之即醉,皆被擒获,因复命'擒奸酒'。游侠语曰:'不畏张弓拔刀,唯畏白堕春醪。'"刘白堕在洛阳从事酿酒业,但酒的发源地应该在河东地区。

北周时期,河东酒已成为贡酒。"帝大悦,敕有司日给(韦夐)河东酒一斗,号之曰逍遥公。"②隋朝在这里设置酒官,"大业初置河东郡,并蒲坂入。有酒官"③。唐朝一度在

---

① 张正明等认为,桑落酒与河东酒不同类。张正明:《山西工商业史拾掇》,山西人民出版社,1987年版,第153—156页。

② 《北史》卷六四《韦夐传》。

③ 《隋书》卷三〇《地理志中》。

此设芳酝监,"汲河以酿,武德三年置,贞观十年废"①。隋朝有酒税,但后来取消了。唐朝前期无酒税,到了中后期才有酒税。"唐初无酒禁。乾元元年,京师酒贵,肃宗以禀食方屈,乃禁京城酤酒,期以麦熟如初。二年,饥,复禁酤,非光禄祭祀、燕蕃客,不御酒。广德二年,定天下酤户以月收税。建中元年,罢之。三年,复禁民酤,以佐军费,置肆酿酒,斛收直三千,州县总领,醨薄私酿者论其罪。寻以京师四方所凑,罢榷。贞元二年,复禁京城、畿县酒,天下置肆以酤者,斗钱百五十,免其徭役,独淮南、忠武、宣武、河东榷麹而已。元和六年,罢京师酤肆,以榷酒钱随两税青苗敛之。大和八年,遂罢京师榷酤。凡天下榷酒为钱百五十六万余缗,在酿费居三之一,贫户逃酤不在焉。昭宗世,以用度不足,易京畿近镇麹法,复榷酒以赡军,凤翔节度使李茂贞方颛其利,按兵请入奏利害,天子遽罢之。"②

隋唐时期有很长时间无酒税,对于控制酒生产的河东大族来说,是极其有利的。酒的利润极高,有利于河东大族的经济积累。《史记·货殖列传》记载:"凡编户之民,富相什则卑下之,伯则畏惮之,千则役,万则仆,物之理也。夫用贫求富,农不如工,工不如商,刺绣文不如倚市门,此言末业,贫者之资也。通邑大都,酤一岁千酿……此亦比千乘之家,其大率也。"通过酒的生产与销售,以柳氏为代表的河东大族积累了大量财富。

---

① 《新唐书》卷三九《地理志三》。
② 《新唐书》卷五四《食货志四》。

总之,中古时期的盐政与酒政,是有利于河东大族的,以柳氏为代表的河东大族积累了大量财富。这些财富,一方面有利于河东柳氏经济上的独立,使之在乱世时期武装自己,成为地方豪强的代表,在盛世时期不为生计发愁。我们发现唐代早中期,河东柳氏在科举上的成就有限。[①] 柳氏在科举上的成就,主要在柳宗元、柳公权等人,其活动在唐后期,柳氏经济地位逐渐受到限制。正因为河东柳氏经济上的独立,故柳氏家学深厚,不会因为生计而放弃学术传统。唐代柳氏在谱学等方面造诣很深。另一方面,在唐中后期,随着唐朝国力的衰退,河东柳氏一度在财力上支持了唐中央,故唐后期河东柳氏与皇室联姻较多,而这一时期公主多嫁藩镇与权臣子弟,与士族联姻少见。[②] 而与河东柳氏联姻则是一个特例,其主要原因还是关键时刻柳氏会在经济上给予唐中央以支持。此外,河东柳氏在经济上的优势,使得其在婚姻圈的选择上也能保持多元化。

当然,河东柳氏的经济地位与唐代经济政策及河东地区的稳定有关,如果盐酒专卖、河东地区为藩镇所占据,柳氏的经济地位与政治影响力将大为降低。此外,长安、洛阳地区作为人口聚集地,盐和酒有极广阔的市场,柳氏在长安、洛阳地区能获得更大的经济利益,这也是河东柳氏主支很早到长安、洛阳的一个重要经济动力。韩昇认为经济与交通因素造成城市繁荣,加之政治与文化的作用,使得士族

---

① 刘坤:《唐代科举与名门望族》,曲阜师范大学,2011年硕士论文。

② 王兰兰:《从唐代公主的婚姻演变看唐王朝的衰微》,《西安文理学院学报》(社会科学版)2012年第5期。

脱离乡村,导致士族政治一蹶不振,土崩瓦解,从乡村影响中央乃至地方政治,士族逐渐蜕变为依赖地方官府影响乡村的乡绅。① 从长远来看,这个结论无疑是正确的,但对以柳氏为代表的河东大族来说,这个结论并不完全适用。柳氏离开河东地区是在北周时期,但柳氏并没有放弃对河东地区的控制,这与其他区域士族有很大的不同。故而要分析中古士族城市化进程,需要按照不同类型、不同地区进行深入讨论。

---

① 韩昇:《南北朝隋唐士族向城市的迁徙与社会变迁》,《历史研究》2003年第4期。

参考资料

1.文献

〔宋〕司马光编:《资治通鉴》,中华书局,1956年版。

〔清〕严可均辑:《全上古三代秦汉三国六朝文》,中华书局,1958年版。

〔宋〕王钦若等编:《册府元龟》,中华书局,1960年版。

〔宋〕李昉等编:《太平广记》,中华书局,1961年版。

〔唐〕令狐德棻等撰:《周书》,中华书局,1971年版。

〔唐〕李百药撰:《北齐书》,中华书局,1972年版。

〔梁〕萧子显撰:《南齐书》,中华书局,1972年版。

〔唐〕姚思廉撰:《陈书》,中华书局,1972年版。

〔唐〕姚思廉撰:《梁书》,中华书局,1973年版。

〔唐〕魏徵等撰:《隋书》,中华书局,1973年版。

〔唐〕李延寿撰:《北史》,中华书局,1974年版。

〔北齐〕魏收撰:《魏书》,中华书局,1974年版。

〔唐〕房玄龄等撰:《晋书》,中华书局,1974年版。

〔梁〕沈约撰:《宋书》,中华书局,1974年版。

〔唐〕李延寿撰:《南史》,中华书局,1975年版。

〔后晋〕刘昫等撰:《旧唐书》,中华书局,1975年版。

〔宋〕欧阳修撰:《新唐书》,中华书局,1975年版。

〔五代〕王定保撰:《唐摭言》,上海古籍出版社,1978年版。

〔唐〕李肇等撰:《唐国史补 因话录》,上海古籍出版社,1979年版。

〔清〕董浩等编:《全唐文》,中华书局,1983年版。

〔宋〕王谠撰,周勋初校证:《唐语林校证》,中华书局,1987年版。

〔唐〕李吉甫等撰,陈仲夫点校:《唐六典》,中华书局,1992年版。

〔唐〕林宝撰,岑仲勉注:《元和姓纂》,中华书局,1994年版。

吴钢主编:《全唐文补遗》(第一辑),三秦出版社,1994年版。

〔宋〕司马光著,王宗志注释:《温公家范》,天津古籍出版社,1995年版。

吴钢主编:《全唐文补遗》(第二辑),三秦出版社,1995年版。

吴钢主编:《全唐文补遗》(第三辑),三秦出版社,1996年版。

吴钢主编:《全唐文补遗》(第四辑),三秦出版社,1997年版。

赵超:《新唐书宰相世系表集校》,中华书局,1998年版。

刘清之:《戒子通录》,三秦出版社,1998年版。

吴钢主编:《全唐文补遗》(第七辑),三秦出版社,1999年版。

〔清〕谢启昆撰:《西魏书》,上海古籍出版社,2002年版。

〔五代〕孙光宪撰:《北梦锁言》,中华书局,2002年版。

韩理洲辑校编年:《全隋文补遗》,三秦出版社,2004年版。

赵君平、赵文成主编:《河洛墓刻拾零》,北京图书馆出版社,2007年版。

王其祎、周晓薇编著:《隋代墓志铭汇考》,线装书局,2007年版。

韩理洲等辑校编年:《全北齐北周文补遗》,三秦出版社,2008年版。

韩理洲等辑校编年:《全北魏东魏西魏文补遗》,三秦出版社,2010年版。

赵文成、赵君平主编:《秦晋豫新出墓志蒐佚》,国家图书馆出版社,2011年版。

西安市长安博物馆编:《长安新出墓志》,文物出版社,2012年版。

毛阳光、余扶危主编:《洛阳流散唐代墓志汇编》,国家图书馆出版社,2013年版。

韩理洲等辑校编年:《全三国两晋南朝文补遗》,三秦出版社,2013年版。

王连龙:《新见北朝墓志集释》,中国书籍出版社,2013

年版。

〔唐〕柳宗元撰,尹占华、韩文奇校注:《柳宗元集校注》,中华书局,2013年版。

赵力光主编:《西安碑林博物馆新藏墓志续编》,陕西师范大学出版总社有限公司,2014年版。

赵文成、赵君平主编:《秦晋豫新出墓志蒐佚续编》,国家图书馆出版社,2015年版。

2.论文

牛致功:《柳芳及其史学》,史念海主编:《唐史论丛》(第二辑),陕西人民出版社,1987年版。

康乐:《代人集团的形成与发展——拓跋魏的国家基础》,(台北)《中央研究院历史语言研究所集刊》第61册第3分(1991)。

〔日〕谷川道雄:《东西两魏时代的河东豪族社会——以〈敬史君碑〉为中心》,《中国中世的文物》,京都大学人文科学研究所,1993年版。

张灿辉:《南朝河东柳氏家族研究》,《晋阳学刊》1995年第6期。

罗新:《五燕政权下的华北士族》,《国学研究》(第四卷),北京大学出版社,1997年版。

韩昇:《科举制与唐代社会阶层的变迁》,《厦门大学学报》(哲学社会科学版)1999年第4期。

王炎:《河东望族柳氏考》,《西安教育学院学报》2000年第1期。

韩树峰:《河东柳氏在南朝的独特发展历程》,《中国史研究》2000年第1期。

张琳:《南朝时期侨居雍州的河东柳氏与京兆韦氏发展比较》,《武汉大学学报》(人文科学版)2000年第2期。

李文才:《襄阳柳氏与南朝政治——南渡士族个案研究之一》,《大同职业技术学院学报》2000年第4期。

李浩:《"关中郡姓"辨析》,《历史研究》2000年第5期。

郝润华:《关于柳芳的〈唐历〉》,《史学史研究》2001年第2期。

韩昇:《贞观永徽之际的政局》,《中华文史论丛》2001年第1期。

韩昇:《南北朝隋唐士族向城市的迁徙与社会变迁》,《历史研究》2003年第4期。

韩昇:《上元年间的政局与武则天逼宫》,《史林》2003年第6期。

李红:《隋唐河东柳氏及其源流》,《山西师大学报》(社会科学版)2005年第4期。

李红:《唐代河东柳氏家族文化述略》,《晋阳学刊》2006年第2期。

李睿:《唐代韦氏家族婚姻关系研究》,《乾陵文化研究》(2007)。

梁静:《中古河东柳氏家族文化述略》,《山西师大学报》(社会科学版)2008年第3期。

王永平:《南朝时期河东柳氏"东眷"之家族文化风尚述论》,《江苏大学学报》(社会科学版)2008年第5期。

李建华:《唐代河东柳氏与古文运动》,《北方论丛》2012年第2期。

陈尚君:《唐柳玭〈柳氏叙训〉研究》,(台北)《国文学报》2012年第51期。

陆扬:《论唐五代社会与政治中的词臣与词臣家族——以新出石刻资料为例》,《北京大学学报》(哲学社会科学版)2013年第4期。

梁静:《中古河东柳氏与文学概述》,《晋阳学刊》2013年第1期。

魏俊杰:《十六国时期河东争夺战》,《唐都学刊》2013年第5期。

王昊斐:《论京兆韦氏家族与武周政权》,《乾陵文化研究》(2014)。

王其祎、周晓薇:《新见隋仁寿元年〈柳机墓志〉考释——兼为梳理西眷柳氏主支世系及其初入关中跻身"郡姓"之情形》,杜文玉主编:《唐史论丛》(第十九辑),三秦出版社,2014年版。

范兆飞:《权力之源:中古士族研究的理论分野》,《学术月刊》2014年第3期。

姚卫霞、吴超:《近二十年来河东柳氏家族研究综述》,《阴山学刊》2015年第2期。

王永平:《魏晋南朝士族社会之女教与"母教"——从一个侧面看中古士族文化之传承》,《河北学刊》2016年第2期。

3.著作

唐长孺:《魏晋南北朝史论丛续编》,三联出版社,1959年版。

金发根:《永嘉乱后北方的豪族》,(台北)中国学术著作奖助委员会,1964年版。

何启民:《中古门第论集》,(台北)学生书局,1978年版。

王仲荦:《北周六典》,中华书局,1979年版。

陈寅恪:《唐代政治史述论稿》,上海古籍出版社,1982年版。

唐长孺:《魏晋南北朝史论拾遗》,中华书局,1983年版。

余英时:《士与中国文化》,上海人民出版社,1987年版。

王仲荦:《𪩘华山馆丛稿》,中华书局,1987年版。

唐长孺:《山居存稿》,中华书局,1989年版。

陈衍德、杨权:《唐代盐政》,三秦出版社,1990年版。

田廷柱:《隋唐士族》,三秦出版社,1990年版。

王仲荦:《北周地理志》,中华书局,1990年版。

方北辰:《魏晋南朝江东世家大族述论》,(台北)文津出版社,1991年版。

唐长孺:《魏晋南北朝隋唐史三论——中国封建社会的形成和前期的变化》,武汉大学出版社,1992年版。

蒋福亚:《前秦史》,北京师范学院出版社,1993年版。

张伟国:《关陇武将与周隋政权》,中山大学出版社,

1993年版。

陈明:《中古士族现象研究:儒学的历史文化功能初探》,(台北)文津出版社,1994年版。

李锦绣:《唐代财政史稿》,北京大学出版社,1995年版。

萧华荣:《簪缨世家:两晋南朝琅邪王氏传奇》,生活·读书·新知三联书店,1995年版。

方诗铭:《袁绍·曹操·黄巾》,上海社会科学院出版社,1995年版。

阎步克:《士大夫政治演生史稿》,北京大学出版社,1996年版。

郭正忠主编:《中国盐业史》(古代编),人民出版社,1997年版。

吴宗国:《唐代科举制度研究》,辽宁大学出版社,1997年版。

陈爽:《世家大族与北朝政治》,中国社会科学出版社,1998年版。

侯旭东:《五、六世纪北方民众佛教信仰》,中国社会科学出版社,1998年版。

雷依群:《北周史稿》,陕西人民教育出版社,1999年版。

牛润珍:《汉至唐初史官制度的演变》,河北教育出版社,1999年版。

郭锋:《唐代士族个案研究》,厦门大学出版社,1999年版。

王大良:《中国古代家族与国家形态:以汉唐时期琅邪

王氏为主的研究》,甘肃人民出版社,1999年版。

高敏:《魏晋南北朝兵制研究》,大象出版社,2000年版。

郁贤皓:《唐刺史考全编》,安徽大学出版社,2000年版。

梁满仓:《汉唐间政治与文化探索》,贵州人民出版社,2000年版。

周征松:《魏晋隋唐间的河东裴氏》,山西教育出版社,2000年版。

方诗铭:《三国人物散论》,上海古籍出版社,2000年版。

黄永年:《文史探微》,中华书局,2000年版。

薛瑞泽:《嬗变中的婚姻——魏晋南北朝婚姻形态研究》,三秦出版社,2000年版。

李锦绣:《唐代财政史稿》,北京大学出版社,2001年版。

陈寅恪:《金明馆丛稿初编》,生活·读书·新知三联书店,2001年版。

陈寅恪:《金明馆丛稿二编》,生活·读书·新知三联书店,2001年版。

汪波:《魏晋北朝并州地区研究》,人民出版社,2001年版。

唐长孺:《魏晋南北朝史论丛》(外一种),河北教育出版社,2002年版。

熊秉真主编:《欲盖弥彰——中国历史文化中的"私"

与"情"(公义篇)》,台北汉学研究中心,2002年版。

杨光辉:《汉唐封爵制度》,学苑出版社,2002年版。

章义和:《地域集团与南朝政治》,华东师范大学出版社,2002年版。

施惟达:《中古风度》,中国社会科学出版社,2002年版。

马彪:《秦汉豪族社会研究》,中国书店出版社,2002年版。

毛汉光:《中国中古社会史论》,上海书店出版社,2002年版。

毛汉光:《中国中古政治史论》,上海书店出版社,2002年版。

卫广来:《汉魏晋皇权嬗代》,书海出版社,2002年版。

阎步克:《品位与职位——秦汉魏晋南北朝官阶制度研究》,中华书局,2002年版。

吕春盛:《关陇集团的权力结构演变——西魏北周政治史研究》,(台北)稻乡出版社,2002年版。

李浩:《唐代三大地域文学士族研究》,中华书局,2002年版。

李浩:《唐代关中士族与文学》,中国社会科学出版社,2003年版。

韩树峰:《南北朝时期淮汉迤北的边境豪族》,社会科学文献出版社,2003年版。

张金龙:《北魏政治与制度论稿》,甘肃教育出版社,2003年版。

胡宝国:《汉唐间史学的发展》,商务印书馆,2003年版。

李万生:《侯景之乱与北朝政局》,中国社会科学出版社,2003年版。

王永平:《六朝江东世族之家风家学研究》,江苏古籍出版社,2003年版。

黄永年:《六至九世纪中国政治史》,上海书店出版社,2004年版。

[日]谷川道雄著,马彪译:《中国中世社会与共同体》,中华书局,2004年版。

[日]谷川道雄著,李济沧译:《隋唐帝国形成史论》,中华书局,2004年版。

夏炎:《中古世家大族清河崔氏研究》,天津古籍出版社,2004年版。

张旭华:《九品中正制略论稿》,中州古籍出版社,2004年版。

侯旭东:《北朝村民的生活世界》,商务印书馆,2005年版。

阎爱民:《汉晋家族研究》,上海人民出版社,2005年版。

李卿:《秦汉魏晋南北朝时期家族、宗族关系研究》,上海人民出版社,2005年版。

胡志佳:《门阀士族时代下的司马氏家族》,文史哲出版社,2005年版。

邢义田、林丽月主编:《台湾学者中国史研究论丛·社会变迁》,中国大百科全书出版社,2005年版。

黄宽重、刘增贵主编:《台湾学者中国史研究论丛·家族与社会》,中国大百科全书出版社,2005年版。

周伟洲:《汉赵国史》,广西师范大学出版社,2006年版。

王尹同:《五朝门第》,中华书局,2006年版。

周伟洲:《南凉与西秦》,广西师范大学出版社,2006年版。

王力平:《中古杜氏家族的变迁》,商务印书馆,2006年版。

柳春新:《汉末晋初之际政治研究》,岳麓书社,2006年版。

李文才:《魏晋南北朝隋唐政治与文化论稿》,世界知识出版社,2006年版。

王怡辰:《东魏北齐的统治集团》,(台北)文津出版社,2006年版。

宋杰:《两魏周齐战争中的河东》,中国社会科学出版社,2006年版。

高明士:《中国中古政治的探索》,(台北)五南图书出版有限公司,2006年版。

尹建东:《两汉魏晋南北朝时期的关东豪族研究》,四川大学出版社,2007年版。

严耕望:《中国地方行政制度史——魏晋南北朝地方行政制度》,上海古籍出版社,2007年版。

陶贤都:《魏晋南北朝霸府与霸府政治研究》,湖南人民出版社,2007年版。

[日]宫崎市定:《九品官人法研究——科举前史》,中华书局,2008年版。

[日]渡边信一郎著,徐冲译:《中国古代的王权与天下秩序——从日中比较史的视角出发》,中华书局,2008年版。

周淑舫:《南朝家族文化探微》,吉林大学出版社,2008年版。

施和金:《北齐地理志》,中华书局,2008年版。

[日]尾形勇著,张鹤泉译:《中国古代的"家"与国家》,中华书局,2009年版。

方碧玉:《东晋南北朝世族家庭教育研究》,(台北)花木兰文化出版社,2009年版。

张海惠、薛昭慧、蒋树勇:《北美中国学——研究概述与文献资源》,中华书局,2010年版。

何德章:《魏晋南北朝史丛稿》,商务印书馆,2010年版。

严耀中:《魏晋南北朝史考论》,上海人民出版社,2010年版。

[日]谷川道雄主编,李凭等译:《魏晋南北朝隋唐史学的基本问题》,中华书局,2010年版。

王永平:《东晋南朝家族文化史论丛》,广陵书社,2010年版。

徐清祥:《门阀信仰——东晋士族与佛教》,中国社会科学出版社,2010年版。

姚晓菲:《两晋南朝琅邪王氏家族文化研究》,山东大学出版社,2010年版。

周一良:《魏晋南北朝史论集》,北京大学出版社,2010年版。

唐燮军、翁公羽:《汉唐之际的余姚虞氏及其宗族文化》,浙江大学出版社,2010年版。

赵文润:《西魏北周与长安文明》,陕西人民出版社,2010年版。

孙国栋:《唐宋史论丛》,上海古籍出版社,2010年版。

张旭华:《魏晋南北朝官制论集》,大象出版社,2011年版。

胡宝国:《虚实之间》,社会科学文献出版社,2011年版。

姜望来:《谣谶与北朝政治研究》,天津古籍出版社,2011年版。

[美]伊沛霞著,范兆飞译:《早期中华帝国的贵族家庭——博陵崔氏个案研究》,上海古籍出版社,2011年版。

黄楼:《唐宣宗大中政局研究》,天津古籍出版社,2012年版。

徐冲:《中古时代的历史书写与皇帝权力起源》,上海古籍出版社,2012年版。

苏小华:《北镇势力与北朝政治文化》,中国社会科学出版社,2012年版。

陈菊霞:《敦煌翟氏研究》,民族出版社,2012年版。

王谨:《魏晋南北朝州制度研究》,天津古籍出版社,

2012年版。

仇鹿鸣:《魏晋之际的政治权力与家族网络》,上海古籍出版社,2012年版。

姚薇元:《北朝胡姓考》(修订本),武汉大学出版社,2013年版。

王安泰:《再造封建 魏晋南北朝的爵制与政治秩序》,(台北)台湾大学出版中心,2013年版。

王连儒:《汉魏六朝琅琊王氏家族政治与婚姻文化研究》,中国社会科学出版社,2013年版。

孙艳庆:《中古琅邪颜氏家族学术文化研究》,齐鲁书社,2013年版。

谢振中:《河东望族——万荣薛氏》,三晋出版社,2013年版。

[日]前岛佳孝:《西魏·北周政権史の研究》,汲古书院,2013年版。

陈苏镇:《两汉魏晋南北朝史探幽》,北京大学出版社,2013年版。

范兆飞:《中古太原士族群体研究》,中华书局,2014年版。

许智银:《唐代临淄段氏家族文化研究》,中华书局,2014年版。

周尚兵:《齐州房氏家族文化研究》,中华书局,2014年版。

刘硕伟:《两晋泰山羊氏家族文化研究》,中华书局,2014年版。

田汉云、秦跃宇:《汉晋高平王氏家族文化研究》,中华书局,2014年版。

熊伟:《府兵制与北朝隋唐国家政治生态研究》,人民出版社,2014年版。

[日]气贺泽保规著,石晓军译:《绚烂的世界帝国——隋唐时代》,广西师范大学出版社,2014年版。

曾磊:《北朝后期军阀政治研究》,人民出版社,2015年版。

陈爽:《出土墓志所见中古谱牒研究》,学林出版社,2015年版。

李济沧:《东晋贵族政治史论》,江苏人民出版社,2016年版。

陆扬:《清流文化与唐帝国》,北京大学出版社,2016年版。

[美]姜士彬著,范兆飞、秦伊译,伊鹿鸣校:《中古中国的寡头政治》,中西书局,2016年版。

李红:《隋唐河东柳氏家族研究——以世系、迁移、婚宦、家族文化为中心》,文物出版社,2016年版。

4.硕博论文

张玲:《河东柳氏东眷及柳恽研究》,福建师范大学,2001年硕士论文。

李红:《论柳芳》,山西大学,2003年硕士论文。

徐凤霞:《唐代长孙家族研究》,陕西师范大学,2004年硕士论文。

梁静:《中古"河东三姓"文学研究》,陕西师范大学,

2006年博士论文。

王蕾:《唐代渤海高氏家族研究》,陕西师范大学,2007年硕士论文。

刘鹏:《唐代天水赵氏家族研究》,陕西师范大学,2007年硕士论文。

康亚军:《后赵国史研究》,兰州大学,2008年硕士论文。

邓军:《唐代柳氏家族文化与文学研究》,西北大学,2010年硕士论文。

骆东锋:《河东大族划归"关中郡姓"辨析》,山西大学,2012年硕士论文。

卢春苗:《家族文化对柳宗元的影响研究》,南京大学,2013年硕士学位论文。

姚晶晶:《中日书籍交流中的柳芳〈唐历〉研究》,浙江工商大学,2013年硕士论文。

姜晶:《南朝时期河东柳氏发展轨迹研究》,山西师范大学,2014年硕士论文。

本书受到2017年度海南省哲学社会科学院科研资助项目、海南省哲学社会科学院重点科研资助项目及海南省哲学社会科学规划项目的资助,一并致谢。